곽선희 목사 설교집
47

한 신앙인의 신앙간증

곽선희 지음

계몽문화사

머리말

'복음은 들음에서'—이는 진리이며 우리의 경험입니다. 하나님께서 우리에게 주신 복 가운데 가장 큰 복은 말씀을 주신 것입니다. '말씀이 육신을 입어서 오신 것'입니다. 말씀을 주셨고 들을 수 있게 하셨고 마음문을 열고 받아 믿게 하신 것, 참 놀라운 은혜입니다.

말씀은 단순한 지식이 아닙니다. 추상적인 이론이 아닙니다. 말씀은 선포되는 하나님의 계시적 능력인 것입니다. 말씀의 권능, 그 능력을 알고 체험하면서 비로소 '말씀 안에서 태어나는 생명적 기적'이 나타나게 됩니다. 오늘도 그 말씀이 증거되고 새롭게 선포되고 있습니다. 설교가 곧 말씀입니다. 성령의 역사와 함께 끊임없이 이루어지는 생명의 역사입니다. 이 선포되는 말씀, 증거되는 진리를 통하여 구원의 능력은 항상 새로워집니다. 말씀 안에서 새 생명이 탄생하고 말씀 안에서 영혼이 소생하며, 그 큰 능력 안에서 우리는 강건해집니다. 우상을 이기는 능력의 사람으로 성장해가는 신비롭고 놀라운 사건을 강단에서 늘 경험하고 있습니다.

여기에 또다시 설교말씀을 모아 책자로 내어놓습니다. 예수소망교회 강단을 통하여 하나님께서 우리에게 주신 말씀입니다. 이제 그 말씀을 책자로 엮어 내어놓음으로써 우리가 시간과 공간을 월하여 개별적으로 하나님을 만나게 되는 '말씀의 역사'에 귀중한 방편이 되고자 합니다. 책자라는 그릇에 담긴 이 말씀들은 읽는 자의 마음 안에서 또다른 '말씀의 신비한 기적'을 낳게 되리라 확신합니다.

한 시간 한 시간의 설교를 위하여 간절히 기도해주신 모든 성도들과 이 책자를 출간하기까지 수고해주신 여러분께 진심으로 감사를 드립니다. 그리고 또다시 영광을 오직 하나님께 돌리면서……

곽선희

차 례

머리말 ——— 3
내가 본을 보였노라(요 13 : 12 - 17) ——— 8
은혜받은 한 여인의 믿음(삼상 1 : 9 - 18) ——— 18
주의 법을 사랑하는 사람(시 119 : 97 - 104) ——— 27
이제 가라(출 4 : 10 - 17) ——— 38
주의 길을 예비하라(막 1 : 1 - 8) ——— 48
한 신앙인의 신앙간증(롬 8 : 26 - 28) ——— 59
너는 내 앞에서 완전하라(창 17 : 1 - 8) ——— 69
두려워 말라(마 10 : 26 - 31) ——— 79
네 자신을 돌아보라(갈 6 : 1 - 5) ——— 89
시험을 참는 자의 복(약 1 : 12 - 18) ——— 98
시온의 대로가 있는 자(시 84 : 1 - 8) ——— 108
내가 아는 한 가지(요 9 : 24 - 33) ——— 120
내게 주신 은혜의 경륜(엡 3 : 1 - 7) ——— 131
한 신앙인의 행로(삼하 16 : 9 - 14) ——— 142
복음의 빚진 자(롬 1 : 8 - 16) ——— 153

뒤를 돌아보는 자(눅 9 : 57 - 62) ──── 163
예수 승리의 신비(요 14 : 25 - 31) ──── 174
예수 부활의 증인(행 7 : 54 - 60) ──── 184
자기 기념비의 운명(삼상 15 : 10 - 15) ──── 194
기탄없이 말하는 사람(행 4 : 13 - 22) ──── 205
모든 탐심을 물리치라(눅 12 : 13 - 20) ──── 217
저희를 사하여 주옵소서(눅 23 : 32 - 38) ──── 227
복의 근원이 되리라(창 22 : 8 - 19) ──── 237
행복할 수 없었던 행복(창 29 : 11 - 20) ──── 250
거듭남의 비밀(요 3 : 1 - 8) ──── 259
작은 자보다 더 작은 자(엡 3 : 7 - 13) ──── 271
천국에 사는 사람들(마 12 : 22 - 29) ──── 282
기도로 승리한 신앙인(단 6 : 1 - 10) ──── 293
이것이 우리의 자랑이라(고후 1 : 12 - 14) ──── 303
한 수난자의 회개(욥 42 : 1 - 6) ──── 313
받은 줄로 믿으라(막 11 : 23 - 25) ──── 323
곽선희목사 설교집·강해집·기타 ──── 333

곽선희 목사
장로회 신학대학 졸업
프린스턴 신학석사
풀러신학 선교신학박사
인천제일교회 목사
장로회 신학대학 교수 역임
숭의여자전문대학 학장 역임
서울장로회신학교 교장 역임
소망교회 원로목사

곽선희 목사 설교집 제47권
한 신앙인의 신앙간증

인쇄 · 2012년 10월 25일
발행 · 2012년 10월 30일
지은이 · 곽선희
펴낸이 · 김종호
펴낸곳 · 계몽문화사
등록일 · 1993년 10월 11일
등록번호 · 제16—765호
전화 · (02)917-0656
정가 · 19,000원
총판 · 비전북 / (031)907-3927
ISBN 978-89-89628-30-9 03230

* 잘못 만들어진 책은 바꾸어 드립니다.

한 신앙인의 신앙간증

내가 본을 보였노라

저희 발을 씻기신 후에 옷을 입으시고 다시 앉아 저희에게 이르시되 내가 너희에게 행한 것을 너희가 아느냐 너희가 나를 선생이라 또는 주라 하니 너희 말이 옳도다 내가 그러하다 내가 주와 또는 선생이 되어 너희 발을 씻겼으니 너희도 서로 발을 씻기는 것이 옳으니라 내가 너희에게 행한 것같이 너희도 행하게 하려 하여 본을 보였노라 내가 진실로 진실로 너희에게 이르노니 종이 상전보다 크지 못하고 보냄을 받은 자가 보낸 자보다 크지 못하니 너희가 이것을 알고 행하면 복이 있으리라

(요한복음 13 : 12 - 17)

내가 본을 보였노라

　여러분 아시는 대로 제가 원로목사 된 이후에 한 교회 시무하는 것으로부터 자유로워서 전국을 돌아다닙니다. 남들이 '전국구'라고 말합니다. 전국을 다니면서, 여기저기 해외로 다니면서, 남은 시간을 복음을 전하고 힘써 일하고 있는데, 가다보면 지방따라 특별한 음식이 있어요. 전라도, 경상도 할것없이 지역나름의 특별한 음식이 있어서 갈 때마다 좀 즐기는 편입니다. 그런데 아주 특별한 음식이 있는 걸 하나 보았습니다. 여기에 계신 분들 중에 아마 아는 분이 많지 못할 것입니다. '헛제사밥'이라고 들어 보셨습니까? 안동에 가면 있습니다. 경상도 안동에 가면 '헛제사밥'이라고 있는데, 그 유래를 들어보니까 참 아름다워요. 아시는 대로 경상도 안동이 양반고을입니다. 양반, 상민의 관계가 아주 엄격합니다. 옛날에 양반 주인들이 종들 고생하는 걸 보고 생각했습니다. 늘 그저 저렇게 일만 하느라고 수고하면서 고생하는 것을 보니 어떻게 하면 저들을 좀 배부르게 먹일까, 좀 좋은 날을 만들어 줄까? 가만히 생각해보니 제삿날만 좋은 것입니다. 제삿날은 마음껏 먹고 취하고 즐기는 것이 허락이 돼 있었거든요. 그래서 제삿날을 후하게 차리고 밑엣사람들이 먹고 즐기도록 했는데, 문제는 제사가 많지 않은 것입니다. 1년에 몇번밖에 없거든요. 그래서 아무래도 안되겠다 싶어서 제사와 제사 사이에 또 제사를 하나 만들었어요. 바로 이게 '헛제사'입니다. 제사 하는 건 없어요. 그러나 제사 음식은 있어요. 그렇게 '헛제사'를 만들어서 그 하인들에게 푸짐하게 먹고 즐기도록 해 주었다는 것입니다. 거기서 유래해서 지금도 안동에 가면 여기저기 써 붙였어요. '헛제사밥'이라고 써붙인 메뉴가 있어요. 가만히 생각하면 참 아름다운 얘기입니다.

「칭찬은 고래도 춤추게 한다」라고 하는 책과 「일분 경영」이라고 하는 유명한 베스트셀러의 저자인 케네스 블랜차드(Kenneth H. Blanchard)라고 하는 분이 있습니다. 이 분이 새 시대의 변화된 리더십을 생각하면서 리더십의 모델로서 Servant Leadership에 대해 생각한 후에 「Servant Leader Jesus」라고 하는 책을 쓰게 됩니다. 여기서 그는 예수님께서 제자들의 발을 씻기시는 순간 리더십에 대한 관심을 비전 제시에서 방향 제시로, 아니 방향 제시에서 역할 수행으로 옮기셨다고 말하고 있습니다.

여러분, 지도자라는 것은 비전을 보여줘야 됩니다. 이건 사실입니다. 또 비전의 방법도 가르쳐줘야 됩니다. 그러나 이것가지고 지도자가 될 수는 없습니다. 자기가 먼저 그대로 살아야 됩니다. 그래서 역할 수행, 이쪽으로 변경하게 되었다, 라고 말합니다. 대단히 중요한 얘기입니다. 그래서 비전을 효과적으로 수행하려면 계급의 상하가 바뀌어야 한다고 말합니다. 그래서 섬기는 삶을 직접 몸으로 살아야 하고, 아니, 섬김으로 죽어야 한다는 것입니다. 그래야 진정한 리더십이 나타날 수 있다는 이야기입니다. 대단히 중요한 얘기입니다.

여러분 아시는 대로 마태복음 20장 28절에 보면 "인자가 온 것은 섬김을 받으려 함이 아니라 도리어 섬기려 하고 자기 목숨을 많은 사람들의 대속물로 주려 함이니라" 하십니다. 내가 세상에 온 것은 섬기려 함이다, 섬기려 왔다— 이것이 Goal입니다. 섬김을 받으려 함이 아니라 섬기려 왔다. 요한복음 13장 오늘 본문 1절서부터 보면 "자기 사람들을 사랑하시되 끝까지 사랑하시니라" 합니다. 그리고 제자들의 발을 씻기셨습니다. '윗사람이 아랫사람을 섬긴다'는 말이 이거 좀 이상하게 들릴는지 몰라도 우리는 이미 다 경험하고 있습니다. 예를 들면, 가정에 아기가 하나 태어난다 해 보세요. 아기가 한 살, 두 살 될 때 보면 온 집안이 그 아이의 종입니다. 상전이 따로 없어요. 그가 왕입니다. 그가 한번 울어대면 온 가정이 비상에 걸립니다. 만약 그 아이가 아프다고 하는 날이면 아주 온 집안이 초죽음이 됩니다. 그뿐입니까? 우리 많이 경험했잖아요. 집안에 고3 하나만 있으면 꼼짝을 못합니다. 심지어는 아버지들도 일찍 들어와야 한다고 합니다. '당신이 그따위로 늦게 돌아오니까 아이가 공부를 못하지' 하면 할말 없는 것입니다. 그래서 자녀 고3 때는 아버지들도 서둘러 일찍 돌아가야 되고 술 마시고 들어왔다가는 기합을 받는 것입니다. 꼼짝 못해요. 누가 왕입니까? 고3이 왕입니다. 이래서 모두 다 종입니다.

사랑이라는 것이 묘해서 이 상하 계급이 바뀌는 것입니다. 할아버지도 꼼짝을 못해요. 아, 손자가 할아버지 상투를 잡고 흔들잖아요. 그리고 "이놈!" 그러는데 그거 어떡하겠어요? 아, 이거 손님이 왔는데 손님하고 겸상해서 식사하는 동안에 아, 이 손자가 와서 할아버지 상투를 잡고 흔들어요. 그러니까 "이놈아, 못쓴다." 점잖게 한마디 했더니 손자가 "이놈이 어제하고 다르다." 그러더래요. 상전이 따로 없어요. 그게 상전이요 왕입니다. 우리는 이렇게 조금 신비로운 질서 속에서 살아가고 있습니다. 사랑이라는 것이 새로운 질서를 창조하거든요. 왜 우리가 이걸 모르고 사는 것입니까. 거드름피우지 마세요. 내려앉아 상하 계급이 뒤바뀌어야 됩니다.

「단순하게 살아라」하는 유명한 베스트셀러가 있습니다. 그 책의 저자인 베르너 티키 퀴스텐마허(Werner Tiki Küstenmacher)라고 하는 분이 자신의 아내 마리온과 함께 공동집필한 새로운 책이 있습니다. 「Simplify your life, Simplify your love」라고 하는 책입니다. 당신의 사랑을 단순하게 하라- 깊은 진리가 있습니다. 첫째는 중요한 것과 중요하지 않은 것이 있을 때, 중요한 것을 위해서 중요치 않은 것을 과감하게 버리는 단순성이 있어야 한다, 둘 다 쥐려고 하면 안된다는 것입니다. 하나는 얻고 나머지는 버리는 것이 단순입니다.

둘째는 사랑을 보는 시각이 단순해져야 한다는 것입니다. 여러분, 오늘 사랑한다면 사랑 받아들이는 것입니다. 그대로 받아들여야 하고 그대로 보아야 하는데 '어제는 안그랬는데……' 하면 안되거든요. 언제 어쨌고, 언제 어쨌고…… 이러면 사랑할 자격이 없어요. 열 번 거짓말을 했더라도 오늘 진실을 말할 때 그것을 진실로 받아들여야 됩니다. 단순한 마음으로 세상을 보고 단순한 마음으로 사랑을 보고 단순한 마음으로 말을 받아들여야 된다, 그래야 사랑은 이루어질 수 있다는 말입니다. 참 귀한 진리입니다.

셋째, 사랑이라고 하는 실용적 기적을 믿어야 한다는 것입니다. 여러분, 사랑이라는 게 생각대로 그렇게 이치에 맞도록 되는 게 아닙니다. 여기까지는 내가 알아서 한 일이지만 사랑하고 난 다음에 보면 기적이 있어요. 상상할 수 없는 기적이 그 앞에 있습니다. 이걸 우리가 모르기 때문에 불행해지는 것이라는 말입니다. 좀 미안합니다만 제가 인천에서 목회할 때 노처녀 전도사님하고 심방을 다녔어요. 심방을 같이 다니다보면 어떤 집에서는 남편한테 얻어맞아서 눈두덩이 퉁퉁 부은 분을 만납니다. 그런 집에 들어가서 예배드릴 때가 있어요. 그러면 답답하니까 얻어맞은 얘기, 남편 술 먹는 얘기…… 한바탕 해내요. 그러면 다 듣습니다. 위로하느라고 죽은 척 그렇게 듣고, 말씀을 전하고, 예배 마치고 나오면 그 노처녀 전도사님이 꼭 한마디 해요. 빙그레 웃으면서 "난 저 꼴 보기 싫어서 시집 안가요." 그렇게 말합니다. "그래요? 가지 말라고……" 그 다음에 내가 한마디 더 합니다. "모르는 게 하나 있어. 저 분은 얻어맞는 재미에 살아. 알아?" 저렇게 한번 얻어맞고 나서 그 다음에 화해한답시고 나가서 도닥여주면 이게 기가 막힌 것입니다. 그걸 모르지. 그걸 알아야지. 사랑이라는 게 묘한 매력이 있는 것입니다. 내 이치에 맞도록 내 이성적 판단으로 맞기만 한 것이 아닙니다. 그 다음에 오는 신비와 기적을 믿어야 사랑할 수 있고 사랑받을 수도 있는 것입니다.

　오늘 본문에 보니 예수님께서 제자들의 발을 씻기십니다. 이건 행동입니다. 여기에 몇가지 중요한 점이 있습니다. 이건 종말론적 사건입니다. 지금 몇시간 후에 예수님께서 십자가에 죽으십니다. 마지막 송별 파티입니다. 마지막 파티에서 예수님께서 제자들의 발을 씻기십니다. 아무 말씀 없이 행동하십니다. 이 행동 속에 깊은 의미가 있습니다. 보십시오. 첫째는 왜 발을 씻기는지 이 사람들이 모르고 있습니다. 모르는 자를 씻기신 것입니다. 여러분, 너무 response를 바라지 마세요. 하찮은 일 하면서 응답이 있길 바라고, 알아주길 바라지 마세요. 알아 달라고 할 것 없어요. 그냥 하세요. 이게 중요합니다. 이래야만 의미가 있지 알아달라고 말하거나, 보상심리를 가지게 되면, 눈치빠른 사람들은 벌써 기분이 나빠져서 아무 고마움도 없어요. 이걸 알아야 합니다. 보상 없을 뿐 아니라, 보상을 바라지도 않고, 아니, 알아주지 않아도, 그냥 베푸는 것입니다. 그런 기대감을 버리면 좋은데, 그걸 버리지 못해서 아무리 수고해야 소용없고, 자기 자신을 피곤하게 만드는 것입니다. 그냥 줘버려야 합니다. 인사받으면 어떻고 안 받으면 어때요? 알아주면 어떻고 몰라주면 어때요? 잊어버려야 합니다. 그래야 순순한 인생을 살아갈 수 있습니다. 예수님께서 발을 씻기시는데 이 사람들은 예수님께서 왜 발을 씻기시는지 몰랐어요. 부끄러운 줄만 알았지 왜 발을 씻기시는지를 끝까지 모르고 있습니다. 그런데 예수님께서는 모르는 자를 사랑하셨어요. 모르는 자의 발을 씻기셨어요. 그것이 중요합니다.

그뿐만 아니라 예수님의 말씀을 들어보세요. "지금은 모르지만 이후에는 알리라." 아주 귀한 말씀입니다. 우리가 봉사할 때 당장 알아주길 바랄 수 없어요. 먼 훗날에, 아니, 어쩌면 나 죽은 다음에 먼 먼 훗날에야 알 것이다, 아니, 네가 내 나이 되면 알 것이다― 그 정도 놓고 그 정도 생각하면서 봉사하세요. 그러면 됩니다. 너무 얄팍하게 오늘 당장의 response를 바라지 마세요. 지금은 모르지만 먼 훗날에는 알 것이다― 이 얼마나 확실한 소망이요, 또 약속입니까?

또하나는 섬김을 받아야만 섬길 수 있다는 것입니다. '내가 너희 발을 씻기지 아니하면 너희는 나와 상관이 없다.' 아주 깊은 말씀입니다. '나로부터 씻김을 받았다는 감격이 없다면 너는 나와 상관이 없다. 사랑받은 존재라고 하는 느낌이 없다면 사랑한다는 말은 거짓말이다. 그 사랑은 남을 피곤하게 한다.' 여러분, 사랑받기 위해 사랑합니까? 사랑을 기대하고 사랑합니까? 바로 이것 때문에 사랑이 병드는 것입니다. 아닙니다. 사랑받고 사랑하는 것입니다. 이미 받은 것으로 충분해요. 여러분, 자식을 사랑하는데, 피곤하십니까? 자식을 놓고 자식을 사랑하지 마세요. 부모님으로부터 받은 사랑을 생각하세요. 우리 아버지 어머니 옛날 고생하면서 나를 사랑해 주시던 그 사랑을 잘 생각하면서 자식을 사랑해 보세요. 이러면 피곤함이 없어요. 그런데 거기다 대고 투자하는 마음으로 사랑하겠다느니, 효과가 있느니 없느니, 전망이 있느니 없느니…… 다 쓸데없는 생각입니다. 이게 사람을 병들게 만듭니다. "내가 너희 발을 씻기지 아니하면 너희는 나와 상관이 없다." 바꾸어 말하면 '나로부터 씻김을 받았다는 마음을 가지지 않는다면 너희들은 아무 일도 할 수가 없다.' 그런 말씀입니다.

또 더 나아가서는 선생과 주가 되어서 밑에 있는 자를 씻기시는 것입니다. 주인이 종을 씻기는 것입니다. 섬김 받아야 마땅한 분이 섬겨야 할 자를 섬기는 것입니다. Servant Leadership. 예수님께서 역할 수행을 하셨습니다. 이렇게 해야 한다고 말씀하시지 않았어요. 그러면 어떻게 된다고 철학적으로 설명하시지 않았어요. 여기엔 논리가 필요 없어요. '발 내놔.' 그리고 씻기셨어요. 그 부끄러워하는 제자들의 그 더러운 발을 허리를 굽혀서 씻기시고 그만입니다. 바로 그 마음 말입니다. 이것을 사랑이라고 합니다. 여기에 사랑의 신비가 있습니다.

또하나 있습니다. 더 중요하다고도 볼 수 있어요. 오늘 이 예수님께서 제자들의 발을 씻기시면서 그 된 장면을 자꾸 또 여러 번 여러 번 읽어 보세요. 마음이 아픕니다. 왜 아프냐 하면 그 가운데 가롯 유다가 있거든요. 이 가롯 유다라는 놈이 앞에서 독사눈을 하고 쳐다보고 있습니다. 예수님을 팔기로 벌써 계약 다 해놓고 지금 여기서 쳐다보고 있는 것입니다. 많지도 않은 12제자 중의 하나가 그 유다입니다. 크리소스토무스의 말에 의하면 가롯 유다의 발을 맨 먼저 씻기셨답니다. 그랬을 것입니다. 그래야 할 것입니다. 그래야 다 씻길 수가 있습니다. 그의 발을 씻기시는 예수님을 보십시오. 그리고 말씀하십니다. '내가 너희들을 씻겼으니 다 깨끗하다. 그러나 다는 아니다.'

여러분, 어떤 선한 일을 한다고 해서 100%의 효과를 기대하지 마세요. 100%의 성과가 있으리라고 기대하지 마세요. 그저 나 나름대로 할 것이지만 그 속에는 가롯 유다가 있습니다. 배신자가 있습니다. 아니 꼭 있을 것입니다. 왜? 있어야 하니까. '그것을 알고 행하면 복이 있으리라.' 여러분, 선한 일 할 때에 30배, 60배, 100배의 아름다운 결과만 기대하지 마세요. 그 속에 배반자가 있습니다. 예수님께서는 가롯 유다에게 팔리셨습니다. 그러면서도 그의 발을 씻기셨습니다. 그리고 말씀하십니다. '이것을 알고 행하면 복이 있으리라.' 정말입니다. 이것을 알고 행하면 낙심이 없을 것입니다. 실패가 없을 것입니다. 마음 상함도 없을 것입니다. 내가 주가 되어서 제자의 발을 씻기고, 선생이 되어서 제자의 발을 씻기는 이 엄청난 거룩한 행동에도 티가 있어요. 가롯 유다가 거기에 있었다는 것입니다. 또 있다는 것입니다. 이것을 알고 행해야 됩니다. 내 마음이 선하니 다 선할 걸로, 내가 좋은 마음으로 했으니 다 좋은 결과만 있으리라고 그렇게 생각하지 마세요. 그저 이렇게 역할 수행을 하고 훌쩍 떠나버리세요. Give up. 잊어버리세요. 그래야 선한 일을 할 수 있어요. 그래야 낙심하지 않을 수 있어요.

여러분, 이걸 알아야 됩니다. 이러한 아름다운 선행은 사람을 변화시킵니다. 리더십이란 지식을 주는 게 아닙니다. 느낌을 주는 것만이 아닙니다. 환상을 주는 게 아닙니다. 사람을 변화시키는 것입니다. 비전을 제시한 것이 아니라 비전의 세계로 인도하셨습니다. 이 섬김은 사람을 변화시켰습니다. 결국은 제자들이 예수님을 위해서 순교하게 됩니다. 예수님께서는 제자들을 위해 죽으셨고 제자들은 예수님 위해서 몽땅 순교하게 됩니다. 이만큼 사람을 변화시키고 운명을 변화시킨 것입니다. 이것이 진정한 리더십입니다. 어떤 분은 이렇게 말합니다. '예수님의 12제자가 전부 순교합니다. 이거 하나만 가지고도 예수는 예수다. 인간적으로 보아도 예수는 과연 예수다'라고 말합니다. 사실입니다. 여러분, 깊이 생각합시다. '이것을 알고 행하면 복이 있으리라.' 주가 되셔서 제자들의 발을 씻기십니다. 이 멍청한 제자들의 발을 씻기십니다.

예수님께서 베드로에게 발을 내놓으라고 했더니 베드로가 부끄럽고 창피해서 "영원히 내 발을 씻기지 못합니다." 거절을 합니다. 그러니까 예수님 말씀하십니다. "내가 네 발을 씻기지 아니하면 너는 나와 상관이 없다." 그러니까 이 베드로 하는 말을 보세요. "발만 말고 온 몸을 씻어 주세요." 이건 또 뭡니까? 이런 정신나간 멍청한 것, 그거 씻어줄만한 가치가 없네요. 그럼에도 제자의 발을 씻기셨습니다. 그 제자가 예수님 위하여 십자가에 거꾸로 못박혀 순교를 합니다. 이것이 섬김의 신비로운 능력입니다. 예수님께서는 배반자까지 섬기셨습니다. 아주 단순한, 아주 Simplify, 단순한 마음으로 하나님을 향합니다. 제자를 사랑하며 섬기십니다. 여기에 최대의 사랑이 있고 최대의 사랑의 능력이 있습니다. 섬김의 기적이 있습니다. '이것을 알고 행하면 복이 있으리라.' △

은혜받은 한 여인의 믿음

그들이 실로에서 먹고 마신 후에 한나가 일어나니 때에 제사장 엘리는 여호와의 전 문설주 곁 그 의자에 앉았더라 한나가 마음이 피로워서 여호와께 기도하고 통곡하며 서원하여 가로되 만군의 여호와여 만일 주의 여종의 고통을 돌아보시고 나를 생각하시고 주의 여종을 잊지 아니하사 아들을 주시면 내가 그의 평생에 그를 여호와께 드리고 삭도를 그 머리에 대지 아니하겠나이다 그가 여호와 앞에 오래 기도하는 동안에 엘리가 그 입을 주목한즉 한나가 속으로 말하매 입술만 동하고 음성은 들리지 아니하므로 엘리는 그가 취한 줄로 생각한지라 엘리가 그에게 이르되 네가 언제까지 취하여 있겠느냐 포도주를 끊으라 한나가 대답하여 가로되 나의 주여 그렇지 아니하니이다 나는 마음이 슬픈 여자라 포도주나 독주를 마신 것이 아니요 여호와 앞에 나의 심정을 통한 것 뿐이오니 당신의 여종을 악한 여자로 여기지 마옵소서 내가 지금까지 말한 것은 나의 원통함과 격동됨이 많음을 인함이니이다 엘리가 대답하여 가로되 평안히 가라 이스라엘의 하나님이 너의 기도하여 구한 것을 허락하시기를 원하노라 가로되 당신의 여종이 당신께 은혜 입기를 원하나이다 하고 가서 먹고 얼굴에 다시는 수색이 없으니라

(사무엘상 1 : 9 - 18)

은혜받은 한 여인의 믿음

　한 여름 지루한 장마 속에 추적추적 비가 계속 오고 있는 어느 주말 오후에 남편은 응접실에 앉아서 책을 읽고 있고, 아내는 옆에서 신문을 읽고 있습니다. 둘의 대화를 한번 들어보십시오. 아내가 하는 말입니다. "신문에 보니까 온난화 현상과 공해와 지각변동으로 인해서 아무래도 지구에 종말이 올 것같아요. 재미있는 설문이 있는데 같이 풀어 봐요." 그리고 하는 말입니다. "만일에 지구의 종말이 10분밖에 남지 않았다면 당신은 그 때 무엇을 하겠습니까?" 하고 남편에게 물었더니 남편 하는 말이 "당신과 처음 만났을 때처럼 뜨겁게 사랑을 해야지." 그 아까운 10분 동안인데 그래야 되지 않겠느냐고 대답했습니다. 이제 아내의 말을 들어 보세요. "그 시간이 지금이었으면 좋겠어요." 지구의 종말이 있더라도 여인이 무엇을 더 원하는지 알 수 있습니다.
　독일의 어느 마을에 갔을 때, 한 미술관을 둘러봤는데 제 마음에 남아 있는 그림이 있습니다. 한 젊은 농부 부부가 밭에서 일을 합니다. 유모차를 옆에다 두고 둘이서 열심히 일을 하다가 아이가 우니까 아내가 아이에게 젖을 먹입니다. 엄마는 아이를 바라보고 젖을 물리고, 아이는 엄마를 올려다봅니다. 그리고 이것을 옆에서 지켜보는 남편이 있습니다. 이러한 아름다운 풍경을 그린 그림입니다. 그 그림의 제목이 더 인상적이었습니다. 제목은 「행복」입니다. 정말로 이 모습이 행복이다, 저도 동감을 해보았습니다.
　미국의 유명한 성공학 강사인 브라이언 트레이시(Brian Tracy)의 정신분석 법칙에 의하면 사람은 정신적으로 3가지 공통된 법칙을 따라 살아가고 있다는 것입니다. 첫째는 신념의 법칙입니다. 누구나 생각하고 믿으면 믿는 것이 현실로 나타난다는 것입니다. 믿는 바대로 자기 운명을 살아간다는 것입니다. '믿는 대로 현실이 이루어진다.' 둘째는 인력의 법칙입니다. 사람은 살아가면서 마치 살아 있는 자석처럼 작용한다는 것입니다. 그래서 자기 생각과 일치하는 것들을 자기에게로 끌어당긴다는 것입니다. 그렇게 살아간다고 합니다. 셋째는 상응의 법칙입니다. 안에 있는 것들을 밖으로 이 모양 저 모양으로 표출하며 산다는 것입니다. 그런고로 내면세계가 중요합니다. 결국은 표출될 것이기에 속이 바로되어야, 속이 행복해야 아름답게 표출되어 현실도 아름답게 된다는 것입니다. 깊이 생각할 중요한 진리가 여기 있다고 생각합니다.

본문 성경에 보면 한나라고 하는 여인이 있습니다. 한나에 대한 이야기는 제가 어머니로부터 수없이 들었기 때문에 가장 제 마음속에 뿌리깊이 박혀 있는 성경 이야기이기도 합니다. 소망교회를 처음 설립할 때 설립 이전에 다섯 번의 수요일 저녁에 기도회가 있었습니다. 준비 기도회가 있었는데 기도회 첫날 11명 모였을 때에 설교한 본문이 바로 오늘의 이 말씀입니다.

이 여인은 소박한 소원을 가지고 있습니다. 성경을 자세히 읽어보면, 그는 남편의 사랑을 많이 받았습니다. 그가 좀 울적하고 슬퍼하고 있을 때, 엘가나라고 하는 남편이 아내를 위로하는 말이 아주 드라마틱합니다. 8절에 기록이 되어 있는데 이렇습니다. "한나여, 어찌하여 울며 어찌하여 먹지 아니하며 어찌하여 그대의 마음이 슬프뇨. 내가 그대에게 열 아들보다 낫지 아니하뇨." 아, 세상에 이런 남편이 어디 있어요? 내가 당신에게 열 아들보다 나으니까 지금 아들은 없지만 슬퍼하지 말라고 이렇게 위로하는 걸 볼 수 있어요. 그러나 성경에서 보여주는 바로는 한나가 위로받지 못했습니다. 한나라는 여인은 아무리 남편이 사랑하고 주변사람이 뭐라 해도 소용이 없어요. 꼭 어머니가 되어야겠다는 것입니다. '한 여인으로서 어머니가 되어야만 행복할 수 있다, 아니 어머니가 되기까지는 행복할 수 없다.' 그런 생각을 가진 여자입니다. 이런 생각에 집착하고 있습니다. 그리고 문제를 가지고 하나님 앞에 나아갑니다. 가서 하나님과의 관계에서 문제를 풀려고 했습니다. 왜요? 생명은 하나님께 속한 것이니까. 근본적으로 하나님과의 관계이니까. 하나님 앞에 기도해서 문제를 풀겠다는 것입니다.

 그래서 간절히 기도하는데 이 기도에는 몇 가지 특징이 있습니다. 그는 일단 오래 기도했습니다. 또 속으로만 기도했습니다. 그가 무슨 말 하는지 옆사람이 들을 수가 없을 정도로 그렇게 입술만 동하면서 기도했습니다. 그러니까 묵상 중에 기도했고, 또한 심취해서 기도했습니다. 마치 술 취한 자처럼 얼굴이 뻘개질 정도로 그렇게 기도했습니다. 그래서 엘리 제사장이 오해를 할 정도였습니다. '이 젊은 여자가 술취했구먼……' 그는 심취한 가운데서 간절히 집중적으로 기도했습니다. 그리고 또한 서원의 기도를 했습니다. 하나님과의 약속을 드렸습니다. '하나님, 이 기도에 응답하시면, 내가 원하는 대로 아들을 주시면 이를 하나님께 바치겠습니다. 머리에 삭도를 대지 않겠습니다.' 곧 나실인을 만들겠다는 것입니다. 하나님의 성전에서 한평생 봉사하는 제사장을 만들겠다는 그런 뜻입니다. 하나님 앞에 이렇게 맹세하며 기도했습니다. 약속이 있습니다. 막연한 기도가 아닙니다. 들어 주시면 이렇게 하겠습니다- 약속을 합니다.
 더 귀중한 일이 하나 있습니다. 제사장의 마음이 감동이 됐습니다. 이 기도하는 모습을 보면서 멀리서 지켜보던 엘리 제사장의 마음이 감동이 됐어요. 저렇게 간절히 기도하니 하나님께서 들어주실 거라고 생각합니다. 그런 감동이 올 때, 그가 축복기도를 합니다. 17절에 보면 그가 이렇게 기도합니다. "평안히 가라 이스라엘의 하나님이 너의 기도하여 구한 것을 허락하시기를 원하노라." 제사장이 축복하며 함께 기도하는 걸 볼 수 있습니다. 문제는 여기에 있습니다. 이 한나는 이 축복기도를 응답으로 받았습니다. 그리고 믿고 응답으로 알고 돌아갑니다. 성경에 극적인 얘기가 나옵니다. "가서 먹고 얼굴에 다시 수색이 없으니라(18절)." 아시는 대로 아들을 낳는다면 열 달 기다려 봐야 하고 그것도 무사할는지도 모르지 않습니까. 그런데 아닙니다. 축복기도를 받는 그 순간 벌써 응답된 것으로 알고 '가서 먹고 다시는 얼굴에 수색이 없으니라' 합니다. 굉장한 믿음입니다.
 미국의 최근 급성장한 교회인 레이크우드 교회의 조엘 오스틴(Joel Osteen) 목사님이 요새 두 번째로 낸 책입니다. 「Become a Better You」라고 하는 책이 있습니다. 그 책에서 이렇게 말합니다. '임신 초기에 여자는 몸에 변화가 없다. 외형으로는 아무 변화가 없고 또 자각하지 못한다.' 그러나 의사가 딱 진단을 하고 나서 '임신입니다' 하면 어떻습니까? 그런 줄 믿어야 합니다. 자기 몸에는 아무 자각도 없고 느낌도 없지만 의사가 '임신입니다' 하면 임신된 것입니다. 될 줄로 믿고 몸조심해야지요. 마음가짐도 조심해야지요. 그리고 생명을 받아들일 준비를 해야지요. 이것이 여인의 생활이 아니겠는가 합니다. 하나님의 말씀이 우리 속에 들어와서 역사할 때에 확실하게 내 안에 역사하면 이제 그 다음부터 점진적으로 열매가 맺을 것입니다. 이제는 기다리고 또 나로서는 준비하고 순종해야 될 바가 있다는 것이지요. 이게 다 신비로운 말씀입니다.

저는 이 본문을 읽을 때마다 아주 수십 년 동안 기억하는 하나의 사건이 있었습니다. 인천에서 목회하고 있을 때입니다. 수요일 저녁에 설교하는 도중 어느 미국 사람 하나가 저 뒤에 와서 앉았어요. 그리고 부목사님에게 메모지를 써서 줬어요. 부목사님이 이렇게 빙 돌아와 강대상에다 메모지를 놓고 갑니다. 설교하면서 읽어보니까 설교 끝에 자신이 간증할 마음이 있는데 허락해 주시면 좋겠다고 썼습니다. 이름도 쓰지 않았어요. 그래서 설교 끝나고 나서 "Mr, would you come here?"라고 했지요. 했더니 뚜벅뚜벅 걸어 들어왔어요. 여기에 딱 서더니 나보고 통역을 하라고 그래요. 할 테니까 말하라고 그랬더니 간증을 시작하는데 자기가 지나가다가 여기에 종탑이 보여서 들어왔는데 자신이 '세계 기독 실업인회 회장'이랍니다. 어쩌다가 인천을 왔다가 종소리가 나서 들어왔다는 것입니다. 그리고 이제 이야기를 시작합니다. 간증 많이 다니면서 한 솜씨입니다. 보니까 잘 합니다. 그리고 하는 첫마디가 "나는 부자입니다 – I am rich"입니다. 그래 부자라는 걸 설명을 하는데 어느 정도 부자냐? 자가용 비행기가 7대랍니다. 자가용 자동차가 아닙니다. 자가용 비행기가 7대랍니다. 또 그 다음 두 번째 얘기가 재미있어요. "나는 공부를 못했습니다." 고등학교 1학년을 3년을 다녔답니다. 그래서 4년째 또 다니려고 갔는데 교장 선생님이 오라고 해서 갔더니 "네 친구들 다 졸업했는데 뭘 또 배우겠다고 왔느냐" 그러더래요. 그래서 대답을 이렇게 했답니다. "정말 그러네요. 많이 배웠으니 나는 그만 배우겠습니다" 하고 학교를 그만뒀답니다. 고등학교 1학년으로 마친 사람입니다. 그리고 열심히 일을 했어요. 인쇄소 직공으로부터 시작해서 열심히 일해서 이런 세계적인 부자가 됐는데 자기가 좋아하는 좌우명되는 성경 구절을 외웁니다. 아, 내가 통역을 여러 번 해봤는데, 대게 운만 떼면 성경 몇 장 몇 절인지 제가 알거든요. 그런데 이 양반이 외우는 성경은 몇 장 몇 절인지 알 수가 없어요. 들어 보시겠어요? "가서 먹고 얼굴에 근심이 없었다." 세상에 이런 거 외우는 사람이 어디 있어요? 그런데 이게 오늘 본문입니다. 다음에 말하는 걸 보니 이런 이야기입니다. '가서 먹고 다시는 얼굴에 수색이 없었다. 그러므로 나는 아무리 큰 사업을 해도 근심은 없습니다.' 왜? 기도하고 한 일이니까. 오늘도 기도하고 하는 일이니까, 기도하고 아멘 한 다음에 되는 일은 어떻게 전개되든지 그건 다 하나님의 축복입니다. 하나님의 뜻으로 믿는다는 것입니다. 그런고로 기도하고 아멘, '가서 먹고 얼굴에 수색이 없다─' 그것이 자신의 신조라고 합니다. 아, 열렬하게 이렇게 간증을 하는 것을 통역하면서 저도 은혜를 받았습니다.

여러분 많이 기도합니다. 애써 기도합니다. 아니, 일생 기도합니다. 그런데 얼굴에 수색이 많아요. 여기에 문제가 있습니다. 한나는 믿고 가서 먹고 다시는 얼굴에 수색이 없었어요. 왜? 이제부터 되는 모든 일은 하나님의 뜻이거든요. 하나님의 축복이니까 말입니다. 이래서 사무엘이라고 하는 아들을 낳았습니다.

그 다음에 하나 더 있습니다. 그것은 서원을 갚았다는 것입니다. '하나님께 바치겠습니다' 했으니 바쳐야지요. 젖 떼자마자(네 살 때 젖을 뗍니다) 바로 성전에 바쳤고 성전에서 자라게 합니다. 일 년에 한 번씩 옷을 지어다가 바치고 이 여자는 멀리서 저것이 내 아들이거니 하고 바라보기만 했습니다. 내 아들이라고 부르질 못했어요. 하나님께 바쳤으니까. 멀리서 옷을 지어다 바치고 돌아서는 한나가 너무너무 아름다워서 엘리 제사장이 다시 복을 빕니다. '하나님, 하나님께 바친 아들을 대신할 자녀를 주세요' 하고 또 복을 빌었더니 세 아들과 두 딸을 덤으로 낳았대요. 이 기도생활이 말입니다, 이렇게 좀 덤이 있어야 되는 거 아닙니까? 나는 하나 구했는데 하나님께서는 다섯을 주시거든요. 나는 요걸 구했는데 하나님께서는 더 큰 걸 주십니다. 좀 이런 재미가 있어야 신앙생활이지. 안 그래요? '하나님께서는 어째서 내가 항상 구해도 하나도 안주실까?' 이거가지고야 되겠습니까? 내가 구하는 것보다 넘치게, 넘치게, 넘치게…… 이게 한나의 믿음이요, 한나의 신앙생활이었어요. 참으로 훌륭한 일입니다.

강철왕 카네기(Dale Carnegie)의 사무실에는 아주 낡고 별로 값도 나가지 않는 그림 하나가 있었다고 합니다. 그 그림은 바다가 아니라 뭍에 놓여 있는 낡은 배 한 척과 두 개의 노가 이리저리 흩어져 놓여 있는 그림입니다. 그것은 무명의 화가가 그린 것이요, 값나가는 것도 아닙니다만, 이 그림은 한평생 카네기의 사무실에 있었습니다. 그 그림 밑에는 이렇게 쒸어 있었습니다. "반드시 밀물은 오리라. 그날 나는 바다로 나아가리라." 반드시 밀물 때는 온다, 그러면 이 배는 바다로 나갈 것이다— 믿음입니다. 이 믿음으로 살았단 말입니다.

한나의 믿음, 모든 문제를 하나님과의 관계에서 해결하고, 간절히 기도하고 응답을 믿는 것, 응답을 현실화하는 것, 그리고 서원을 갚는 것, 그리고 더 바람이 없습니다. 그 다음은 하나님께서 채워주십니다. 이 아름다운 여인의 믿음, 다시금 생각해야 하지 않겠습니까? △

주의 법을 사랑하는 사람

 내가 주의 법을 어찌 그리 사랑하는지요 내가 그것을 종일 묵상하나이다 주의 계명이 항상 나와 함께 하므로 그것이 나로 원수보다 지혜롭게 하나이다 내가 주의 증거를 묵상하므로 나의 명철함이 나의 모든 스승보다 승하며 주의 법도를 지키므로 나의 명철함이 노인보다 승하니이다 내가 주의 말씀을 지키려고 발을 금하여 모든 악한 길로 가지 아니하였사오며 주께서 나를 가르치셨으므로 내가 주의 규례에서 떠나지 아니하였나이다 주의 말씀의 맛이 내게 어찌 그리 단지요 내 입에 꿀보다 더하니이다 주의 법도로 인하여 내가 명철케 되었으므로 모든 거짓 행위를 미워하나이다

(시편 119 : 97 - 104)

주의 법을 사랑하는 사람

'중독' 혹은 '중독성'이라는 말을 아실 것입니다. 자신이 선택한 외적인 조건을 가까이하는 중에 그것을 계속 반복하다가 자신도 모르게 점점 끌려 들어가 통제력을 잃어버리고 기능장애가 일어나서 자신의 판단과 능력, 기능을 다 상실하게 되는 증상을 우리는 '중독'이라고 말합니다. 요새는 중독에 빠진 사람들이 많습니다. 컴퓨터에 중독된 사람도 있고, 도박에 중독된 사람도 있습니다. 어떤 사람들은 별것도 아닌 일이지만 자기 나름의 습관에 그만 중독이 되어서 헤어나지 못하고 후회하면서 가슴을 치면서도 벗어나지 못합니다.

제일 좋은 예가, 쉬운 예가 바로 알코올중독이라고 생각합니다. 알코올중독, 아시는 대로 술은 사람이 마시는 겁니다. 어디까지나 자기 자신이 선택한 것입니다. 뭐 어떤 이유에 의해서이건 자기가 선택해서 자기 손으로 자기 입으로 마신 겁니다. 그러나 처음에는 내가 술을 먹고 그 다음에는 술이 술을 먹고 그 다음에는 술이 사람을 먹는다고 합니다. 그렇게 되면 사람이 없어집니다. 정말 이거 하찮은 그 술에 중독되어 사는 사람들이 얼마나 불행합니까? 침을 질질 흘리고 사는데, 못볼 일입니다. 자기도 이래선 안되겠다고 가슴을 치면서도 벗어나지 못합니다. 중독과 관련해서 담배도 있습니다. 아니, 세상에 담배 그거 안피우면 그만 아닙니까? 그것 별것도 아닌데, 이걸 끊지 못해서 그렇게 고생하는 사람들이 많아요. 국제 비행장에 가보면 담배 피는 사람들 모이는 곳이 한쪽 구석에 있거든요. 유리로 만든 방이 요렇게 있는데 거기들 앉아서 그 담배 피우는 모습을 보니까 꼭 원숭이같습니다. 그걸 보면서, 아이고, 저 불쌍한 사람들…… 저걸 어쩌면 좋은가…… 그렇게 늘 생각을 합니다. 아니 하찮은 담배의 노예가 되어서 이 구박을 받으면서 살아가야 할 이유가 어디에 있습니까. 도대체 사람이 초라하기 그지없지 않습니까?

사람의 모습이란 그런 것입니다. 육체의 욕망에 끌려 사는 사람들. 비단 술, 담배뿐이겠습니까? 별것도 아닌 욕망에 끌려서 정신을 못 차려요. 도박하는 경우도 그렇고, 사업을 하는 경우도 그렇습니다. 누구를 위한 사업인데 사업에 목숨을 겁니까? 그런 멍청한 사람이 어디에 있어요? 공부도 좋아요. 하지만 공부도, 죽어가면서까지 공부할 건 또 뭐 있습니까? 이거 얼마나 바보 같은 짓입니까?

육체의 욕망을 충족하기 위해서 노예가 된 사람, 이걸 생리학적 인간이라고 합니다. 또 이성과 지식의 노예가 된 사람이 있습니다. 이건 철학적 인간입니다. 자기 판단, 자기 지식, 뭐 별것도 아닌 아는 것, 그게 도대체 뭡니까? 번번히 믿어볼 만한 것이 못된다는 걸 알면서도 자기 판단, 자기 지식에 매여서 헤어나지 못하는 불행한 사람들이 있습니다. 세 번째 사람은 자기 도덕률에 노예가 된 사람입니다. 자기가 지켜온 패턴, 자기 생활, 양심에 노예가 된 경우입니다. 양심, 양심 합니다만 양심도 내 양심이 따로 있는 것입니다. 내 양심이 다 절대적으로 옳은 게 아니거든요. 그것도 인정을 해야지요. 그래서 자기 도덕률에 노예가 된 도덕적 인간이 있어요. 자기 나름대로 깨끗하고 자기 나름대로 옳다 하면서, 다른 사람을 정죄하고 비판하면서 그렇게 살다가 죽을 때쯤 되어서 뭔가 인생을 잘못 살았다고 하는 사람을 봅니다. 이것 또한 비참한 것입니다.

사람은 자기가 완전한 것같아도 그 사실 불완전하며 허무한 생을 살아갑니다. 끌려가며 노예적으로 사느냐? 아니면 두려움에 쫓기며 사느냐? 아니면 좀더 큰 보상을 위해 복받기 위해 정신없이 달려가고 있느냐? 이거 다 잘못된 것입니다. 여러분, 가장 성공적인 생이란 사랑하며 사는 것입니다. 사랑은 자유입니다. 사랑에 미치는 것은 미쳐도 괜찮은 것입니다. 미칠 바에는 사랑에 미치고 그렇게 살아가야 할 것입니다.

나폴레온 힐(Napoleon Hill)이라고 하는 유명한 교수님께서 여러 분야에 성공한 사람들의 삶(Life style)을 면밀히 연구하면서 딱 세 가지로 말합니다. 첫째가 집중하는 것입니다. 한번 선택하고는 집중적으로 살아요. 다른 걸 다 배제하며 살고요. 그 다음은 긍정적인 안목입니다. 이 사람들은 항상 긍정적인 안목을 지니고 있어요. 요새 선거하면서 네거티브라는 말을 많이 합니다만, 그 네거티브에 미친 사람도 구제 불능입니다. 그건 안되는 것입니다. 적극적인 사고 − 'Positive Thinking', 긍정적으로 생각하는 머리, 가슴을 가지고 살아야 성공하는 것입니다. 부정적인 시각, 거기에 노예가 되면 그것 또한 구제 불능한 사람이 됩니다. 세 번째는 작은 일에도 성취감을 느끼고 사는 겁니다. 여러분, 성취감을 부정하는 사람처럼 불행한 경우가 없어요. 가졌으면 가지는 순간 더 가지려고 하고, 됐으면 된 순간부터 더 큰 것을 바라보면 아무것도 안되는 것입니다. 그저 지금 이대로 만족하고 그저 아침에 눈을 떴으니 행복해하고, 아침에 눈을 떠서 당신을 볼 수 있으니 행복해하고, 오늘도 이른 아침 교회를 향해 나올 수 있으니 행복해하고, 작은 성취감을 즐길 줄 아는 거기에 진정한 자유함이 있습니다. 이걸 잊지 말아야 합니다. 너무 큰 욕망에 붙들리는 것 좋지 않습니다. 모든 것이 자연스럽게 되어야지 그걸 억지로 해서는 안되는 거 아니겠어요? 그런고로 작은 일에도 성취감을 즐길 줄 아는 감사의 생활, 이것이 성공적인 생의 비결입니다.

빌립보서 3장 12절에 보면 사도 바울이 자기 인생의 중심을 말씀하고 있습니다. "그리스도께 잡힌바 된 그것을 잡으려고 좇아가노라." 제가 제일 좋아하는 말씀입니다. 그리스도께 잡힌바 된 것을…… '난 포로되었다' 그 말씀입니다. I am not free. 난 자유가 없어요. 그리스도께 포로되었습니다. 그리스도께 잡힌바 된 나는 자유가 없어요. 그러나 그 다음말이 중요합니다. 잡으려는 자원적인 것 말입니다. 끌려가는 게 아닙니다. 잡힌바 된 바를 내가 자발적으로, 즐거운 마음으로, 감사한 마음으로 잡으려고 좇아가노라- 참으로 기가막힌 말씀입니다. 잡힌바 되었다는 것은 강압적입니다. 그러나 잡으려고 좇아간다는 건 자발적이고 자원하는 것입니다. 선택적이란 말입니다. 사도 바울은 말씀에 이끌리어 살았습니다. 말씀에 붙잡혀 살았습니다. 그러나 그는 그게 노예생활이 아니었습니다. 그 자체가 즐거움이요 행복이었습니다. 말씀에 붙들려 한평생을 살았습니다.

오늘본문말씀을 자세히 묵상해보면 특징이 있습니다. 그것은 하나님의 법을 사랑한다는 것입니다. 하나님의 법을 무서워하는 게 아닙니다. 하나님의 법에 끌려가는 게 아니고 하나님의 법을 사랑하고 종일 묵상합니다. 그렇습니다. 제가 한번 미국의 피츠버그에 갔는데 우리 한국 분으로 참 재주가 많아서 어느 유대사람하고 합작을 해서 큰 음식점을 하는 사람이 있어요. 유대사람들이 많이 사는 마을에 식당을 해놓고 유대사람하고 합작을 해서 사업을 해요. 사장님이 둘입니다. 그 집에 초청을 받아서 식사를 하러 갔는데 우리가 이렇게 앉아서 식사하는 동안에도 보니까 바로 옆에 까만 옷을 입은 주인이 있습니다. 유대사람이 거기에 앉아서 온 식당이 그렇게 시끄러운데도 관여하지 않고 성경을 딱 펴놓고 묵상하고 있어요. 내가 궁금해서 자세히 보았더니요, 눈은 감았어요. 성경은 펴놓았지만 눈은 감았어요. 그리고 중얼, 중얼, 중얼, 중얼, 하고 있는 걸 보았어요. 이게 묵상입니다. 성경을 펴놓고도 눈은 감고 성경을 마음으로 묵상하고 있는 것입니다. 이 묵상-Meditation이 아주 중요한 것입니다. 오늘의 우리는 성경을 많이 읽으나 묵상이 없어요. 그럼 묵상이란 게 뭐냐? 그것을 생각해야 합니다. 이건 사랑하는 마음이요, 자유한 마음입니다. 즐기고 있는 것입니다. 하나님의 말씀을 즐기고 있는 것입니다. 그런데 이걸 꼭 알아야 합니다. 이것은 성경을 지식으로 받는 게 아닙니다. intellectual approach가 아닙니다. 성경을 탐구하고, 내가 분석하고, 내가 읽고, 내가 깨닫고, 내가 결심하고, 내가 주체가 되어서 성경을 읽는 것이 아닙니다. 성경을 공부하는 것이 아닙니다.

 제가 요새 오해받는 얘기를 좀 하고 다닙니다. 성경 공부에 문제가 있다고 그랬더니 아, 성경 공부 하지 말라고 한다고 또 누가 비난을 하더라고요. 공부라는 게 뭡니까? 학술적으로 말하면 이건 헬라적 접근입니다. 이건 지식이고 내 이성이고 내 경험으로 판단하는 것입니다. 그 공부 자체에 문제가 있어요. 그럼 어떻게 해야 합니까. 묵상해야 돼요. 그건 사랑하고 그대로 받아들이는 것, 그대로 받아들이는 것입니다. 가슴으로 받아들이는 것입니다. 그래서 그 말씀 자체를 그 말씀으로 받는다는 것입니다. 인격으로 받는 것입니다.

말씀하시는 분이 여기에 있단 말입니다. 오늘의 말씀은 여기 앞에 있지만 이 성경을 읽는 동안에 이 성경을 통해서 내게 말씀하시는 분을 만나야 됩니다. 이게 묵상입니다. 이걸 잊지 말아야 합니다. 말씀하시는 분이 여기에 있어요.

제가 프린스턴 신학교에서 공부하고 있을 때 있었던 일입니다. 제 친구가 같이 공부를 하는데 이 분이 결혼하고 꼭 6개월 만에 미국에 왔거든요. 그러니까 얼마나, 얼마나 보고 싶겠어요? 권태기쯤 돼서 왔으면 괜찮을 걸 결혼하고 6개월 만에 왔으니까 아내가 보고 싶어서 또 모셔오질 못해서 애를 쓰고 있을 때인데 가만히 보니까 편지가 잘 안오는 겁니다. 부지런히 편지를 좀 해줬으면 좋으련만, 아이 편지가 어떤 날은 2장이 오고요. 한 달 내내 편지가 안와요. 그 편지가 안온다고 중얼중얼하고 불평을 합니다. 그런데 공부 시간에 옆에서 보니까 강의를 듣다가 강의가 신통치 않으면요 그 편지를 꺼내 가지고 읽고 있습니다. 그런데 내가 옆에서 가만히 그 편지를 보니까 다 해졌어요. 얼마나 봤는지. 그런데 그 글씨가 엉망입니다. 그리고 문장을 보니까 뭐 시원치 않더라고요. 왜요? 음악과 다닌 사람이거든요. 음악하는 사람이 대개 그렇지 뭐. 음악하는 사람들의 글씨가 제대로가 아닌 것입니다. 글을 썼는데 음악은 잘하지만 그 문장력이니 뭐니 그저 중학교 학생처럼 썼더라고요. 그래 내가 떡 보면서 탁 채가지고 그걸 빼앗았어요. "이거 뭐 시원치 않구만." 그랬더니 확~ 돌려달라고 그러더니 참 명담을 한마디 해요. "편지란 편지 글을 보는 게 아니고 편지를 손에 들고 사랑하는 사람의 얼굴을 보는 거지." 여러분, 안그래요? 뭐 글자가 잘됐는지 맞춤법이 잘됐는지 그딴 소리 하면 안되는 것입니다. 편지 보는 사람은 편지를 쓴 사람의 얼굴을 아롱아롱 보는 것입니다. 그 재미로 편지를 보는 것입니다.

　여러분, 성경이 뭡니까? 잊지 마세요. 성경도 애인의 편지를 보듯이, 사랑하는 사람의 편지를 읽듯이 보는 것입니다. 그래서 대하는 순간 이건 텍스트북이 아닌 것입니다. 하나님의 말씀입니다. 하나님의 편지입니다. 우리가 이것을 읽으면서 주님을 봅니다. 십자가를 바라봅니다. 아, 그 좋으신 하나님 아버지를 생각하는 것입니다. 그를 사랑하는 마음으로 성경을 읽어야 해요. 그래 신학자 칼 바르트(K. Barth)는 말합니다. 그의 「말씀론」에서 하는 말입니다. '말씀은 하나님의 언어이다. 하나님의 언어, 하나님의 말씀이다. 하나님이 친히 말씀하고 계시다. 이 말씀은 하나님의 행위 그 자체다. 역사 속에서 이 많은 사건 속에서 하나님이 내게 말씀하고 계시다. 이 말씀은 신비롭다. 말씀을 읽어가는 동안 하나님을 만나고 하나님을 만나는 순간 기적이 나타난다.' 아세요? 이 신비로운 능력, 이것을 체험해야 합니다.

　예수님께서 갈릴리 바닷가에 가시다가 밤새껏 물고기 한 마리도 못잡은 베드로를 향해서 말씀하십니다. 목수가 어부에게입니다. "깊은 데 가서 그물을 던져라." 이거 말도 안되는 것입니다. 밤새껏 해봤잖아요. 이거 안될 것 뻔한데, 예수님 말씀하십니다. "깊은 데다 그물을 내려라." 이게 말씀입니다. 여기에 무슨 해석이 또 필요합니까? 무슨 지적 비판이 필요합니까? 따지자면 말도 안되지요. 어떻게 목수가 어부에게 이래라 저래라 합니까? 그것도 처음 만난 사람이 말입니다. 그러나 말씀하시니, 베드로가 하는 말입니다. "그저 말씀하시니 그물을 내리리이다." 저는 거기다가 괄호하고 몇 마디 넣고 싶어요. '못잡을 건 뻔하지만 말씀하시니 당신 체면을 봐서 그물을 내리겠소.' 했더니 가득 잡은 것입니다. 여러분, 이게 말씀입니다. 자, 세관에 앉아 있는 사람을 지나가시다말고 예수님 딱 쳐다보시고 "나를 좇으라." 여기서 마태가 지적으로 비판하겠습니까? '저는 세리입니다. 당신이 나를 언제 봤다고 이런 말 합니까?' 아, 생각하자면 말도 안되는 소리지요. 나를 좇으라. 좇아옵니다. 이게 말씀이라는 것입니다. 바다를 향해서도 풍랑에게 '조용하라.' 그러시면 잠잠해집니다. 죽은 사람을 향해서도 '청년아, 일어나라.' 무덤에 가서도 '나사로야, 나오라.' 자, 여러분, 무슨 생각을 하게 됩니까? 말씀하시는 그분, 말씀하시는 그 인격을 생각할 때 '땅끝까지 너희가 증인이 되리라. 내가 너희와 항상 함께 있으리라' 말씀하십니다. 그대로 받고 그 말씀하시는 분을 바라보고 말씀하시는 분을 향해서 마음을 여는 이것이 바로 묵상이라는 것입니다. 성경을 읽으면서 말씀으로 받아야 하고, 말씀하시는 분을 생각해야 합니다. 사랑하는 마음으로, 반가운 마음으로, 인격과 인격의 만남의 관계를 생각하면서 그 얼굴을 쳐다보면서 귀를 기울이면서 읽어야 합니다. 그러면 오늘 내게 말씀하십니다.

어떤 어린아이가 엄마에게 한마디 했답니다. "엄마, 엄마, 저 탁상 위에 있는 저 책은 무슨 책이야? 먼지가 뽀얗게 앉아 있는데." 그러니까 "그거 하나님의 말씀이다." "그거 누구 책이야?" "하나님의 책이지." 그러니까 어린아이가 하는 말입니다. "하나님의 책은 빨리 하나님께 돌려드리지 왜 저기에 그렇게 놔두나." 여러분, 성경을 열어야지요. 성경을 읽어야지요. 성경을 묵상해야지요. 성경을 읽고 사랑하고 묵상할 때, 하나님이 보입니다. 그리스도의 얼굴이 보입니다. 그 깊은 사랑을 느끼게 됩니다. 그래서 오늘성경은 말씀합니다. "나로 지혜롭게 합니다." "나로 명철하게 합니다." "나로 진실하게 합니다." "나로 모든 시험을 이길 수 있게 합니다." 예수님께서 광야에서 마귀에게 시험받으실 때 긴 설명이 없습니다. "사람이 떡으로만 사는 것이 아니요……" 성경말씀을 인용하십니다. "주 너의 하나님만 섬기라." 성경 그대로 인용하십니다. 성경말씀으로 그대로 대답하시고 맙니다. 여기 긴 변론이 없습니다.

나는 맥아더 장군의 책을 한권 읽어본 일이 있습니다. 한권의 책을 다 읽었지만 별로 기억나는 건 없습니다만 가장 귀중했던 것은 그의 말 중에 '나는 최일선에서도 성경 한 장을 읽지 않고는 밤에 잠들지 않았다. 아무리 바쁘고 피곤해도 성경 한 장은 읽고 잠자리에 들었다'고 말합니다.

모라비안 교파 교회에 가서 목사님하고 같이 부활절 고난주간을 같이 지낸 일이 있었는데 깊은 감동을 받았습니다. 식사할 때마다 어린아이들과 같이 꼭 성경 한 절을 읽고야 식사를 합니다. 성경을 읽지 않고는 식사를 못합니다. 하나님의 말씀을 먼저 먹고야 육신의 양식을 먹는다는 그런 뜻입니다. 좋은 본을 보았습니다. 그래서 오늘성경은 말씀합니다. "꿀송이보다 더 답니다." 꿀송이보다도 - 이게 무슨 말씀인지 아십니까? 역사적 배경은 이렇습니다. 옛날에 돌로 만든 흑판이 있었어요. 흑판에다가 성경을 몇 절을 써놓고 외우게 됩니다. 꿀과 밀가루를 섞어서 그것으로 글을 쓴 것입니다. 벽의 돌에다가 그것으로 율법 글을 써놓고서 다 외우면 다 외운 다음에 그것을 딱 떼서 과자처럼 입에다 넣어 준대요. 아이들이 다 외우고 나면 그 꿀로 만든 과자를 하나씩 얻어먹을 수가 있었습니다.

진리의 말씀을 깨닫고 보면 말씀의 진리는 그 꿀송이보다 더 단 것입니다. 여러분, 말씀을 어느 정도로 사랑하십니까? 내가 말씀을 보는 게 아니고 말씀이 내게 말씀하시고 이 말씀을 통해서 하나님의 큰 능력을 내가 체험하는 것이 바로 그리스도인의 생활입니다. △

이제 가라

모세가 여호와께 고하되 주여 나는 본래 말에 능치 못한 자라 주께서 주의 종에게 명하신 후에도 그러하니 나는 입이 뻣뻣하고 혀가 둔한 자니이다 여호와께서 그에게 이르시되 누가 사람의 입을 지었느뇨 누가 벙어리나 귀머거리나 눈 밝은 자나 소경이 되게 하였느뇨 나 여호와가 아니뇨 이제 가라 내가 네 입과 함께 있어서 할 말을 가르치리라 모세가 가로되 주여 보낼 만한 자를 보내소서 여호와께서 모세를 향하여 노를 발하시고 가라사대 레위 사람 네 형 아론이 있지 아니하뇨 그의 말 잘함을 내가 아노라 그가 너를 만나러 나오나니 그가 너를 볼 때에 마음에 기뻐할 것이라 너는 그에게 말하고 그 입에 말을 주라 내가 네 입과 그의 입에 함께 있어서 너의 행할 일을 가르치리라 그가 너를 대신하여 백성에게 말할 것이니 그는 네 입을 대신할 것이요 너는 그에게 하나님 같이 되리라 너는 이 지팡이를 손에 잡고 이것으로 이적을 행할지니라

(출애굽기 4 : 10 - 17)

이제 가라

　며칠 전 TV에 사우디에서 온 청년이 한국말을 기차게 잘하는 것을 보고 저는 놀랐습니다. 외국인으로서 한국말을 그렇게 잘하는 사람을 처음 본 것 같습니다. 그 사람이 질문을 합니다. "한국 사람들이 식당에 가서 공통적으로 제일 많이 주문하는 음식이 뭔지 아십니까?" 사람들이 모두 고개를 갸웃하면서 "글쎄, 한국 사람들이 뭘 좋아하나……" 하고 있는데, 이 청년이 대답을 합니다. "그것은 '빨리빨리'라고 하는 메뉴입니다." 여러분, 그렇지 않습니까. 그래요. 빨리빨리 - 우린 너무 서두릅니다. 그것이 바로 우리의 결정적인 약점이기도 하고 때로는 장점이기도 합니다.

　성도 여러분, 성경을 읽으면서 우리는 종종 전지전능하신 하나님을 믿고 그의 사랑을 믿지만 하나님 하시는 일을 못마땅하게 여길 때가 많습니다. 성경을 읽다말고 조금 화가 날 때도 있어요. '하나님 왜 이렇게 하실까? 이거 영 마음에 안들어요.' 하나님 하시는 일이 이해가 안되는 때가 많습니다. 하나님 심판하신다면 아, 좀 즉각적으로 심판하시지 북한말로 말하면 재깍재깍 하지 뭘 그렇게 뜸을 오래 들이십니까? 왜 오래오래 참으십니까? 아, 나쁜 놈은 빨리 끝을 내야지, 그걸 내버려두면 됩니까? 그건 악을 조장하는 거 아닙니까? 어차피 심판할 건데 할 바에는 좀 빨리 했으면 참 좋으련만 하나님의 인내하심, 오래 참으심이 마음에 안 들 때가 있습니다. 소돔과 고모라처럼 유황불로 '꽝' 하고 멸하시기도 하고 노아 홍수 같은 엄청난 심판도 있는데 말입니다. 왜 그렇게 오래 참으시는지. 악한 세상,

흉악한 사람, 왜 그렇게 보고만 계시는지. 어차피 심판할 바에야 좀 더 빨리 하시면 안되나?

노아 홍수, 그걸 내리시려면 바로 내리시지 120년 후에 하시는 것은 또 뭡니까. 그리고 방주를 준비하라. 우리처럼 '빨리빨리 문화'에 사는 사람들에게는 마음에 안듭니다. 그런가 하면 구원의 역사도 그렇습니다. 너무 더딥니다. 이스라엘 백성, 구원하시려면 좀 번듯하게 구원하시지, 430년 후는 또 뭡니까. 400년이면 사람이 몇 사람이 죽어갔으며 몇 대를 지나간 것입니까? 430년 동안을 내버려두고 그 고생을 하게 하고서 이스라엘을 구원하십니다. 난 도대체 이것이 마음에 안든다는 그 말입니다. 그리고 좀 희한한 능력을 통해서 좀 '꽝'하고 천지개벽을 하면 좋지 않겠습니까. 거 또 12재앙을 내리면서 뭐 그렇게 끄는지 그 시리즈가 마음에 안듭니다.

여러분, 그뿐 아닙니다. 하나님께서 직접 하실 수 있는데(물론 직접 하시기도 했어요) 그러나 어떤 분의 말에 의하면 하나님께서는 99% 다 사람을 써서 역사하십니다. 사람을 통해 심판하시고, 사람을 통해 구원하시고, 사람을 사용하십니다. 심판하실 때에는 악한 자를 통해서 더 악한 자를 치십니다. 악한 자를 심판하실 때 선한 자를 통해서 치시는 일이 거의 없습니다. 하나님의 손에 악한 자도 쓰입니다. 그게 바로 느부갓네살이 아닙니까? 악한 자를 들어서 더 악한 자를 심판하는 막대기로 사용하신단 말입니다. 사실 그것도 우리의 마음에는 안듭니다. 선한 자를 통해 악한 자를 쳐야 하지 않겠습니까? 그렇게 하시지 않았어요. 선한 자의 손에 피를 묻히지 않으셨습니다. 바로 하나님께서 하시는 일입니다.

사람을 불러 쓰십니다. 사람을 통해서 역사하십니다. 그리고 하나님께서 책임을 지십니다. 이 역사의 과정이 때때로 우리 인간의 생각으로는 납득이 잘 되지 않습니다. 하나님께서 모세를 부르십니다. 이스라엘을 구원하시려고 할 때 모세를 태어나게 하시고, 겨우 살아남게 하시고, 80년을 기다리십니다. 사람 하나를 키우는 데 80년, 그리고 그를 통해서 역사하십니다. 이 80년의 시간이 영 마음에 안듭니다. 그렇다고 그가 또 특별한 사람도 아닙니다. 하나님께서 쓰시는 사람은 특별한 사람이 아닙니다. 우리가 요새 선거를 앞에 놓고 있으니까 지도자에 대해서, 하나님께서 쓰시는 사람에 대해서 많은 생각을 합니다. 특별한 사람, 좀더 깨끗하고, 의롭고, 흠이 없고, 과거의 문제 없는 아, 좀 그런 번듯한 사람 하나가 좀 나타났으면 좋겠는데, 여러분이 다 보시지만 거기에 나타난 얼굴들 아무리 봐도 특별한 사람들 아닙니다. 이제 그 중에 하나를 찍어야 돼요. 이게, 이게 어렵다는 얘기입니다. 역시 성경을 봐도 하나님께서 쓰시는 사람들 보통 사람입니다. 우리가 얼핏 생각하면 수도생활을 한 10년 동안 한 사람, 산에서 3년 동안 기도한 사람, 아, 공부도 좀 많이 한 사람, 가정 배경도 아주 좋은 사람, 뭐 이런 것 저런 것이 다 갖추어진 그런 사람이 있었으면 좋겠는데 하나님께서 쓰신 사람들은 하나같이 보통 사람입니다.

그런가 하면 특별한 배경을 가진 사람이 아니고 일반 직업인입니다. 이게 또 문제입니다. 학자이기보다는 하나같이 일반 직업인입니다. 모세는 40년 동안 처갓집 양을 친 사람입니다. 목자입니다. 아, 40년 쳤다면 이제 양치기 프로입니다. 아니, 목자로 죽을 사람입니다. 이런 사람을 부르십니다. 엘리사같은 사람은 소 모는 농사꾼입니다. 농사꾼. 그런가 하면 신약에서 보면, 예수님께서는 제자들을 부르실 때 갈릴리 바다에 가서 고기잡는 사람들 구경하시다가 '베드로야, 날 따르라' 하시고, 세관에 앉아서 세금을 받고 있는 세리를 보고 지나가시다말고 '마태야, 날 좇아라' 하십니다. 그들은 학자가 아니고 전문가이기보다는 일반 직업을 가진 사람입니다. 지도자급의 훈련을 받은 사람이 아닙니다. 그런가하면 더 중요한 문제는 의인이 아니라는 것입니다. 보통 사람일 뿐더러 실수가 많아요. 허물도 많아요. 특별히 모세와 같은 사람은 실수가 많아요. 실수가 많은 그 사람을 불러서 쓰십니다.

일본의 경영자에 다카하라 겐이치로라는 분이 있습니다. 그가 금년 2007년에 쓴 유명한 베스트셀러가 하나 있습니다. 「계속하는 힘」이라고 하는 책입니다. 그는 이 책에서 경영자의 경영학적 관점에서 말합니다. 성공하려면 계속하는 힘이 있어야 하고, 계속하는 힘은 그의 삶의 자세, 그 체질에까지 계속적으로 와야 한다면서 세 가지를 주문합니다. 첫째, 평생 감동의 자세. 무슨 일을 하든지 감동이 있어야 합니다. 머리만 굴리지 말고, 잔재주 부리지 말고, 생각이 있으면 가슴이 따라가야 합니다. 평생 감동. 여러분, 감동이 있게 삽시다. 바싹 말라서 요샛말로 Negative로 살아서는 안됩니다. 그것으로는 안됩니다. 감동, 가슴이 함께 가는 것입니다. 둘째, 평생 공부하는 자세. 겸손하게 공부하는 것입니다. 아무리 공부해도 끝이 없어요. 배우고 또 배우고, 어른에게서 배우고 어린아이에게서 배우고, 모든 사람으로부터 배우는 마음. 배우는 마음, 이 얼마나 중요합니까?

우리 소망교회의 집사님 한 분이 일본에 가서 경영학 특강을 한 번 한 일이 있다고 합니다. 경영에 대해서 말해 달라고 부탁을 해서,

부족하지만 그래도 한국 사람을 한번 부르고 싶다고 해서 아마도 선발된 것같다고 그래요. 가서 특강을 하는데, 아, 일본에서 아주 유명한 경영학자와 특별히 크게 성공한 사업가들이 그 앞에 앉았더랍니다. 깜짝 놀라고 부끄럽기도 해서 강연이 끝난 다음에 인사하면서 "아, 대단히 죄송합니다. 나같은 사람이 어쩌다 이 자리에 이렇게 나와서……" 그랬더니 빙그레 웃으면서 "많이 배웠습니다" 하더니 노트를 보여주더랍니다. 자기가 이렇게 많이 써놨다고, 자기는 배운 바가 없는 사람이라 그저 평생 배운다는 것입니다. 누구한테든 배웁니다. 오늘 참으로 많은 것을 배웠다는 그 말에 또한번 놀랐답니다. 바로 이런 사람이 경영하는 사람입니다. 학자는 공부하는 사람이지 지식을 가진 사람이 아닙니다. 이것을 알아야 합니다. 흔히들 말합니다. 박사라는 것은 '이제부터 공부할 자격을 얻었다'는 그 뜻입니다. '공부했다'가 아닙니다. 이제부터 스스로 공부하는 자격을 얻은 것입니다. 계속 공부하는 마음, 공부하는 자세입니다. 셋째, 평생 청춘의 자세. 평생 청춘, 이건 뭡니까? '이젠 늙었다'는 생각을 안합니다. '이제는 끝났다'고 생각하지 않습니다. '얼마 안남았다'는 생각도 안해요. 항상 청춘입니다. 다시 시작하는 것입니다. 오늘도 다시 시작하는 것입니다. 다시 새롭게 태어나는 마음으로 매일 매일을 임하는 그 자세가 성공할 수 있는 사람의 자세라고 말합니다.

모세를 부르신 때를 한번 생각해 보세요. 하필이면 형편없는 때입니다. 애굽에서 40년, 광야에서 40년 - 나이 80입니다. 하필이면 왜 이때 와서 부르시는 겁니까? 아, 좀 젊었을 때 부르시면 안됩니까? 좀더 할 수 있을 때, 기력도 있을 때, 능력이 있을 때 부르실 것이지, 다 늙어서 부르시니. 그저 이스라엘이 빨리 구원받기를 바라는 간절한 기도는 있었겠지요. 소원은 있었겠지요. 430년이 지났기에, 노예 중에 태어난 사람들이니 노예성에서 벗어날 수가 없어요. 믿음이니 뭐니 생각할 것도 없어요. 종자만 이스라엘이지 이젠 끝난 것이나 다름없습니다. 이스라엘은 이제 멸종될 것입니다. 바로 그런 순간에 모세를 부르십니다. 그리고 오늘본문말씀 보면 '이제 가라. 이제 가라' 하십니다. 아주 중요한 의미의 말씀입니다. 하나님께서 모세를 부르셨어요. 그리고 이적도 보여주셨어요. 이적이래야 별것 아닙니다. "네 손에 있는 게 뭐냐?" "지팡이입니다." "던져라." 던졌습니다. "잡으라." 잡았어요. 뭐 이 정도입니다. "네 손을 품에 넣어라." 넣었습니다. "빼 보라." 빼 보니 문둥병이 걸렸어요. "또 한 번 넣어라." 넣었어요. "또 빼 보라." 깨끗해졌어요. 이게 무슨 마술입니까? 뭐 이 정도 해 놓고는 말씀하시기를 "이젠 가라" 하십니다. 기가 막힌 일입니다.

그런데 오늘본문에 아주 특별한 의미의 말씀이 있습니다. 주께서 말씀하신 후에도 명령하신 후에도 나는 여전히 나입니다. 달라진 게 없습니다. 주를 만났고, 주의 말씀을 들었고, 주께서 명령하신 후에도 나는 이대로 나입니다. 달라진 게 아무것도 없습니다. 그런데 하나님 말씀하십니다. '그만했으면 됐다. 준비 완료! 가라!' 그런데 모세는 큰 고민에 빠집니다. 큰 고민에 빠져요. 그래서 13절에 보면, 이제 정직하게 말합니다. "보낼만한 사람을 보내세요." '좀더 능력 있는 사람, 좀더 깨끗한 사람, 좀더 젊은 사람, 보낼 만한 사람을 보내세요. 하필이면 왜 납니까? 나는 아닙니다. 지금은 아닙니다. 이 형편에서는 안됩니다. 사람의 생각으론 안됩니다. 이렇게 말씀하실 것이라면 진작 하시지, 적어도 40년 전에 하셨어야지 이제 이렇게 날더러 가라시면…… 지금은 아닙니다.' 그러나 하나님 말씀하십니다. "지금 가라." "네 손에 있는 것이 무엇이냐?" "지팡이입니다." "그거 가지고 가라." 그거 하나 들고 가라- 그리고 말씀하십니다. "내가 너와 함께하리라."

    모세는 큰 기적을 바랐던 것같습니다. 좀 굉장하고도 희한하고도 특별한 능력을 한 보따리 주시길 바랐는데 아무것도 주신 것 없어요. 그저 목자의 모양 그대로, 옷도 그대로, 얼굴도 그대로, 지팡이도 그대로. 그리고 이 외로운 사람에게 말씀하십니다. "이제 가라. 이대로 가라. 지금 가라." 중요한 말씀입니다. 하나님께서는 전적으로 순종하기를 요구하십니다. '그리고 할 수 있다 없다 하는 말을 하지 마라. 할 수 있고 없고는 내가 알아서 하는 거지 네가 할 말이 아니다.' 변명을 허락지 않으십니다. 내가 말했고, 내가 선택했고, 내가 보내는 것이고, 내가 함께하는 것이다. 이제 가라…… 말도 못하게 하십니다. '나는 말을 잘 못합니다. 입이 뻣뻣합니다.' 아마 말더듬이였던 것같아요. 그러니까 하나님 말씀하십니다. 동반자를 주십니다. '네 형 아론이 말 잘하는 것을 아노라. 말은 네 형, 말 잘하는 네 형이 대신 할 테니 너는 가라' 말씀하십니다.

    이보다 더 중요한 비밀이 하나 있습니다. 모세가 지금 말하지 않는 비밀이 있습니다. 그것은 바로 '나는 애굽에서 사람을 죽였습니다. 애굽사람을 내 손으로 쳐 죽인 사람입니다. 살인자요 전과자입니다. 나는 애굽에 못갑니다. 이 어두운 과거 때문에 나는 못갑니다. 바로의 궁전에서 40년 동안 영화를 누리며 자랐습니다. 그리고 바로를 배반했습니다. 배신자요 살인자요 전과자입니다. 못갑니다.' 그러나 하나님께서는 말도 못하게 하십니다. 그런 생각을 하지도 못하게 하십니다. '가라. 가라면 가!' 전부 사하시고 의롭다 하시고 말씀하십니다. 하나님께서 요구하시는 것은 믿음과 순종과 용기입니다.

작가 톰 모리스(Tom Morris)라고 하는 분이 「True Sucess」라는 책을 썼는데, 거기에 성공을 향한 성품, 성공을 향한 인격, 습관은 이러하다고 말합니다. '첫째는 원하는 것을 개념화해야 한다. 원하는 바를 픽션화해야 한다. 의미 창조를 하고, 의미 추구를 해야 한다. 실리를 추구하는 게 아니라 의미를 추구해야 한다. 그래서 이미지를 구성해야 한다'고 말합니다. 둘째는 자신감이라는 것입니다. '무엇인가 믿는 바가 있어야 한다.' 확실한 믿음. 셋째는 집중력이 있어야 합니다. '한 가지 가치관에 집중하면서 다른 것을 과감하게 버릴 줄 아는 단순한 집중력이 필요하다.' 그리고 네 번째가 중요합니다. '과정을 즐길 줄 알아야 한다.' 억지로 하고 부득이 하는 것은 안됩니다. 무슨 일을 하든지 확실할 뿐만 아니라 그 일 자체를 그 과정 자체를 즐기는 마음, 즉 행복한 마음이 있고 애정이 있어야 하고, 그런 사람에게 성공이 있다고 말합니다. 모세는 지금 하나님의 명령에 끌려갑니다. 억지로 끌려가는 것같습니다. 끌려가고 순종하면서 조금 조금 하나님을 사랑하게 되고 자신감을 가지게 되고 하나님의 능력에 감사하게 되고 그 은총에 온전히 위탁하면서 주의 사람으로 역사하는 걸 볼 수 있습니다.

여러분, 모세는 기적의 사람입니다. 그는 당연히 능력의 사람입니다. 누가 뭐래도 모세는 능력의 사람입니다. 그러나 꼭 기억해야 될 것이 있습니다. 먼저 그는 순종의 사람이요, 믿음의 사람이었습니다. 보세요. '이제 가라' 할 때 갔습니다. 갔기에 능력의 사람이 된 것입니다. 거기에 주저앉아서 '좀더 큰 능력을 보여주세요. 좀더 확실함을 주세요. 좀더 충만할 때 출발하겠습니다' 했다면 그는 아무 일도 못했을 것입니다. 부족함을 다 알면서도 '이제 가라' 하시니 갔습니다. 갔더니 능력의 사람이 된 것입니다.

　전해지는 유명한 전설이 있습니다. 모세가 이스라엘 대중을 이끌고 홍해에 나와서 섰는데 앞에는 홍해가 있고 뒤에는 애굽 군대가 따라옵니다. 양쪽엔 절벽이 있습니다. 이젠 꼼짝 못하고 독안에 든 쥐 신세입니다. 이스라엘 백성들은 아우성을 치며 하나님까지 원망하고 모세를 죽이겠다고 합니다. 별소리가 다 나옵니다. 모세가 기가 막혀 하나님 앞에 구했더니 하나님 말씀하시기를 '지팡이를 들어 홍해를 쳐라. 그리고 건너가라.' 그런데 여러분, 우리가 성경에서 읽을 때는 모세가 지팡이를 들어서 '꽝' 하고 치자마자 쫙 갈린 것처럼 보이지만 전설에는 그렇게 돼 있지 않았다고 합니다. 모세가 홍해를 쳤대요. 끄떡도 안하더랍니다. 전혀 변화가 없어요. 모세가 당황해서 벌벌 떨고 있을 때 옆에 있는 여호수아가 '모세여, 치고 건너가라 했는데 왜 서 계십니까?' 여호수아가 물속으로 풍덩 들어가니까 쫙 갈라지더랍니다.

　여러분 어떻습니까. 치고 건너가라면 건너가야 갈라지지, 갈라질 때까지 기다리면 되나? 이것이 하나님의 사람의 모습입니다. 이 모습 이대로 순종했어요. 부족한 그대로 순종했어요. 전혀 안될 것 같지만 명령하시니 순종했어요. 그대로 순종할 때 순종 후에 능력이 나타났고 그가 능력의 사람이 됩니다. "이제 가라." 얼마나 깊고도 귀중한 말씀입니까?　△

주의 길을 예비하라

하나님의 아들 예수 그리스도 복음의 시작이라 선지자 이사야의 글에 보라 내가 내 사자를 네 앞에 보내노니 저가 네 길을 예비하리라 광야에 외치는 소리가 있어 가로되 너희는 주의 길을 예비하라 그의 첩경을 평탄케 하라 기록된 것과 같이 세례 요한이 이르러 광야에서 죄 사함을 받게 하는 회개의 세례를 전파하니 온 유대 지방과 예루살렘 사람이 다 나아가 자기 죄를 자복하고 요단강에서 그에게 세례를 받더라 요한은 약대털을 입고 허리에 가죽띠를 띠고 메뚜기와 석청을 먹더라 그가 전파하여 가로되 나보다 능력 많으신 이가 내 뒤에 오시나니 나는 굽혀 그의 신들메를 풀기도 감당치 못하겠노라 나는 너희에게 물로 세례를 주었거니와 그는 성령으로 너희에게 세례를 주시리라

(마가복음 1 : 1 - 8)

주의 길을 예비하라

    1974년 미국으로 가는 이민의 바람이 불어서 제가 알기에 많은 우리 한국 사람들이 미국으로 이민을 갔습니다. 제가 LA에 있는 이민가신 가정의 초청을 받아 방문한 적이 있었습니다. 방에 들어서면서 저로서는 참 놀란 것은 그 당시에 TV가 얼마나 화면이 큰지 우리나라에서는 못본 것이고, 더군다나 국내에서는 없었던 컬러였습니다. 그 당시로서는 굉장하게 보였습니다. 그런데 TV가 화면만 나오고 소리가 전혀 들리지 않아요. Western Movie - 서부영화를 틀어놓았는데, 소리는 안듣고 그림만 보는 것입니다. 볼륨을 돌려보니 소리가 잘 나옵니다. 그래 제가 궁금해서 물어보았습니다. 왜 소리는 안 듣고 화면만 보시냐고 물었습니다. 했더니 그 집사님 대답하는 말이 너무너무 서글펐어요. TV에서 영어 소리만 나오면 밑에서 화가 치민다는 것입니다. 영어를 못알아들으니까 왜 예전에 영어를 좀 더 열심히 안했던가, 그 많은 날 중·고·대학생 때, 그 많은 해에 영어공부를 충실히 하지 못했던가. 너무 한이 맺히고 화가 난다는 것입니다. 밖에 나가서 일하러 다닐 때도 영어가 되질 않아 가만히 보면 감옥이 따로 없대요. 얼마나 구박을 받는지, 자존심이 상한 마음을 견딜 수가 없었고, 집에 와서 TV를 보려는데도 또 거기서 영어만 나오니까 소리를 확 죽이고 그림만 본다는 것입니다. 그 옛날 영어공부를 제 때에 하지 아니한 한이 맺혀서.
    저는 그 경험을 하면서 많은 생각을 했습니다. 이민은 갔는데 이민을 갈 준비가 안된 것입니다. 영어를 준비하지 않고 그 나라에 뛰어 들어갔습니다. 그러니 얼마나 불편합니까. 그 고생은 이루 말도 못합니다. 그 답답함이라는 것을 이렇게 말합니다. 죽고 싶다고 그래요. 제가 분명히 만나 보았습니다. 1년 내에 머리가 하얗게 세는 것을 보았어요. 얼마나 자존심이 상하고 속상한지 말입니다. 여러분, 이걸 잊지 말아야 합니다. 사람은 기회가 왔을 때 놓치고 나면 다음 기회는 버려야 됩니다. 아무리 좋은 기회가 와도 내 스스로 버릴 수밖에 없어요. 왜? 준비가 안됐으니까. 준비된 바가 없으면 기회를 포기해야 합니다. 얼마나 기막힌 얘기입니까?

인간의 인간됨의 행복이라는 것은 엄격히 따지면 예측지식의 성취에 있습니다. 소유보다 더 중요한 것은 성취입니다. 성취라는 것은 반드시 내가 얻었다는 데 있는 게 아니라 그것을 바라보고 오늘까지 왔다고 하는 기대치, 그 예측지식이 오늘 와서 적중될 때 거기서 성취라고 하는 기쁨을 누리게 돼 있습니다. 그러니까 생각이 따라가지 않는 물리적 소유라고 하는 건 아무런 의미가 없습니다. 결국 우리는 예측지식 혹은 예측기능 속에서 행복을 누립니다. 우리는 흔히 꿈이라는 말로 말합니다. 앞에 이런 일이 있을 거다- 앞에 이런 일이 있을 것으로 생각하고 꿈꾸고 준비하며 그것이 적중될 때 거기서 성취감을 누리고 행복을 느끼게 되어 있는 것입니다.

심리학자 소냐 루보머스키(Sonja Lyubomirsky)라고 하는 분이 쓴 「The How of Happiness」라는 책에서 그는 말합니다. '행복은 연습이다.' 행복도 연습이 필요하다는 것입니다. 무슨 말입니까? 행복도 준비가 필요하다, 준비와 연습이 없는 행복은 행복일 수가 없는 것입니다. 생각이 먼저 가야 돼요. 먼저 알고 있어야 돼요. 이런 일이 있을 것으로 예측하고 연습도 되고 준비도 된 가운데서 주어져야 그것이 행복이 되는 것입니다. 멍청한 가운데 주어져 봐야 뭔지 모르고 뭔지 모르면 행복도 아닌 것입니다. 그런고로 항상 준비되고, 예비된 행복이 있다는 것을 우리는 깊이 생각해야 합니다. 그래서 행복한 사람들은 선천적으로 낙천적이고 긍정적입니다. 이것은 잘 아는 상식입니다. 저자는 낙천적이고 긍정적으로 행복한 사람들에게 유전적 요인이 확실히 있다고 말합니다. 그래 역시 낙천적이고 긍정적인 것, 역시 유전적 요인이 있어요. 타고난 것같아요. 전 감사하게 생각하는 것이 아무래도 나는 낙천적 요인을 타고 났는가보다 싶은 것입니다. 어떤 어려움에든 저는 걱정이 되질 않으니까 말입니다. 그거 너무 다행한 거 아닙니까? 그래 역시 유전적 요인을 부인할 수가 없어요. 이 분이 면밀히 연구한 대로는 유전적 요인이 50%, 환경적 요인이 10%입니다. 여러분, 놀라지 마세요. 환경적 요인이란 10% 밖에 없어요. 가난하고 부하고 병들고 뭐 사회가 어떻고 세상이 어떻고 떠들어 봐야 그것과 나의 행복과는 관계가 없어요. 10%. 그 다음에는 의지적 요소, 실천적 요인이 바로 40%입니다. 이것은 훈련되어야 하는 것입니다. 이 40%는 연습해야 하는 것입니다. 행복에 연습이 없으면 행복은 없습니다. 대단히 중요한 얘깁니다. 그래서 긍정적 감정을 훈련해야 합니다. Mind Control. 항상 긍정적으로 보고, 적극적으로 생각하는 그런 마인드 컨트롤이 훈련이 되어야 합니다. 40%나 되니까요. 훈련해 나가야 되고 또한 물리적으로 주어지는 시간의 의미를 창조적 의미로 바꾸는 그 훈련을 해야 합니다. 그냥 주어지는 게 아닙니다. 내가 생각을 하고 내가 노력하고 내가 수고해서 일을 만들어 간다는 것을 잊지 말아야 합니다. 마지막으로 제일 중요한 것은 선택한 바에 대한 헌신이 있어야 돼요. 생각은 뱅글뱅글 돌면서 행동이 없다면 안되지요. 마음은 있는데 실천하지를 못해요. 실천한 다음에 오는 그 통쾌함이 분명히 있는데도 불구하고 사람들은 그것을 못하는 것입니다.

제가 이제 이 나이 되고 보니까 가끔 우리 후배 목사님, 젊은 목사님들이 "목사님, 목사님 건강의 비결이 뭡니까?" 그걸 자꾸 물어봅니다. "아, 그거야 뭐 타고난 거지." 그렇게 말해도 집요하게 물어봐요. "그래 좀 배웁시다. 건강의 비결이 뭡니까?" "여러 가지 얘기 안하고 하나만 얘기할 텐데 자네가 그거 실천할 수 있겠는지 모르겠네." "아, 하겠습니다." "그래 어디 한번 보자. 나는 아침에 찬물로 목욕을 하네. 할 수 있겠나?" "어휴, 그건 안되는데요." "아니, 그거 죽는 것도 아닌데 왜 못해? 한번 해 보게. 그 다음에 오는 그 통쾌함과 상쾌함이라는 건 이루 말로 못하네. 아마 이거 어느 사이에 중독될 수도 있는데……" 자 여러분, 이 한마디를 듣고도 벌써 못하겠다는데 뭘 한다는 겁니까. 이거 생각해야 합니다. 우리는 선택을 했으면 선택에 따르는 헌신이 충분해야 합니다. 이것이 반복되면서 준비가 이루어집니다. 말하자면 행복의 준비가 이루어진 것이지요. 그리고야 행복할 수 있습니다. 예측지식이 행동으로 옮겨져서 이것이 합당하게 준비될 때, 행복이라는 것이 주어지는 것입니다.

여러분, 성경을 66권 통틀어 그 구조적인 특성을 한마디로 말하면 '예언과 성취'입니다. 성경은 온통 예언과 성취입니다. 사건 얘기가 아닙니다. 왜 성경이 복잡한 책이고 또 어려운 책이 되는가 하면, 사건을 기록한 게 아니기 때문입니다. 이런 일이 있었고, 저런 일이 있었고, 뭐 이런 사람이 죽었고, 전쟁이 났고……, 뭐 이런 얘기가 아닙니다. 성경에는 언제나 예언이 있어요. 말씀이 있어 사건이 있고, 말씀이 있어 현실이 있어요. 예언과 성취, 예언과 성취, 말씀과 성취, 말씀이 먼저 전해집니다. 사건 이전에 말씀이 전해집니다. 노아 홍수 때도 홍수가 있을 것이다- 120년 전에 전해집니다. 언제나 말씀이 있고 예언이 있고 그 다음에 그것의 성취가 있어요. 자, 그러면 이 말씀과 성취, 이 긴장관계 속에 나라고 하는 존재가 있어요. 그 사이에 믿음이 있습니다. 말씀을 믿을 때 우리는 준비하게 됩니다. 준비된 다음에 사건이 오면 그것이 행복이 됩니다. 말씀은 있는데 준비는 없다면, 그 다음에 사건이 '꽝' 하고 터지면 그걸 심판이라고 해요. 이건 끝나는 것입니다. 그러므로 예비함이 필요합니다. 예언과 성취 사이에 믿음을 가지고 예비해야 됩니다. 글쎄, 뭐 옛날 얘기입니다만, 요새는 이런 일 없어요. 옛날에 처녀들이 시집을 갈 때 그때 벌써 어린애 버선까지 만들어 갔어요. 내 만드는 걸 봤어요. 요만한 버선이 하도 예뻐서 이게 뭐냐고 물으니까, 앞으로 시집가서 애 낳아서 이거 신길 거래요. 요새는 이런 예비함이 없어요. 그냥 현금만 가지고 덜렁 가면 되니까. 이래서 재미가 없어요. 다 준비해야지요. 어린애 옷도 준비하고, 어린애 버선도 준비하고, 이걸 다 준비해가지고 시집을 갔어요. 어쩌면 일생 입을 옷을 다 가지고 간 것입니다. 그래서 시집가서 옷을 얻어 입는 일이 없대요. 그러니까 딸을 낳으면 대들보가 없어진다고 그랬습니다. 온통 싸가지고 가야 되니까. 예비함이 있었어요. 요새는 꿈도 못꿉니다.

　다시 본문으로 돌아가 생각해 봅시다. 예수 사건이 있었어요. 예수님께서 이 땅에 오셨습니다. 그런데 예수 사건 이전에 먼저 예언이 있고, 예고가 있었습니다. 그래서 누가복음 3장 4절에 보면 예비하라, 주의 길을 예비하라, 첩경을 곧게 하라, 하였습니다. 첩경이라는 말이 영어 번역에는 쉽게 번역하여 Highway라고 돼 있어요. 지금 말하면 고속도로입니다. 첩경을 만들어라 — 길이라는 게 중요합니다. 길이 좋아야 돼요.

제가 몇년 전에 북한에 갔을 때 이런 일이 있었습니다. 코란도 같은 차를 제가 몰고 저 청진까지 돌아다니고 있었는데, 시골에 많이 다녔는데, 아, 하루에 타이어 펑크가 두 번 나는 것입니다. 스페어 타이어는 하나밖에 없잖아요. 아, '꽝' 하고 터지고 또 밤중에 터지고 나니까, 아이구 이거 어떡하면 좋아요. 다른 차도 다니는 게 없는데, 한밤을 그 추운 데서 새웠던 기억이 있습니다. 길이 좋아야 돼요. 여러분, 차를 운전하시는 분들 비포장도로를 다닐 때 얼마나 어려운지 모릅니다. 덜커덩 덜커덩 덜커덩 먼지 나고, 다니다가 비포장도로가 끝나고 고속도로에 딱 들어서 아스팔트 위를 싹 지나가게 되면 "야~" 하고 탄성이 납니다. 그래서 나는 그 때마다 '주의 길을 예비하라'는 말씀을 생각합니다. 길, 길이 이렇게 중요합니다. 아, 비포장도로를 덜컹거리고 다니다가 고속도로에 딱 들었을 때의 기분이란 이루 말도 못해요. 좌악하고 나가는 '주의 길을 예비하라' — 고속도로를 예비하라. 그렇게 하려면, 도로 공사하는 얘기가 있는 것입니다. 골짜기를 메우고, 요새는 굴도 뚫고, 그리고 낮은 곳은 높이고, 산은 낮추고, 굽은 것은 바로잡고…… 그래서 제가 한국에서 운전하고 다닐 때 제일 다니기 좋아하는 곳이 강릉 경포대입니다. 거기 가서 매운탕 한 그릇 먹고 오면 참 좋거든요. 점심 먹으러 거기까지 갑니다. 2시간 정도면 가는데요. 옛날에는 강원도 가려면, 대관령을 넘어갈 때, 고불고불하면서 가던 것 아닙니까. 위험하기 짝이 없어요. 내 앞에서 차가 뒹구는 것도 본 일이 있습니다. 그렇게 위험했는데 요새는 뭐 굴을 뚫어가지고 그냥 좍 나가잖아요. 아, 그리고 겨울에 눈이 아무리 많이 와도 요새는 강릉까지는 문제가 없습니다. 길이 좋아서 그렇습니다. 여러분, 예수님께서 오십니다. 주님께서 이 땅에 오시는데 고속도로를 준비하라, 주님께서 오시게, 좍 들어오시게, 그렇게 예비하라고 말씀하십니다.

데이비드 A. 씨멘즈의 「치유하는 은혜」라고 하는 책에 나오는 얘기입니다. 하나님의 은혜를 받아들이는 데는 첫번째는 자신이 용서받아야 할 죄인이라는 걸 인정해야 한다, 죄인임을 인정하라 합니다. 이거 내가 죄인이라는 걸 인정해야 돼요. 이게 첫째요, 그 다음에는 용서받은 죄인이라는 것을 생각해야 한다는 것입니다. 용서받을 가치가 있고 이미 그 은혜로 용서받은 자라는 것을 생각해야 합니다. 그런데 사람들은 이것을 수용하지 않고 스스로 완전주의에 빠지고 있다— 그렇습니다.

여러분, 가장 무서운 죄가 교만입니다. 교만하면 망가집니다. 사단은 우리를 교만하게 만듭니다. 그래서 사단의 역사라는 건 가만히 보면, 사단이 딱 다가오면 먼저 우리를 칭찬합니다. 너는 굉장하다. 너는 천재다. 너는 훌륭하다. 너는 시대적 CEO다…… 사람을 높입니다. 그렇게 우쭐해진 다음에 쾅하고 무너집니다. 여러분, 마귀가 하는 말에 귀를 기울이지 마세요. 이걸 알아야 합니다. 나는 죄인이요, 구원받은 죄인이요, 오직 은혜뿐이요…… 이걸 인정해야 합니다. 완전주의자 중에는 첫째, 지배형이 있습니다. 자존감이 지나쳐서 자기 스스로를 높입니다. 자기를 굉장하다고 생각합니다. 자기를 특별하다고 생각합니다. 그때부터 무너지기 시작합니다. 이걸 알아야 합니다. 마귀의 시험 1조가 사람을 교만하게 만드는 것입니다. 그러니까 여기에 넘어가면 안됩니다. 그렇게 되면, 예수를 포기합니다. 예수가 필요가 없어요. 내가 완전한 사람이기 때문에 그렇습니다. 둘째, 자기 소멸형입니다. 남에게 의존하려고 합니다. 어쨌든 남과의 관계, 인간관계를 통해 문제를 해결하려고 합니다. 이것도 잘못된 것입니다. 또하나는 후퇴형입니다. 스스로 자기를 아주 떨어뜨리고 비하시켜서 나는 불가능하다, 나는 구제불능이다, 나는 사랑받을 만한 가치가 없다고 생각합니다. 자기를 불신합니다. 사랑받을 만한 가치가 없으면 탕자는 집에 돌아오지 않습니다. 탕자가 집에 돌아오는 마음, 고만큼은 그는 자기 존재를 인정한 것입니다. 이걸 잊지 말아야 합니다. 그런데 예비하는 데 있어서 가장 핵심적인 것이 뭐냐 하면 율법적인 의를 포기하는 것입니다. 자기 완전주의를 포기하는 것입니다. 잘났다는 생각을 버리라는 것입니다. 똑똑하다는 생각을 포기해야 합니다. 아니, 내가 뭘 할 수 있다는 생각도 다 버려야 합니다. 그래서 성경은 말씀합니다. 회개하라. 회개하라. 회개는 모든 가치를 부정하는 것입니다. 내 의를 다 포기하는 것입니다. 회개하라. 그리고 방향을 돌리는 것입니다. 180도 확 돌립니다. 회개하는 것입니다.

　유대사람들의 그 메시야 대망사상—Mesianic Expectation이라는 것은 대단한 것이었습니다. 메시야를 간절히 기다립니다. 정치·경제·문화 할것없이 그저 메시야만 오면 다 해결될 줄로 알아서 간절히 기다리는데 때와 장소, 인물까지 생각했어요. 그래서 베들레헴에 오실 것이다. 동정녀의 몸에 오실 것이라 생각하고 베들레헴에는 메시야를 낳아보겠다고 시집 안간 처녀가 수백 명이었답니다. 그만큼 동정녀에게서 난다는 것과 베들레헴에 난다는 것과 그리고 이때쯤 오시리라는 것까지 다 알고 간절히 기다렸어요. 아주 간절히. 그것 밖에는 소망이 없으니까. 로마 군사가 지나갈 때 메시야를 기다렸어요. 도덕적인 타락을 보고 탄식할 때도 메시야를 기다렸어요. 경제적인 빈곤 속에서도 기다렸어요. 메시야만 오면, 메시야만 오면, 메시야만 오면 모든 것이 해결될 걸로 믿었어요. 그들의 대망의 초점은 그 메시야에 있었습니다. 자, 그런데 진작 오셨어요. 오시고 나니 어떻게 합디까? 이스라엘을 대표하는 헤롯왕은 당장 그 아기 예수를 죽이려고 했어요. 왜? 자기 보좌를 내놓고 싶지 않으니까. 현재에 안주하고 싶으니까. 예수님 세상에 오시자마자 벌써 예수님을 죽이려고 하는 살생행동대가 발동합니다. 또 바리새인들 서기관들, 성경만 전문으로 연구하는 사람들인데 이 사람들 역시 예수를 십자가에 못박습니다. 마침내 예수를 십자가에 못박아버립니다. 왜? 자기 보좌를 내놓고 싶지 않아요. 현실 이대로 안주하고 싶었던 것입니다. 그런고로 성경은 말씀합니다. 예비하라, 회개하라고. 소망은 있는데 기대도 있는데 준비가 없었어요. 회개가 없었어요. 회개하고 믿음이 있어야 하는데 믿음도 회개도 없었습니다.

여러분, 우리는 가끔 꿈이라는 말을 잘 씁니다. Dream, 꿈, 합니다만 저는 개인적으로 꿈이라는 말을 좋아 안합니다. 꿈은 신앙적 용어가 아닙니다. 정말로 개꿈입니다. 꿈 조심하세요. 뭔가 될 거라 하는 막연한 생각, 꿈꾸지 마세요. 꿈이라는 말처럼 맹랑한 말이 없어요. 그런데 어떤 교회 가니까 드림교회래요. 드림교회. 왜냐고 하니까 꿈이랍니다. 꿈. 아, 꿈꾸다가 다 이렇게 됐어요. 몽상들이 문제라니까요. 꿈이 아닙니다. 예언입니다. 예언. 약속의 말씀에 대한 우리의 믿음입니다. 이건 꿈이 아닙니다. 이건 드림이 아닙니다. 약속이 있고, 믿음이 있는 것입니다. 믿음이 있고 성취가 있습니다.

배리 슈워츠(Barry Schwartz)라고 하는 분이 「The Paradox of Choice」라고 하는 유명한 책을 썼는데요. 그 속에서 그는 딜레마를 이렇게 말하고 있습니다. 패러독스, 역설입니다. 왜 패러독스냐? 선택의 문제가 있다는 것입니다. 선택이란 과거를 버리고 새것을 택한다는 말인데 그러나 선택하면서 과거를 못버리는 여기에 딜레마가 있습니다. 과거 그대로이면서 선택을 찾는다는 것입니다. 여기에 문제가 있어요. 회개하고 주의 길을 예비하고 주를 맞아야 하는데 회개 없이 주를 맞이하게 되면 예수를 십자가에 못박게 되는 것입니다. 그래서 자기가 세운 꿈, 자기 희망, 자기 기대를 벗어나지 못하고, 여기에서 무너지는 것이고 또 자기 경험과 비교하면서 과거로부터 벗어나지 못하고 있기에 선택의 모순이라고 그렇게 말합니다.

여러분, 금년에는 순수하게 아무 편견도, 고집도, 교만도 없이 예비된 성탄을 맞이할 수 있기를 바랍니다. 성탄은 해마다 돌아옵니다. 그러나 나 자신에게는 생전 처음 맞는 그러한 성탄이 되었으면 합니다. 우연하게 주어지는 것도 아니고 물리적으로 주어지는 게 아니라 예비된 성탄, 충분한 준비가 있는 그런 성탄이 될 때 성탄의 의미는 증폭됩니다. 새롭게 내 생전 처음 맞는 성탄이 될 것입니다. 여러분, 내 소원이 아니고 주의 소원, 내 뜻이 아니고 주의 뜻, 내 길이 아니고 주의 길, 주의 길을 예비하라— 깊이 생각해야 하겠습니다. 예비하는 만큼 성탄의 의미는 살아날 것입니다. △

한 신앙인의 신앙간증

이와 같이 성령도 우리 연약함을 도우시나니 우리가 마땅히 빌 바를 알지 못하나 오직 성령이 말할 수 없는 탄식으로 우리를 위하여 친히 간구하시느니라 마음을 감찰하시는 이가 성령의 생각을 아시나니 이는 성령이 하나님의 뜻대로 성도를 위하여 간구하심이니라 우리가 알거니와 하나님을 사랑하는 자 곧 그 뜻대로 부르심을 입은 자들에게는 모든 것이 합력하여 선을 이루느니라

(로마서 8 : 26 - 28)

한 신앙인의 신앙간증

신앙이 아주 좋은 12살배기 어린이가 중한 병을 얻어서 점점 약해져서 임종을 맞게 되었습니다. 그 임종 앞에 서 있는 72세 되신 할아버지가 이 손자를 붙들고 너무 안타까워서 이렇게 말했습니다. "내가 죽고 네가 살아야 할 것인데…… 나는 살 만큼 살아서 이제 가도 되지만 너는 이제부터 귀한 생을 살 것인데 12살에 이렇게 먼저 가다니, 이럴 수가 있느냐?" 하면서 울었습니다. 이 어린이는 이렇게 대답합니다. "할아버지, 아닙니다. 나는 가장 행복하게 살았습니다. 12년 동안 너무나 행복하고 너무나 많은 사랑을 받았습니다. 특별히, 할아버지 사랑을 많이 받고 행복하게 살았습니다. 또한 교회에 가서 하나님의 사랑을 알았고 친구들을 교회로 인도해서 12명 친구를 교회로 인도했습니다. 참으로 아름다운 12년을 살았습니다. 그런데, 할아버지처럼 이제부터 살아야 한다면, 얼마나 많은 어려움이 있겠습니까? 저는 가장 행복한 하나님의 아들로 이렇게 생을 마감하게 된 것을 감사합니다." 할아버지는 이 손자를 붙들고 할말이 없었습니다. 가장 행복한 생을 살았다고 하는 이 간증 앞에 고개를 숙였습니다. 아니, 많이 부끄러웠습니다.

탈 벤샤하르(Tal Ben-Shahar)라고 하는 교수님이 계십니다. 하버드 대학 현직 교수로 최근에 「Happier」라고 하는 책을 내놓았는데 「타임즈」나 아마존에서 베스트셀러가 되었습니다. 그는 '긍정심리학'을 강의하고 있는데 2002년에 이 강의를 처음 시작할 때 학생이 8명이었습니다만 2년 후에는 그 강의에 무려 855명의 학생이 등록을 합니다. 그만큼 명강의가 되었습니다. 그는 이 강의에서 늘 강조하는 말이 있습니다. '내일의 성취를 위하여 오늘의 행복을 포기하지 말라. 오늘의 행복이 없다면 내일의 행복도 없는 것이다.' 그가 말하는 행복의 6가지 계명이 있습니다. 첫째, 인간다워지라는 것입니다. 나를 너무 특별한 사람으로 생각하지 말고, 남이 죽거든 나도 죽을 줄 알고, 남이 슬프거든 나도 슬플 줄 알고, 슬픔과 기쁨을 인간적으로 수용하라, 보통 사람 이상도 이하도 아니다, 평범하게 인간다우라고 말합니다. 그렇습니다. 인간다우면 다 수용될 수 있는 건데, 자신을 뭘 그렇게 특별한 것처럼 생각하면서 스스로 불행을 자초하는 것입니까. '인간은 인간다워야 행복할 수 있다.' 둘째, 행복은 즐거움과 의미의 교차로에 있다 합니다. 어떤 행복의 조건에도 의미가 함께하지 않는다면, 의미를 깨닫는 기쁨이 없다면 그건 행복일 수가 없다는 것입니다. 의미의 문제를 강조합니다. 셋째는 통장 잔고가 아니라 마음 상태에 달려 있다는 것입니다. 그래서 실패를 재앙으로 보지 말고 배움의 기회로 삼으라, 그것이 행복의 길이다 합니다. 넷째는 너무 복잡하게 생각하지 말고 생각은 항상 단순해야 한다고 합니다. 집중적으로 단순한 마음으로 살아야 하겠다, 과거에 매이지도 말고 또 불확실한 미래에 너무 매일 것도 없다, 단순하게 살아야 한다 했습니다. 다섯째, 마음과 몸이 연결되어 있다는 걸 잊지 마라 합니다. 운동도 하고 식생활 습관도 바로잡아서 몸을 건강하게 함으로써 마음도 건강해지고 마음이 건강함으로 몸도 건강해진다, 몸과 마음을 별개시하지 말고 함께 건강하게 그렇게 가꾸어 가야 행복할 수 있다고 말합니다. 마지막으로 여섯째는 감사의 마음을 가질 뿐더러 감사를 표현할 줄 알아야 한다고 합니다. 한 잔의 차를 마시면서 한

끼의 식사를 하면서 한 사람을 만나면서 미소를 잃지 말고 늘 고마운 마음, 감사하는 마음과 그 감사를 표현하는 그런 작은 감사에서 행복을 찾을 것이라고 말합니다.

이 분의 말씀하는 골자는 이것입니다. 현재의 간증이 있어야 하는 것입니다. 현재의 신앙간증이 있을 때 비로소 미래도 영원한 세계도 함께한다는 것입니다. 크리스천은 과거의 아픔과 고통, 미래의 불안, 이것을 극복하는 현재적 신앙간증이 있어야 합니다. 먼 미래만 바라볼 것도 아니고 문제는 현재, 현재에 깨닫는 현재적 신앙간증이 있어야 미래가 열린다는 것입니다.

오늘 성경 말씀을 보면 "우리가 알거니와(28절)"라고 합니다. '우리가 알거니와' 하는 것이 이 문장의 주문장입니다. 헬라어로 '오이다멘'이라고 하는 이 말은 '우리가 안다' 하는 말입니다. 현재입니다. 우리가 알고 있다, 아니 내가 알고 있다, 나는 알고 나는 이렇게 간증하고 있다— 여기에 문제가 있는 것입니다. 하나님의 사랑, 하나님을 사랑하는 자, 사랑을 아는 자라는 말입니다. 사랑을 알고 있어요. 사랑은 사람을 단순하게 만듭니다. 깨끗한 마음을 만듭니다. 사랑은 단순하게 듣고 단순하게 봅니다. 사랑 외의 세계를 보지 않습니다. 그것이 사랑의 속성입니다. 또한 사랑은 기적을 믿습니다. 이 사랑으로 인해서 생각지 못한 세계, 밝은 미래, 예측하지 못했던 큰 세계가 있음을, 그 기적을 믿습니다. 이것이 사랑의 매력입니다. 그런고로 하나님을 사랑하는 자, 사랑을 압니다. 사랑을 알고 보니까 세상이 달리 보입니다.

또하나는 그 뜻대로 부르심을 입은 자라고 하는 그리스도인의 정체의식을 말하고 있습니다. 선택되었음을 압니다. 하나님의 뜻 안에 내가 있음을 압니다. 그 큰 소명을 들으면서 나를 보고 있습니다. 하나님 구원의 놀라운 경륜과 큰 시나리오를 봅니다. 그리고 그 시나리오 속에 나의 한 역할이 있음을 알게 됩니다. 이렇게 큰 섭리 속에서 나 자신을 볼 줄 알아야 합니다. 그 뜻대로 부르심을 입은 자, 그 큰 뜻 안에 내가 부르심을 받았어요. 그리고 생각합니다. 하나님의 사랑 안에서 과거를 봅니다. 잃어버린 과거는 없습니다. 그 모두가 하나님의 사랑이었습니다. 그 사랑 안에서 미래를 봅니다. 여기에 약속이 있습니다. 하나님의 큰 뜻 안에서 나 자신의 현실을 봅니다. 이 현실이 절대로 우연한 일이 아닙니다. 여기에 놀라운 의미가 있습니다. 그런고로 우리는 간증합니다. "합력하여 선을 이루느니라."

여러분, 감사의 차원을 이렇게 영어로 표현하는 사람이 있습니다. If, Because of, in spite of— If란 말은 조건적입니다. 이리하면 감사하고 저리하면 감사하겠다고, 일생동안 이리하면 일생동안 감사 못합니다. 또하나는 Because of입니다. 이것 때문에, 이러하기 때문에 감사하고 저러하기 때문에 감사한다— 이것도 중단됩니다. 참된 감사와 행복은 여기에 있습니다. In spite of. 그럼에도 불구하고. 왜? 의미가 있으니까. 의미라고 하는 초연한 새로운 진리가 거기 있기 때문입니다. 그럼에도 불구하고 병들었어요. 그럼에도 불구하고 실패했어요. 그럼에도 불구하고 뜻대로 안됐어요. 그럼에도 불구하고 하나님의 뜻은 이루어졌어요. 그런고로 '그럼에도 불구하고'라는 절대적 차원에서 은총을 대할 때 그는 감사할 수 있어요. 행복할 수 있어요. 성도들은 알고 있습니다. 본래적 의미를. 모든것의 근원은 하나님께 있고, 하나님의 손에 있고, 그의 능력에 있고, 그의 지혜에 있고, 그의 사랑에 있습니다. 시발점, 그 오리지널, 근본의 의미가 하나님의 사랑에 있었습니다.

여러분, 사람은 사랑으로 태어나고 사랑 안에서 삽니다. 많은 사람들이 나는 사랑을 받지 못했다는 말을 쉽게 합니다만 그런 사람은 세상에 아무도 없습니다. 가장 큰 사랑은 네 살 전에 받았습니다. 네 살 전에 세상에 태어나서 애지중지하는 그 귀한 사랑을 받고 오늘 우리가 있습니다. 그런데 이상하게도 네 살 전의 일은 아무도 기억하지 못합니다. 만일에 네 살 전의 일을 기억하는 사람이 있다면 그건 특별한 사람입니다. 혹 여러분이 어머니의 젖 먹던 생각이 납니까? 그 사람은 5살까지 먹은 사람입니다. 그 소중한 것, 그 소중한 사랑은 기억에 없어요. 이건 믿음입니다. 그러나 사실입니다. 사랑 받았어요. 아, 받고말고요. 누구의 사랑이라도 다 사랑을 받아서 오늘 내가 있는 것입니다. 그런데 이것을 내가 모르고 있습니다. 근본적으로 생명에는 사랑이 함께하는 것입니다. 사랑이 함께하고야 생명이 존재합니다. 그러므로 표면을 보지 말고 깊은 세계를 봅시다. 현상을 보지 말고 의미의 세계를 봅시다. 거기엔 하나님의 뜻이 있었어요. 그리고 하나님의 사랑이 거기에 있었어요.

또하나 우리가 간증하는 바가 있습니다. 그것은 Final Triumph 입니다. 최종승리입니다. 저 끝에 가서는 사랑이요, 저 끝에 가서는 승리요, 저 끝에 가서는 영광이라는 것을 믿습니다. 합력하여 선을 이룹니다. 합력하여 선을 이룬다는 말의 헬라어 원문을 조금 깊이 살펴보면 원문과 달리 번역된 것은 우리말에 주어가 빠졌습니다. 합력하여 선을 이룬다 했는데 누가 이루느냐는 것입니다. 헬라어에는 '호 데우스'라고 되어 있어요. 그러니까 그대로 직역하면, 하나님께서 합력하여 선을 이루게 하신다는 것입니다. 하나님께서 주도하신다고 하는 그 주어가 우리 문장에서 잠깐 빠졌습니다. 하나님께서 이루십니다. 그래서 빌립보서 1장 12절에서는 "나의 당한 일이 복음의 진보가 된 것을 알기를 원하노라"라고 사도 바울은 말씀하고 있습니다. 또 잠언 16장 4절에는 "여호와께서 온갖 것을 그 씌움에 적당하게 지으셨나니 악인도 악한 날에 적당하게 하셨느니라" 합니다.

여러분, 악을 너무 그렇게 원망하지만 마세요. 어떻습니까? 악한 사람 덕에 잘된 사람 많아요. 못된 친구 덕에 바로된 사람도 많고, 그 많은 역경 때문에 오늘의 내가 된 것도 사실 아닙니까? 그런고로 너무 민감할 필요가 없습니다. 그런고로 하나님의 선하심으로 시작했다는 걸 잊지 마세요. 하나님의 선하심으로 모든 일이 시작됐어요. 그런가하면 현재는 선으로 향하는 과정입니다. 하나의 프로세스입니다. 잠깐 마음에 안든다면 왜 이런 일이 있을까, 왜 저런 일이 있을까 하는데 조금만 기다려 보세요. 꼭 필요한 일들이 있습니다. 없어야 할 일은 없습니다. 있어야 할 일이 있을 뿐입니다. 이것은 다 큰 의를 이루고 큰 선을 이루는 과정입니다. 이건 과정입니다. 우리는 과거에 대해서는 이런 진리를 조금 인정을 합니다. '과거에 어려운 일, 뭐 이런 일, 저런 일이 있어서 오늘의 내가 이렇게 됐다' 하는 생각을 좀 합니다만 현재 당하는 일을 통해서 미래에 이루어질 선에 대해서는 바로 깨닫는 사람이 많지 못합니다. 지금 당장 좀 어려운 일이 있어도 아니, 이것이 다 필요한 거라고, 저 앞에 있는 Final, 최종 승리를 위하여, 최종 의(義)를 위하여 이것은 있어야 하는 과정이라고 생각할 수 있어야 하겠습니다.

여러분, 이걸 생각해야 합니다. 나는 늘 생각도 하고 혼자서 웃

곧 합니다만 혹, 여러분, 전쟁영화를 보십니까? 혹은 서부활극같은 걸 보십니까? 총을 쏘고 대포가 터지고 폭탄이 터지고 난리를 치면 모두가 다 손에 땀을 쥐고 걱정을 하면서 구경을 합니다만 저는 걱정 안합니다. 왜요? 저 주연배우는 안죽게 돼 있으니까. 절대로 안죽어요. 안죽도록 시나리오는 돼 있어요. 이 모든 일을 통해서 반전 반전해서 결국은 파이널, 해피엔드를 만들어 가고 있는 것입니다. 오늘의 고통은 앞에 있는 선(善)을 위한 과정일 따름이요, 또한 때로는 모순도 있고 불의함도 있지만 그렇게 될 것입니다.

여러분, 여기에 우리의 신앙 간증이 있습니다. 하나님께서 선으로 바꾸십니다. 시편에서는 계속 강조합니다. 욥기에서 말씀합니다. 악을 선으로 바꾸십니다. 사도 바울의 간증입니다. 여기에 하나님의 능력이 있고 하나님의 지혜가 있습니다. 잠깐 이해가 안되더라도 묵상하며 기다리세요. 곧 결과를 보게 될 것입니다. 이 모든 악이 굴러, 돌고, 돌아서 반전, 반전해서, 역전하여 하나님의 선을 만들어낼 것입니다. 선으로 바꾸시는 하나님의 역사가 거기에 있는 것입니다. 이것을 간증할 수 있어야 합니다. 그런고로 우리는 해피엔드를 믿습니다. 마지막에는 반드시 아름다운 것으로 하나님을 찬양하게 될 것이라고 우리가 믿습니다.

전세계가 인정하는 삼대 테너가 있지 않습니까? 그 테너의 한 사람 호세 카레라스(Jose Carreras)라는 사람을 아마 여러분도 아실 것입니다. 이 분을 특별히 좋아하는 분들이 많습니다. 그는 41세 때 1987년 오페라 '라보엠'을 연습하다가 졸도합니다. 혈액암으로 쓰러지게 됩니다. 머리칼이 다 빠지고 손톱이 다 빠지는 그런 아픈 경험을 하게 됩니다. 투병생활을 하면서 많이 기도했습니다. 그를 아끼는 온 세계의 호세 카레라스의 팬들이 그를 위하여 기도했고 저도 이 방송을 들었습니다. 기도하자고 호소했습니다. 호세 카레라스를 위해서 기도하자고. 온 세계의 그를 사랑하는 사람들이 그를 위하여 기도했는데 그는 이 병을 이기고 나와서 다시 노래를 부릅니다. 처음 노래를 부를 때, 그 음정이 흔들리는 걸 보면서 저는 마음이 아팠습니다. 그러나 점점 나아졌습니다. 얼마전에 한국에 와서 부를 때 보니 아, 괜찮아졌어요. 많이 건강해졌어요. 왠지 그의 노래 소리에는 우리 마음에 부딪쳐주는 바가 있습니다. 우리 마음을 울리는 바가 있습니다. 그는 투병 중에 온 세계에 그를 사랑하는 사람들이 기도하는 기도를 몸으로 느꼈다고 말합니다. 그리고 이렇게 간증합니다. "때로는 질병도 큰 은혜가 된다는 것을 깨달았습니다." 그렇습니다. 신앙인은 믿습니다. 신앙인은 알고 있습니다. 신앙인은 보고 있습니다. 신앙인은 매일매일 느끼며 살아갑니다. 아니, 간증하며 삽니다. 합력하여 선을 이룬다고. 지난날이 합동하여 선을 이루었고 오늘이 합동하여 내일의 선을 이룰 것이라고 믿고 있습니다. 이 간증이 있는 곳에 행복이 있습니다. 그러므로 기뻐합니다. 그러므로 감사합니다. 그러므로 새로운 용기의 사람이 됩니다.

여러분, 지난 1년 동안 지내온 것 뭐, 이런 일 저런 일, 건강과 질병과 마음에 안드는 일, 마음에 드는 일, 그러나 여러분 잊지 맙시다. 마음에 안드는 일도 많았지만 내가 생각하지 못했던 더 큰 기쁨도 있었어요. 더 큰 은혜로운 사건들도 있었어요. 여기서 우리는 지난 1년을 돌아보면서 생각해야 합니다. 이 모든 일이 합력하여 선을 이루었고 오늘의 현실이 다시 한번 합동하여 미래의 선을 이룰 것이라고. 하나님을 사랑하는 자, 그 뜻대로 부르심을 입은 자에게는 모든 것이 합력하여 선을 이루고, 함께 작용을 해서 역사해서 새로운 세상을 이룰 것입니다. 새로운 용기로 이제 미래를 향해야 할 것입니다. △

너는 내 앞에서 완전하라

　아브라함의 구십 구 세 때에 여호와께서 아브람에게 나타나서 그에게 이르시되 나는 전능한 하나님이라 너는 내 앞에서 행하여 완전하라 내가 내 언약을 나와 너 사이에 세워 너로 심히 번성케 하리라 하시니 아브람이 엎드린대 하나님이 또 그에게 일러 가라사대 내가 너와 내 언약을 세우니 너는 열국의 아비가 될지라 이제 후로는 네 이름을 아브람이라 하지 아니하고 아브라함이라 하리니 이는 내가 너로 열국의 아비가 되게 함이니라 내가 너로 심히 번성케 하리니 나라들이 네게로 좇아 일어나며 열왕이 네게로 좇아 나리라 내가 내 언약을 나와 너와 네 대대 후손의 사이에 세워서 영원한 언약을 삼고 너와 네 후손의 하나님이 되리라 내가 너와 네 후손에게 너의 우거하는 이 땅 곧 가나안 일경으로 주어 영원한 기업이 되게 하고 나는 그들의 하나님이 되리라

(창세기 17 : 1 - 8)

너는 내 앞에서 완전하라

　소설가 서머셋 모옴(Somerset Maugham)이라고 하는 사람은 유명한 소설가입니다만 무명 시절에 첫 소설을 써서 출판사에 맡기고 출간을 하게 되었습니다. 그러나 출판사에서는 이 무명작가의 소설에 대해서 광고비를 내놓을 마음이 없었습니다. 그래서 전혀 광고를 하지 않았습니다. 무명작가의 소설이 나왔지만 아무도 사는 사람이 없어요. 소설은 전혀 팔리지 않고 그저 서점에 쌓여 있을 뿐입니다. 서머셋은 기발한 아이디어를 내어 신문사로 찾아가서 담당자에게 광고 카피를 주었습니다. "이대로 광고를 내 주세요." 내용은 이렇습니다. '마음씨 착하고 아름다운 여성을 찾습니다. 저는 스포츠와 음악을 좋아하고 성격이 온화한 청년입니다. 그리고 지금 장가를 갈 참입니다. 제가 바라는 여성은 최근에 나온 바 서머셋 모옴이 쓴 소설의 주인공과 같은 여성입니다. 자신이 그 주인공과 같은 여성이라고 생각하면 언제든지 연락하십시오. 제가 만나겠습니다.' 이렇게 광고를 냈더니 책은 일주일만에 다 팔렸습니다.
　여러분, 이미지라고 하는 것, 소위 셀프 이미지라는 건 매우 중요합니다. 이것은 어떤 의미에서 타고나기도 하고 절반은 자신이 만들어가는 것입니다. 여러분 다 아시는 대로 얼굴 표정 어찌 생각하십니까? 제가 힘든 이야기를 하나 할까요? 나이 40이 넘었으면 내 얼굴에 책임을 져라 했습니다. 40이 넘었으면 내 얼굴 표정에 책임을 져야 됩니다. 관상에 책임을 져야 됩니다. 왜요? 좋은 마음을 가지고 늘 살았으면 이제는 빛이 있는 얼굴이 돼 있을 것입니다. 마음이 썩어가지고 시기와 질투로 망가지면 벌써 얼굴에 나타나기 시작했어요. 얼굴의 세포가 벌써 다 변질이 됐어요. 그런고로 얼굴에 책임을 져라, 아니, 표정에 책임을 져라, 운명에 책임을 져라 하는 것입니다.

표정 – 요새는 표정관리니 인기관리니 하는 얘기를 많이 합니다. 사실, 중요합니다. 그러나 그게 무슨 마사지 해서 되는 것입니까? 마음가짐이 돼야지요. 마음에 평화가 있고, 마음에 사랑이 있어야 합니다. 자, 어찌하겠습니까? 이제 마사지 그만하고 어떻게 심상을 바꾸어볼 마음 없습니까? 마음이 깨끗해야 표정이 깨끗해집니다. 이건 부정할 수가 없지 않습니까? 요새 이미지에 대한 연구들을 많이 합니다. 성공학 강사로 유명한 브라이언 트레이시(Brian Tracy)의 요새 나온 책 중에 '미지화'라고 하는 말을 많이 썼습니다. Visualization, 이미지도 만들어간다는 것이지요. 그러기 위해서 몇 가지를 말하는데 아주 중요한 요점입니다. 먼저는 빈도입니다. 계속 반복할 때 이미지는 생깁니다. 한번 살짝 지나가는 것은 남지 않습니다. 계속 반복, 고민을 해도 계속하고, 사랑을 해도 계속해야 됩니다. 이 빈도와 반복에서 이루어집니다. 에베소서에 보면 이런 말씀이 있지요. '남을 미워하는 마음이 있거든 해가 지도록 품지 마라.' 미워하는 마음이 슬쩍 지나가면 돼요. 루터(M. Luther)의 말대로 말하면 '머리위로 지나가는 새는 막을 수 없다. 그러나 머리 위에 둥지를 트는 새는 막아야 한다.' 그렇지요? 그런데 어쩌다가 쇼윈도를 지나갈 때 '아, 거 참 좋다' '아, 참 아름답다.' 거기까지만 생각하면 되는 것입니다. '저거 못가지면 나는 잠을 못잔다.' 그러면 안됩니다. 「탈무드」에 나오는 얘기입니다. 예쁜 아가씨가 지나간다면 '참, 창조주는 재주도 좋다. 어찌 저런 것을 만들었나.' 한번 감상하고 지나가면 되지 지나갔다가 다시 돌아보면 안된다. 마음을 빼앗긴 것이거든요. 그러니까 빈도와 반복, 거기서 인상이 형성이 됩니다.

두 번째는 선명도입니다. 여러 가지를 복잡하게 생각하는 중에는 기억에 남지 않습니다. 모든 생각을 다 지워버리고 선명하게 한 가지만 생각하면 거기서 인상이 내게 전위됩니다. 선명도가 문제입니다. 그 다음에는 강도가 문제입니다. 강한 것으로 인상을 받습니다. 또하나는 지속된 시간입니다. 얼마나 지속하느냐에 따라서 이미지가 형성이 됩니다. 이것이 다른 사람에게 비춰지게 됩니다. 여러분, 자신이 지금 다른 사람에게 어떤 모습으로 비춰지고 있습니까? 이것은 매우 중요합니다. 다른 사람에게 비춰진 모습에서 내 진실을 찾을 줄 알아야 합니다. 그건 아니라고 부정하지 맙시다. 모든 사람이 나에게 친절하게 대하거든 다소라도 내가 남에게 친절한가보다 하고 또 내가 다른 사람에게서 좋은 인상을 받지 못하거든 내게 문제 있다고 생각해야겠지요.

우스운 얘기입니다만 제가 어제 한 건 했습니다. 아, 자동차를 몰고 결혼 예식장을 가는데 유턴을 해서 그 예식장으로 들어가게 되어 있습니다. 거기 길바닥에 유턴할 수 있다고 표시를 했더라고요. 그 표시를 딱 보고 '유턴 할 수 있는가보다' 해서 유턴을 떡 했더니 순경이 보자고 그래요. 왜 그러냐고 했더니 "유턴 안되는데요" 합니다. "아, 거 바닥에 돼 있던데." "다시 한번 보세요." 자세히 보니 유턴 표시를 해놓고는 거기다가 엑스 자를 했더라고요. 유턴 안된다고. 그래 "아, 내가 고건 못봤지." 그랬더니 웃어요. "면허증 내세요." 그래 냈지요. 딱지 떼라고 그랬지요. "내가 작년 1년 동안 한 번도 안

떴는데 이거 올 금년에는 벽두에 떼누만……" 했더니 한참 보더니 "진짜 이거 못봤어요? 엑스 자." "아, 그거 못봤다니까!" "그냥 가세요." 그래서 한 건 벌었어요. 그래 내가 무슨 생각 했는지 아십니까? '내가 그래도 과히 잘못 생기진 않았나보다. 저 사람에게 그리 나쁜 인상은 주지 않았나보다' 하고 스스로 만족해 보았습니다.

영국 작가 G. 엘리엇(G. Eliot)은 이렇게 말합니다. '자기도 모르게 우리는 다섯 가지 감옥에 살고 있다.' 중요한 것은 이것입니다. '자기도 모르게'라는 것입니다. 자기도 모르게 다섯 가지 감옥에서 살아가고 있다— 첫째, 이기적인 자기 사랑의 감옥입니다. 자기를 너무 사랑해요. 그 사랑하는 방법도 잘못됐어요. 자기 사랑이 지나치다보니 모든 사람으로부터 미움을 받아요. 참, 이상합니다. 나를 사랑하면 남은 나를 사랑하지 않아요. 내가 남을 사랑하지 않는데 그가 나를 왜 사랑하겠습니까? 자기 사랑에 빠져들면 결국은 다른 사람으로부터 미움을 받게 됩니다. 또 하나는 근심의 감옥입니다. 있을 수도 있고 없을 수도 있는 일, 어떤 때는 필요 없는 많은 근심에 쌓여 있습니다. 또하나는 과거를 생각하는 향수의 감옥입니다. 그래서 '그 때가 좋았지……' 하는 생각을 하고 삽니다. 또한 남의 것만 좋아하는 선망의 감옥입니다. 나는 불행하고 남에겐 모든 일이 잘되는 것같습니다. 나만 왜 이렇게 망가지는 것인지, 세상이 나에게만 박한 것같이 느끼는 것입니다. 마지막으로 증오과 시기와 질투의 감옥입니다. 시기와 질투 그건 참 무서운 것입니다. 그 시기 질투를 딱 떼버리고 살면 자유로울 수 있는데 어느 사이에 다른 사람과의 관계나 혹은 사업적인 관계에서 시기와 질투, 나아가서는 증오가 생길 수 있습니다. 이 감옥에 갇히기 시작하면 정신 못차립니다. 이것이 인간이라고 말합니다.

오늘본문에 보면 하나님께서 아브라함과 만나서 대화하시는 내용이 나옵니다. 창세기 12장에 보면 하나님께서 아브라함을 부르셨습니다. 그리고 고향을 떠나라고 말씀하십니다. 갈 바를 알지 못하고 하나님의 말씀만 믿고 이정표 하나 없는 광야로 나섭니다. 위대한 믿음입니다. 고향을 떠납니다. 문제는 고향을 떠난다는 데 있습니다. 그리고 하나님 말씀하십니다. "지시할 땅으로 가라." 미리 지시하신 게 아닙니다. '그냥 가라. 가는 도중에 내가 일러주마.' 이렇게 됩니다. 하나님만 믿고 고향을 떠났습니다. 또 아직도 자식이 없는데 그 때가 벌써 75세입니다. '네게 아들을 주마' 약속하십니다. 이 말을 믿고 떠났습니다. 그러나 얼마를 지내봐도 자식은 생기지 않았고 또한 하나님께서 주셨다고 하는 땅에는 흉년이 들어서 애굽으로 피난을 가게 됩니다. 그런데 25년이 지난 이 때에도 자식은 없고, 내 땅도 없고, 이방 땅에, 남의 땅에 나그네로 삽니다. 할말 많습니다. '하나님, 어찌 이렇게 인도하시는 것입니까? 나는 어떻게 하면 좋겠습니까?' 마음에 그런 의문이 있은 줄 압니다. 그런데 오늘 하나님께서 말씀하십니다. 99세라고 분명히 성경은 말씀합니다. 99세된 아브라함에게 말씀하십니다. "너는 내 앞에서 완전하라." 너는 내 앞에서 완전하라— 왜 휘청거리느냐? 왜 머뭇거리느냐? 왜 이렇게 허우적거리느냐? 내 앞에서 완전하라. 이렇게 말씀하십니다. 이 완전이라고 하는 '타밈'이라고 하는 히브리어 단어는 '허물이 없다'는 뜻이기도 하고 '곧게 산다'는 뜻이기도 하고 '직행한다'는 말입니다. 완전하라, 내 앞에서 너는 완전하라고 말씀하십니다.

아브라함은 참으로 25년 동안 많이 휘청거렸습니다. 그는 나약했습니다. 보십시오. 15년 전에 한 10년 동안을 기다리다가 자식이 생기질 않아서 편법으로 이스마엘을 얻었습니다. 이건 편법입니다. 하나님께서 분명히 아브라함에게 아들을 주신다고 했는데 이건 정도입니다. 그런데 아브라함은 생각합니다. 아내는 점점 단산해 가니까, 나이많아져서 안되니까 아마도 이런 생각을 한 거같아요. '그저 하갈이라고 하는 여자를 통해서 얻어도 종자는 분명히 내 종자니까, 그것도 내 아들은 내 아들이니까. 이렇게 하면 안될까?' 아내와 합의 하에 하갈을 통해서 아들을 얻으니 그게 이스마엘입니다. 오늘도 아랍 족속이 그 이스마엘의 후손입니다. 이스마엘, 이 아들을 편법으로 얻었습니다. 10년을 기다리다가 그렇게 얻었습니다. 그러나 오늘 성경에는 말씀하십니다. 그건 아니라는 것입니다. 그건 네 마음대로, 네 법대로, 네가 생각한 길이고 내 방법은 아니라고. 정당하게 사라를 통해서 얻어야 한다고 말씀하십니다. 아브라함은 믿음을 가졌습니다만 나약합니다. 믿음을 버린 것은 아닙니다. 사람이 약해서 그랬습니다. 왜? 자기는 99세요, 아내는 89세입니다.

로마서 4장에 의하면 '단산한 지 오래고 마치 죽은 자와 방불하다' 그랬어요. 생리적으로는 죽은 거나 같습니다. 이 지경이 됐는데 이때와서 하나님 말씀하십니다. '내년 이 때에 아들을 낳으리라.' 이걸 어떻게 믿는단 말입니까? 아브라함은 참으로, 참으로 괴롭습니다. 자, 25년을 기다렸고 이제 100세가 됐는데 내년에 아들을 낳는다니 이거 어떻게 하면 좋겠어요? 그 동안에 휘청거린 거 이제 오늘 주시는 말씀을 믿고 보니까 과거가 부끄러워요. 아, 이럴 줄 알았으면 내가 이스마엘을 낳지 말 걸, 내가 애굽으로 피난도 가지 말 걸, 좀더 좀더 온전하게 믿음을 지켜갔으면 좋았을 걸…… 오늘 주시는 말씀을 의심하면 원망이 많고, 믿고나면 부끄러움이 많아요. '하나님 죄송합니다. 인간인고로 너무 내가 많은 실수를 했습니다.' 가책이 있어요. 허물이 있어요. 그래서 오늘 "너는 내 앞에 완전하라" 하실 때 응답할 자신이 없어요. "내년 이 때에 아들을 낳으리라." 그 말씀을 받으면서 감격하고 감사하기도 하지만 한편으로 너무 부끄러워서 '네, 그래야지요' 하고 말씀을 못드려요. 말씀을 이대로 수용할 수가 없는 부끄러운 과거를 가지고 있어요. 많은 허물이 있어요. 이걸로 괴로워하고 있어요. 이 과거를 극복하지 못했어요.

이스마엘은 태어나서 벌써 14세입니다. 일이 아주 복잡해지는데 '아이구, 하나님 이거 어떡합니까, 어떡합니까…… 믿음을 따르자니 부끄럽고 또 하나님께서 주신 말씀을 아니라고 부정할 수도 없고……' 이런 갈등 속에 있습니다. 이제 하나님 말씀하십니다. "나는 전능한 하나님이다." '엘 샤다이' - 아주 중요한 말입니다. 구약신학에 있어서 이 '엘 샤다이'라는 말은 굉장히 중요한 의미로 해석합니다. '엘'은 하나님이고요 '샤다이'는 전능입니다. '샤다이'라는 말을 히브리 원어로 밝히면 '모성적 전능'입니다. 여성적 전능이 아니고 모성적 전능입니다. 이걸 아시겠습니까? 제 개인 얘기를 해서 미안합니다만 그저 나이들면 이런 주책도 좀 있습니다. 우리 아버지는 저를 많이 때렸습니다. 해라, 말아라, 가라, 오라, 꼼짝 못합니다. 만일에 그 한마디라도 어겼다가는 두들겨맞는 것입니다. 아주 폭군적으로 저에게 명령하시더라고요. 그러나 나는 순종하는 것같지만 사실은 순종 안한 것도 많아요. 그런데 우리 어머니는 저를 한 번도 때려본 일이 없어요. 혹은 책망도 한 일이 없어요. 내가 뭘 잘못하면 "이리 오너라." 손을 잡고 "이놈아, 내가 너를 어떻게 낳았는데…… 10

년을 기도해서 낳았고, 네가 하나님의 종 되라고 오늘까지 아침저녁으로 기도하는데 네가 그럴 수 있느냐?" 꼼짝 못합니다. 여기에는. 단 한마디도 거역할 수가 없습니다. 이게 모성적 전능입니다. 자, 사랑으로 감싸면서 거기서 말씀하십니다. '엘 샤다이. 나는 전능한 하나님이다. 너는 내 앞에서 온전하라.' 이 말 속에 무궁무진한 복음이 있습니다. '네가 그동안 실수한 것 다 안다. 네 아내도 지금 기가 막혀서 저 밖에서 웃고 있는 것도 안다. 다 이해해. 네 실수도 다 내가 이해한다. 이제 그만하고 완전하라'라고 말씀하십니다.

'나는 전능한 하나님이다. 그런고로 너는 내 앞에서 완전하라. 과거를 잊어버려라.' 완전하라 하는 말씀 속에 하나님의 칭의의 역사가 있습니다. Justification, 과거를 묻지 않으십니다. 과거를 다 이해하십니다. 다 덮어 주십니다. 전혀 기억지 않습니다. 그리고 다시 시작하기를 원하십니다. '너는 내 앞에서 오늘 완전하라.' 대단히 중요한 말씀입니다. 아브라함이 이 말을 믿고 그 날 사라를 자기 천막으로 불러들입니다. 다시 신방을 꾸립니다. 다시 시작합니다. 어두운 과거는 다 잊어버립니다. 완전히 새 마음, 새 믿음으로 시작합니다. 이 낡은 약속을 따라 새 길을 갑니다. 25년 전에 준 말씀을 다시 회상하며 오늘 remind 해서 다시 시작합니다. 나에게는 변화가 많았지만 하나님께는 변화가 없습니다. '전능한 하나님이다. 너는 내 앞에서 완전하라.' 대단히 소중한 말씀입니다.

현대경영학의 아버지라고 하는 피터 드러커(Peter Drucker)는 18세 때, 베르디의 오페라 팔스타프(Falstalf)를 감상하게 됩니다. 그는 이것을 너무 충격적으로 감상을 했어요. 좌우간 그 비싼 돈을 내고 어렵게 마련해 가지고 세 번을 봤다는 거 아닙니까? 구경을 세 번이나 했는데 그 유쾌한 선율과 그 열정과 그 활기찬 음악에 감동되고 매료됐어요. 그것만이 아닙니다. 드러커가 생각한 것은 또 다른 면이 있었어요. 이것을 작곡한 베르디는 그 때에 나이 80세입니다. 80세의 베르디가 어떻게 이런 것을 작곡할 수 있단 말인가? 거기서 큰 충격을 받았어요. 그래서 베르디를 연구해 봅니다. 베르디는 늘 이렇게 말했습니다. '나는 완전한 작품을 원했습니다. 그러나 작품을 만들고 보면 또 불완전하고 또 미흡합니다. 그래서 완전을 지향해서 또다시 작곡을 합니다. 아니, 다시 작곡할 만한 가치가 있습니다. 불완전하기에 더 완전하기 위해, 보다 완전하기 위해서.' 그렇게 한평생을 살았노라고 간증을 합니다. 피터 드러커는 바로 그 말을 받아서 모든것이 부족하지만, 완전을 지향하여 살아갑니다. 그리고 완전을 추구합니다. 여러분 아시는 대로 그는 95세까지 책을 썼습니다. 놀랍지 않습니까? 여러분은 나이 얼마입니까? 과거에 어두운 것이 있습니까? 혹은 그저 부끄럽고 그저 지우개로 확 지워버렸으면 좋겠다고 생각하는 그런 것들이 있습니까? 잊어버리세요. 오늘이 있다고 하는 것은 하나님께서 지난날을 다 덮어 주시는 것을 의미합니다. 이제 새롭게 들리는 말씀에 귀를 기울이세요. '나는 전능한 하나님이다. 너는 내 앞에서 완전하라.' 더는 휘청거리지 마라, 과거에 매달리지도 마라, 오직 약속의 땅을 향하여 가라. △

두려워 말라

그런즉 저희를 두려워하지 말라 감추인 것이 드러나지 않을 것이 없고 숨은 것이 알려지지 않을 것이 없느니라 내가 너희에게 어두운 데서 이르는 것을 광명한 데서 말하며 너희가 귓속으로 듣는 것을 집 위에서 전파하라 몸은 죽여도 영혼은 능히 죽이지 못하는 자들을 두려워하지 말고 오직 몸과 영혼을 능히 지옥에 멸하시는 자를 두려워하라 참새 두 마리가 한 앗사리온에 팔리는 것이 아니냐 그러나 너희 아버지께서 허락지 아니하시면 그 하나라도 땅에 떨어지지 아니하리라 너희에게는 머리털까지 다 세신 바 되었나니 두려워하지 말라 너희는 많은 참새보다 귀하니라

(마태복음 10 : 26 - 31)

두려워 말라

랜스 암스트롱(Lance Armstrong)이라고 하는 사람은 1999년에서 2004년까지 '투르 드 프랑스' 사이클 대회에서 연 6회 연속 우승을 해서 사이클의 왕자가 된 역사적 인물입니다. 그는 1993년 베르텡 구간 사이클 경기에서 21세의 나이로 이미 한 번 우승을 했습니다만 1996년에 고환암에 걸려서 위기를 맞게 됩니다. 그런 사형선고를 받고 병과 싸우는 사투를 벌입니다. 그런 그가 암을 이겨내고 다시 일어나서 6회 연속 우승을 하는 신화적 사건을 만들었습니다. 그의 저서 「이것은 자전거 이야기가 아닙니다」는 자기의 고백서이고, 아주 재미있는 책입니다. 그는 그 책에서 이렇게 말하고 있습니다. '두려움이 있었습니다. 우승하지 못할까, 사람들의 주목을 받지 못할까, 경제적으로 어려움이 올까…… 여러 가지 두려움이 겹쳐 있었지만 이것은 암과 사투를 벌이며 죽음 앞에 서 있는 사람에게는 아무것도 아니었습니다. 이런 것들은 아무것도 아니었습니다. 죽음 그 자체가 바로 내게 문제였습니다'라고 말합니다.

그는 죽음 앞에서 그것을 넘어서고자 하는 확고한 믿음이 있었습니다. 그는 CANCER—암이라고 하는 말로 나름대로의 철학적 생활양식을 만들었습니다. CANCER의 첫 자 C는 Courage—용기이고, A자는 Attitude—삶의 자세요, N자는 Never give up—절대로 나는 포기하지 않는다는 것이고, C자는 Curability—나는 치료를 절대 늦추지 않는다는 것이고, E자는 Enlightenment—계속적으로 깨달아간다는 것이며, 마지막의 R자는 Remembrance of my fellow patients—내

동료 환자들을 생각하는 마음을 가질 것이다…… 이렇게 하며 그는 무서운 이 병을 이기고 다시 일어서서 사이클 대회에서 연속 6회를 우승하는 그런 신화적 존재가 되었다랍니다.

여러분, 두려움의 근원이 무엇입니까? 어떤 남편이 차차 몸이 약해지고 기운이 떨어져서 죽어가고 있었습니다. 부인은 옆에서 울고, 아이들도 울고, 친구들도 울었습니다. 그는 돌아보며 유언도 했습니다. 마지막 임종 시간이 될 때 부인은 "당신 죽으면 나는 어떻게 사느냐?"하고 그렇게 울었답니다. 그러니까 남편이 빙그레 웃으면서 하는 말입니다. "내가 지금 네 걱정 하게 됐냐?" 지금 죽음을 문제삼고 있어요. 오로지 죽음. 도대체 죽음이 무엇이며 내가 죽음을 어떻게 직면하고 어떻게 극복하느냐, 여기에 집중하고 있는데 쓸데없이 울어가지고 말입니다. 내가 지금 네 걱정하게 됐냐? 이것 참 가만히 생각해보면 기가막힌 얘기입니다. 여러분, 이건 다 우리가 겪어야 할 일입니다. 언젠가 울고불고 해봐야 소용없습니다. 뭐 명예가 어떻고, 돈이 어떻고, 재산이 어떻고, 유산이 어떻고 쓸데없는 소리입니다. 죽음, 죽음 자체 하나만이 문제입니다. 이것이 무엇을 말하고 있는가 하는 것입니다.

두려움이라는 것은 아픔과는 다릅니다. 두려움은 예측 지식에서 오는 것입니다. 아프다 하는 것은 현재적입니다. 혹시 줄서서 매맞은 일이 있습니까? 저는 군대에 있을 때 많이 맞았습니다. 줄 세우고서 앞에 있는 사람부터 이제 때리는데, 정작 맞을 때는 안아파요. 괜찮고 견딜만합니다. 그런데 이거 내 차례가 점점 가까워올 때 이때가 참 힘들어요. 사람이 아주 못살겠어요. 이게 바로 두려움이라는 것입니다. 두려움이란 예측 지식에서 오는 것입니다. 가장 인간적인 것입니다. 아픔은 동물적이라고 한다면 두려움은 인간적입니다. 흔히 철학자들은 말합니다. 인간의 두려움의 근본은 불확실성이라고 말입니다. 역시 불확실합니다. 오늘도 이 나라, 이 경제, 사회 앞으로 이놈의 세상이 어떻게 될 것인가 걱정입니다. 사실은 그렇게 불확실합니다. 불확실하니까 걱정도 되고 두려움도 옵니다만 제가 대답을 하겠습니다. 불확실한 거 아무것도 없습니다. 걱정할 것도 아무것도 없습니다. 왜? 죽을 테니까요. 가장 확실한 죽음이 있습니다. 가장 확실한 하나님의 심판이 있습니다. 이것 외에는 두려워할 일 아무것도 없습니다. 우리는 쓸데없이 아주 감상적 두려움에 대해 뭐라 하는데 이거 다 솔직히 말하면 정직하지 못한 두려움입니다. 정직한 두려움은 오직 하나, 죽음뿐입니다. 그 외에 무엇을 생각하겠습니까?

　오늘본문은 예수님께서 12제자를 선택하시고 소명하시고 사명을 주시는 말씀입니다. 제자들에게 장차 될 일을 말씀하시기도 하고, 해야 할 일을 말씀하시기도 하고, 또 각오해야 될 일에 대해서 말씀하십니다. "두려워하지 말라(26, 28, 31절)." 두려워하지 마라- 먼저는 생명이 하나님의 손에 있기 때문이라는 겁니다. 참새 한 마리가 한 앗사리온에 팔립니다. 참새 한 마리도 하나님의 손에 있습니다. 생명은 주의 손에 있다, 그런고로 두려워하지 마라- 무슨 말씀입니까? 생명이 주의 손에 있듯이 죽음도 주의 것입니다.

　여러분, 이걸 잊지 말아야 합니다. 생명이 주의 손에 있고, 죽음은 그 손에서 떠나는 게 아닙니다. 주의 손 안에 있는 것입니다. 그런고로 두려워하지 말라 하십니다. 죽음의 문제를 완전히 해결하고 오늘을 살아야 하는 것입니다. 성경은 말씀합니다. 죽음이란 안식입니다. 오랫동안 피곤하게 살다가 평안하게 쉽니다. 그래 안식에 들어가기를 힘쓰라고 말씀합니다. 안식하는 법을 배워야 합니다. 안식입니다. 편안하게 쉬는 것입니다. 또한 인격과 신앙의 완성입니다. 모든것은 과정이라고 한다면 죽음은 완성입니다. 죽음에서 우리의 신앙과 인격이 그대로 하나의 작품처럼 완성되어가는 것입니다. 그런가하면 죽음은 그리운 자를 만나는 것입니다. 먼저 간 자를 만나기도 하고, 평생 그리워하던 주님을 만나기도 합니다. 새로운 만남입니다. 헤어짐보다는 새로운 만남의 의미가 죽음에 있습니다. 그런고로 죽음은 행복한 것이요 영광된 것입니다. 오늘 성경에 말씀하십니다. '그런고로 두려워하지 말라.' 아주 종말론적인 교훈입니다. 어느 때 어떤 모양으로 죽든지 삶이 주의 것이라면 죽음도 주의 것이니 두려워하지 말라, 천국으로 지향하는 길이니 두려워하지 말라, 생명의 다음 단계로 영광된 단계로 그리스도적 단계로 넘어가는 시간이니 두려워하지 말라, 세상에서 떠나면서 천국으로 들어가는 길이니 두려워하지 말라, 하나님의 손에 있으니 두려워하지 말라— 이것이 첫째입니다.

또한 오늘 본문의 말씀에서 억울함과 누명을 두려워하지 말라 하십니다. 오해를 두려워하지 말고, 불명예를 두려워하지 마세요. 때때로 보면 이대로 끝나면 억울함도 많은데, 이렇게 끝나면 오해도 많은데, 이렇게 끝나면 그동안 내가 쌓아온 업적이 다 무너지는 것 같은데 어떻게 될까? 이걸 두려워하게 됩니다. 우리는 순교자라고 쉽게 말합니다만 순교자야말로 많은 오해를 안고 죽습니다. 엄청난 오해, 때로는 누명을 쓰고 죽습니다. 이것을 꼭 알아야 합니다. 우리나라에서도 일제 말년에 많은 순교자가 나왔습니다만 그때마다 문제가 많았고 또 공산치하에서도 많은 순교자가 나왔습니다만 순교자에게는 오해가 많습니다. 이것이 바로 죽는 것인지 또 죽이는 자가 반드시 예수의 이름으로 너를 죽인다고 하는 그런 일은 없습니다. 반동분자이기 때문에 죽이는 것입니다. 나라의 법을 어겼다, 왕을 배반했다, 국법을 어겼다…… 뭐 여러 가지로 이름을 붙여서 죽이기 때문에 사실 순교자 그 자체로 보면 엄청난 오해 속에 죽어갑니다. 그것입니다. 자, 우리가 공산치하에서 많은 사람이 죽을 때 '당신은 예수믿기 때문에 죽입니다' 하고 죽이는 일은 하나도 없습니다. 이래저래 구실을 만들어서 국법을 만들어서 나라의 법을 어긴 반동분자이기 때문에, 반정부 일을 했기 때문에 정의의 이름으로 죽인다는 것입니다. 순교자에게는 엄청난 누명과 오해가 있습니다. 그러나 오늘 성경은 말씀합니다. "두려워하지 말라." 그 모든 비밀이 다 드러날 것이다, 감추어진 것이 다 드러날 것이다, 명백하게 광명 앞에 드러날 것이다, 그런고로 두려워하지 말라.

여러분, 억울함을 당한다고 두려워하지 마시고 오해를 두려워하지 마세요. 적어도 믿는 사람은 그런 거 두려워하는 게 아닙니다. 그런고로 변명하는 게 아닙니다. 하나님께서 다 밝혀주실 테니까. 하나님의 심판과 그에게 맡기고 평안하세요. 예수 그리스도의 십자가를 봅니다. 그는 생명을 주님께 위탁했고, 그는 업적을 주님께 위탁했고, 그는 명예를 위탁해 버렸습니다. 그리고 아무 두려움 없이 십자가에 돌아가시게 됩니다. 오직 하나님께 맡기고, 감춰진 것들이 드러날 것이다. 드러나지 않을 일이 있을까? 혹 오해가 있을까? 혹 숨겨진 일이 있을까? 그런 두려움은 가질 필요가 없습니다. 변명 없이 그대로 가도 됩니다. "두려워하지 말라."

그 다음으로 한 가지는 반대로 세상에 드러날까 두려워하는 사람이 있습니다. 세상엔 비밀이 많습니다. 이래저래 못할 일 많이 해놓고 들킬까봐 두려워서 그저 어디서 무슨 말만 나오면 이거 내가 잘못한 것이 또 들키는 게 아닌가? 또 내 잘못이 신문에 나오는 것이 아닌가? 여기저기서 터지지 않는가? 이래서 잠 못자는 사람이 있어요. 이것도 불쌍한 사람입니다.

아프리카에 유명한 추장이 있었는데 어느 선교사가 이 사람을 잘 설득해서 이제 예수를 믿게 될 만큼까지 가까워졌습니다. 그래서 그 앞에서 복음을 전하면서 아, 예수를 믿어 얻는 구원과 하늘나라와 또 영생과 부활의 진리를 말했습니다. 그랬더니 이 추장이 가만히 듣더니 말합니다. "당신 하는 말이 다 좋은데 이것도 좋고, 저것도 좋고, 사랑도 좋고, 뭐 용서도 좋고 다 좋은데 그 마지막 그 부활이라는 말은 마음에 안들어." "왜요?" "그럼, 죽은 자가 다시 살아난단 말인가?" "아, 그렇습니다." "안되지…… 내가 억울하게 죽인 놈이 많은데 그들이 다 살아나면 큰일나지." 이것 보세요. 이걸 잊지 마세요. 감춰진 것이 드러날까 두려운 사람은 불쌍한 사람입니다. 참으로 불쌍한 사람입니다. 비밀을 가지고 쫓기며 비겁하게 사는 사람, 참으로 불쌍한 사람입니다. 여러분, 이걸 잊지 말아야 합니다. 동화책에 나오는 이야기인데, 어떤 할아버지가 손자에게 인디언 도끼를 선물로 주었습니다. 아메리칸 인디언들이 쓰는 조그마한 도끼입니다. 이걸 확 던지면 빙글빙글 돌다가 나무위에 가서 탁 꽂히는 그 인디언 도끼 하나를 선물로 사줬습니다. 이 어린아이가 이걸 이리 던지고 저리 던지고 놀다가 한번은 잘못 던져서 그 집에 하나밖에 없는 거위가 죽었습니다. 꽥꽥거리고 다녔는데 거위의 목에 닿으면서 이 거위가 죽었어요. 꽥하고 죽었어요. 아, 이놈이 겁이 났습니다. 아, 이거 거위를 죽였으니 어떡하면 좋은가? 그래서 나무 밑에다 땅을 파서 이 거위를 묻어버렸어요. 그리고 손을 털고 딱 일어서는데 그 집 하녀가 봤어요. "나는 봤다"고 하니, 아이고, 아줌마, 제발 이거 비밀로 해 달라고, 알았다고. 아, 그리고는 이 아줌마가 종종 이 아이에게 와서 용돈을 달라고 합니다. 비밀 지켜주는 대가로 말입니다. 아, 할수없이 어려운 용돈을 줬습니다. 그래도 그걸로 만족하지 않고 또 달라고, 또 달라고, 이거 끝도 없습니다. 마지막에는 아버지 어머니 돈까지 훔쳐다가 줬는데도 끝도 없습니다. 너무너무 괴로워서 마지막에 할아버지 앞에 가서 사실을 고백을 했습니다. 사실은 여차여차하게 됐습니다, 내가 큰 잘못을 했습니다…… 할아버지는 빙그레 웃으면서 "벌써 알고 있었다. 네가 말했으니 잘했다" 하고 칭찬을 해주었습니다. 아, 이렇게 용서받고 밖으로 나가는데 이 아줌마가 또 불러가지고 "용돈" 그러더랍니다. 그래 "없어!" 그랬답니다.

이제는 회개하고 나니까 자유가 있어요. 두려울 것이 없어요. 여러분, 회개가 뭡니까? 회개는 바로 내가 나를 심판하는 것입니다. 하나님의 심판을 받기 이전에 내가 나를 심판하는 것입니다. 내가 나를 심판해 버리고 나면 다시 심판받을 게 없어요. 이게 회개라는 것입니다. 그런고로 회개하는 자에게는 두려움이 없어요. 이제 더 드러날 것이 없으니까, 다 드러나버렸으니까. 이게 자유라는 것입니다. 이게 구속받은 사람의 용기라는 것입니다. 하나님의 심판, 역사의 심판, 참으로 무서운 것입니다. 그러므로 사람을 두려워하지 말고 사건을 두려워하지도 말 것입니다. 성도 여러분, 우리의 행복의 그림자에 두려움이 있습니다. 비밀이 많습니다. 그러나 이 모든것이 드러난다는 것을 잊지 마세요. 내가 먼저 다 드러내버리고 그리고 죽음에 대한 대비를 해야겠습니다. 오늘이 내 마지막날이라 하더라도 아무 두려움이 없는 그런 자유인이 돼야겠습니다.

　유명한 영국의 정치가 처칠(Winston Churchill) 경이 한 말은 명언으로 남아 있습니다. 2차대전 끝난 다음입니다. 전쟁에는 간신히 영국이 이겼습니다만 여러분 아시는대로 전쟁 뒤에는 도덕적인 타락이 옵니다. 전염병과 타락이 옵니다. 통계적으로 보면 그래서 전쟁 후 전염병에 죽는 사람이 전쟁으로 죽는 사람보다 더 많다는 게 아닙니까. 그래 전염병이 돌고 전염병이 돌다보니 도덕성이 타락해서 영국의 가정생활이나 도덕생활이 엉망이 돼버렸습니다. 너무 답답하고 괴로워서 어느 장관이 처칠 경에게 말했다는 거 아닙니까. "전쟁은 이긴 것같으나 이 나라 이 백성이 도덕적으로 타락해서 지금 엉망입니다." 그럴 때에 처칠 경이 껄껄 웃으면서 한 명언이 있습니다. "내 그럴 줄 알았지." "어떻게요?" "자네들도 알다시피 내가 매주일 교회 나가잖아? 내가 열심히 나가는데 벌써 몇년째 목사님들의 설교 중에 천당 지옥 얘기가 없어." 여러분, 아시겠습니까? 목사의 설교 중에 천당 지옥 얘기가 없어. 천당 지옥 얘기가 아니고는 도덕문제를 바로잡을 길이 없어요. 진리가 어떻고, 사회가 어떻고, 뭐 평화가 어떻고 아무리 떠들어봐도 이것 가지고는 이 질서가 바로 잡히질 않습니다. 바른 양심과 의는 천당 지옥에 있습니다. 지옥이 보여야 됩니다. 천당이 보여야 됩니다. 지옥이 보여야 죄를 이길 수 있고, 천당이 보여야 절망을 이길 수 있습니다. 교회의 메시지의 핵심은 천당과 지옥입니다. 이걸 잊지 말아야 합니다.

그런고로 오늘 성경은 다시 말씀합니다. '그저 잘해봐야 우리 육신의 생명 정도, 혹은 물질 정도를 빼앗는 세상을 두려워하지 마라. 몸과 영혼을 아울러 지옥에 던지는 하나님을 두려워하라. 두려워할 자를 두려워하라. 두려워해야 할 일을 두려워하라.' 이 두려움이 바로 경건입니다. 우리는 사람 앞에 살지 않습니다. 하나님 앞에 삽니다. 우리는 물질로 살지 않습니다. 그의 영광과 그의 능력 속에 삽니다. 우리는 뭐 잘살아봐도 못살아봐도 갑니다. 이제 우리 눈앞에는 죽음이 있습니다. 죽음을 향해서 갑니다만 죽음을 넘어서는 그 약속과 그 영광을 바라볼 때 오늘 우리의 생활이 경건하게 될 것이고 밝게 될 것이고 의롭게 될 것이고 또 사랑하게 될 것입니다. '아무것도 두려워하지 마라. 두려워할 자를 두려워하라.' △

네 자신을 돌아보라

형제들아 사람이 만일 무슨 범죄한 일이 드러나거든 신령한 너희는 온유한 심령으로 그러한 자를 바로잡고 네 자신을 돌아보아 너도 시험을 받을까 두려워하라 너희가 짐을 서로 지라 그리하여 그리스도의 법을 성취하라 만일 누가 아무것도 되지 못하고 된 줄로 생각하면 스스로 속임이니라 각각 자기의 일을 살피라 그리하면 자랑할 것이 자기에게만 있고 남에게는 있지 아니하리니 각각 자기의 짐을 질 것임이니라
(갈라디아서 6 : 1 - 5)

네 자신을 돌아보라

어느 날 그 유명한 인도의 간디 선생님에게 한 여인이 사랑하는 어린 자식을 데리고 와서 간곡하게 부탁을 드렸습니다. "선생님, 제 자식이 단 것을 너무 좋아해서 이가 다 빠졌습니다. 단 것을 먹지 않도록 좀 따끔하게 말씀해 주세요. 아무리 잔소리를 해도 제 말을 듣지를 않습니다." 간디는 이 어린 소년을 가까이 불러서 뭐라고 뭐라고 애길 했어요. 뭐 별애긴 아닙니다. "단 거 많이 먹지 마라. 몸에 해로우니라." 그리고 보내면서 일주일 후에 다시 오라고 했습니다. 여전히 이 아이는 단 것을 먹어댑니다. 여인은 일주일 후, 다시 아이를 데리고 간디 선생님에게 갔습니다. 시키는 대로 했다고, 그런데 효과가 없다고 했더니 간디는 아이에게 다시 말합니다. "애야, 단 것을 많이 먹으면 해로우니까 먹지 마라." 그렇게 말하고서는 그 이상 말이 없어요. 어머니는 의아해졌습니다. 아니, 지난번에도 그렇게 말하고 오늘 또 그렇게 말하시니 이래가지고 무슨 효과가 있겠나 싶어서 "선생님, 선생님이 그렇게 말씀했지만 애는 달라진 게 없거든요." 간디 선생님이 말씀하기를 "아니오. 그렇지 않아요. 오늘은 효력이 있을 겁니다." 그러고서 이렇게 말을 잇습니다. "그때는 나도 단 것을 좋아했거든요. 그런데 일주일 동안 나도 단 것을 안먹었습니다. 그러고서야 오늘 말했으니까 효력이 있을 겁니다."

여러분, 어떤 생각을 하십니까? 내가 끊고서 끊으라고 해야 되고 내가 하지 않으면서 하지 말라 해야 합니다. 내 실천이 앞서고 비로소 설득력이 있는 것입니다. 간디 선생님으로서 생각할 때 자신이 단 것을 좋아하면서 이 아이에게 단 것은 나쁘다고 백 마디를 해봐도 그건 효력이 없는 것입니다. 똑같은 말이지만 내가 단 것을 일주일 동안 끊고 그러고야 오늘 말했으니까 오늘 한 말은 분명 교육적 효과가 있을 거라는 것입니다. 간디 선생님의 깊은 뜻을 아시겠습니까? 생각할수록 중요한 말씀입니다.

사회학자 메드(George Herbert Mead)는 「Mind Self and Society」라고 하는 유명한 그의 저서에서 사람을 두 가지로 구분해서 말합니다. 여러분, 다 영어를 아시지만 나를 가리킬 때 I라는 말이 있고 Me라는 말이 있습니다. I도 Me도 다 나 자신을 가리키는 말입니다. 그런데 이분은 이것을 잘 분석을 해서 I라고 하는 말은 충동적이고 비조직적이고 예측불허한 자기 존재요 자기 발산이라고 이해합니다. 그리고 Me라고 하는 것은 일반화된 타자를 의미합니다. 그래서 타인과 공유된 자아를 말합니다. 타인과 공유된 자아, 나 혼자만의 자아가 아니고 다른 사람과 함께하는 공유된 자아의 세계를 말한다는 것입니다. 그래서 모든 사람은 I에서 시작해서 Me로 통제를 받는다, 그래서 자아라는 것은 I와 Me의 혼합이다 했습니다. 자기 자신에게서 다른 사람을 보는 사람이 있어요. 항상 자기 입장에서 남을 보는 것입니다. 그러나 어떤 사람은 다른 사람에게서 자기를 봅니다. 다른 사람의 모습에서 자기를 봅니다. 나아가서는 부모님 앞에서 동생을 봅니다. 부모님 앞에서 형님을 봅니다. 그리고 그리스도인은 하나님 앞에서 나를 봅니다. 그리고 하나님 앞에서 다시 이웃을 봅니다. 이렇게 공유된 자아의식을 가져야 한다는 말입니다. 그게 바로 성숙이라는 것입니다.

오늘 성경 말씀은 "네 자신을 돌아보라(1절)" 하고 말씀합니다.

자기 자신을 돌아보라— 역시 자기 자신을 안다는 것은 참 어려운 일입니다. 남을 보다가 자기 자신을 잃어버립니다. 환경을 보다가 내 존재를 잃어버립니다. 역시 자기가 자기를 안다는 것은 매우 중요합니다. 그런데 오늘 성경은 특별히 공유된 자아 속에서의 자의식을 말하고 있습니다. 자, 다른 사람의 실수를 볼 때 다른 사람이 범죄한 것을 볼 때 이 사건 앞에서 나는 어떻게 생각해야 하나? 오늘의 가장 중요하고 분명한 진리의 핵심은 이것입니다. '나와 전혀 상관이 없는 것처럼 생각하지 마라.'

때때로 세상 돌아가는 일, 혹은 이웃에 대한 것, 사회의 이야기를 전혀 나와 관계없는 것처럼 비판하고 말하는 그런 잘못된 인간들을 봅니다. 여러분, 언제나 상대방과 나를 이질성에서 보지 말고 동질성에서 보라는 것입니다. 장례식에 가십니까? 사람이 죽었어요. 죽은 집에 가서 여러분 무얼 생각하십니까? 최소한 생각할 게 하나 있어요. 저가 죽었으면 나도 죽는다는 것입니다. 언젠가는 저 죽음이 나에게도 옵니다. 남의 얘기가 아닙니다. 나 자신의 얘기란 말입니다. 곧 내게로 돌아옵니다. 그런데 나와 전혀 상관이 없는 것처럼 생각하기도 하고 또 어떤 때 더 미련한 말로 안죽을 사람이 죽은 것처럼 말하기도 합니다. 이랬으면 안죽었을 건데, 저랬으면 안죽었을 건데…… 그리고 또 누구 때문에 죽은 것처럼 말하기도 합니다. 모두 잘못된 생각입니다. 자연스러운 길이고, 내게는 동질적 상황이라는 걸 잊어서는 안됩니다. 분명하게 생각해야 됩니다. 남의 실수나 범죄, 혹은 나약성을 볼 때마다 생각합시다. 나와 다를 바가 없어요. 그 실수가 내게 없다고 한다면 그건 내게 기회가 없었던 것이고 오히려 하나님의 큰 은혜가 있어서 그 은총 속에서 내가 이만큼 나를 지탱한 것일 뿐 저 사람의 처지에 있다면 나도 실수할 것입니다. 저 사람이 당한 형편이라면 나도 꼭 같은 일을 당할 수도 있고, 아니 그보다 더 나빠질 수도 있었을 것이라고 하는 자아의식을 가져라— 그래서 오늘 성경은 말씀합니다. "네 자신을 돌아보라." 그런 차원에서 네 자신을 돌아보라, 그래서 온유한 심정으로 대하라, 교만하게 생각하지 마라……

소크라테스의 명언을 알지 않습니까? '너 자신을 알라.' 유명한 말이지요. 사실은 소크라테스보다 1세기 먼저 있었던 철학의 아버지라고 하는 탈레스라고 하는 분이 이미 이 말을 했습니다. 세상에서 가장 어려운 일이 무엇입니까? 하고 물었더니 그 옛날 탈레스는 이렇게 말합니다. "간교한 폭군이 무사히 죽기를 기다리고 가만히 보고만 있는 것, 이것이 가장 힘든 것이다." 도대체 세상에 살아서는 안될 것같은 사람을 두고보아야 되거든요. 그거 어찌하겠어요? 조용히 늙어 죽기를 기다린다는 거, 이것 참, 참기 힘든 것이다— 옛날에도 그랬던 것 같아요. 그리고 자신을 아는 것이 어렵고 남을 충고하는 것이 제일 쉬운 일이라고 이렇게 말하고 있습니다. 2,500년 전에 말입니다.

우리는 남에 대해 말하기가 쉽습니다. 나와 상관이 없는 것처럼 말하기 쉽습니다만 세상을 보면서 낙심하지도 말고, 심판하지도 말고, 저주하지도 말고, 비판하지 맙시다. '내가 바로 섰다면 이렇게 되지 않을 것인데, 내가 바른 본을 보여줬다면 세상은 달라졌을 것인데, 아니, 내가 해야 할 역할이 있었는데'라고 생각을 하면서 좀더 깊은 가운데서 자기를 돌아볼 줄 알아야 하겠습니다. 비판 이전에 반성이 있어야 됩니다. 비방하기 전에 좀 더 깊은 생각이 있어야 할 것입니다. 그래서 오늘 성경 말씀은 "짐을 서로 지라" 합니다. 짐을 지라— 무슨 말입니까? 책임을 지라는 것입니다. 잘못된 세상에 대하여 책임을 묻지 말고, 그 책임을 져라. 비판하지 말고 내가 책임을 져라. 여러분, 잘못된 자식을 책망하고 있습니까? 여러분 아시는 대로 옛날 어른들은 그렇지 않았어요. 자식이 잘못했을 때 회초리를 들어 자식의 손에 주고 '나를 때려라. 내가 잘못해서 네가 그렇게 했느니라' 했습니다. 옛날 부모들은 그랬어요. 자식을 자식의 일로만 보지 않았어요. 그건 다 내 잘못이라고 생각했어요. 그래 자신을 돌아보고 자신을 반성하는 것이 옛날 어른들의 높은 덕성이었다는 말입니다. 내가 실수한 결과로, 어쩌면 나 때문이기도 합니다. 직접적으로 간접적으로 내 역할을 내가 잘못했던 것입니다.

여러분, 탕자가 아버지의 집을 나갑니다. 아버지는 돌아오기를 기다립니다. 탕자가 잘못될 걸 뻔히 알고 있었습니다만 그래도 꼭 돌아올 줄로 믿고 기다립니다. 여러분, 생각해 봅시다. 무슨 생각을 하며 기다렸겠습니까? '제발 돌아만 와다오. 내가 조금 더 사랑을 베풀었더라면 집을 안나갈 수 있었는데…… 내가 뭘 잘못했나? 내가 뭘 잘못했나?' 스스로 자기를 반성하며 기다린 것입니다. 그리고 '만일에 저 놈이 나가서 저 객지에서 죽어버리면 나는 영영 큰 죄인이 되는데, 다시 돌아와야 내가 다시 회복될 수 있는 길이 있는데, 제발 죽지 말고 돌아만 와다오.' 그래서 아버지는 돌아오는 자식을 보며 마치 면죄부를 받는 것처럼 기뻐했던 것입니다. 여러분, 이거 잊지 말아야 합니다. 집 나간 탕자를 보면서 '그래 네 죄를 네가 알렷다. 나가 죽어라.' 이런 부모는 없어요. 자신을 살핍니다. '내가 뭔가 잘못했구나. 내가 좀더 잘했으면 좋았는데……' 여러분, 나 때문일 거라고, 내 잘못은 없었는가 하고, 내 사랑은 충분했는가, 아니, 내가 정말 지혜롭게 할 수 있었지 않았는가, 스스로 자기를 살피는 것입니다. 굳이 부모와 자식뿐이겠습니까?

구약성경에 보면 압살롬이라고 하는 아들이 있습니다. 다윗왕의 그 참으로 잘난 아들 압살롬은 아버지에 반항합니다. 아버지를 죽이겠다고 쫓아다니기도 합니다. 아버지는 그 아들에 대항하지 않습니다. 아들은 아버지를 죽이겠다고 하지만 아버지는 아들을 피합니다. 왜? 아들을 아버지를 죽인 아들로 만들지 않기 위하여, 살부자로 만들지 않기 위하여 이리저리 아버지는 피신합니다. 그래도 언젠가는 깨닫고 바른 생각으로 돌아오기를 기다렸지만, 결국 그 아이 죽습니다. 죽은 다음에 그 아버지가 목을 놓아 웁니다. '내 아들 압살롬아, 내 아들 압살롬아……' 왜 울었습니까? 무엇을 생각하며 울고 있습니까? 바로 다윗왕 자신이 자기 자신을 아는 순간입니다. 내가 누군가를 알고, 내가 무엇을 했는가를 아는 순간입니다. 그런고로 오늘 성경은 말씀합니다. '잘못된 사람, 실수하는 사람, 범죄하는 사람이 눈에 보이거든 자신을 돌아보라.' 짐을 져라, 이 책임이 내게 있다고, 이 책임이 저희에게만 있는 게 아니라고 책임을 함께 나누는 바로 그것이 그리스도인의 마음이요, 인격자의 마음이기에 "네 자신을 돌아보라" 합니다.

그리고 "두려워하라"고 합니다. 두려워하라. 무엇을 두려워할까요? 내가 뿌린 씨를 저가 거두는 것이 아닌가? 내 깊은 곳에 있는 악이 저기에서 열매맺고 있는 것이 아닌가? 내가 뿌린 악의 씨앗이 자식에게서 열매맺고 있는 게 아닌가? 이렇게 두려워하라는 것이지요. 그리고 "온유한 마음으로 바로잡으라." 온유한 마음으로 참으라.

함께 회개하며 기다리라. 그리하여 그리스도의 법을 성취하라. 그리스도의 법을 성취하라. 사랑의 법을 성취하라. 아가페의 법을 성취하라…… 귀한 말씀입니다. 여러분, 우리는 세상에서 너무 눈에 거슬리고 귀에 거슬리는 걸 많이 봅니다. 썩어도 이렇게 썩을 수가 없고, 이러고서야 망하지 않을 수가 없지 싶습니다. 온 세계가 그냥 흔들립니다. 개인적으로나 민족적으로나 국가적으로나 말입니다. 이래도 되겠습니까? 그럴 때마다 어찌 생각하고 있습니까? 남의 일인 양 말하지 맙시다. 남의 일인 양 비판하지 맙시다. 책임을 함께 집시다. 나는 악을 생각했고, 저는 악을 말했고, 저 사람은 악을 행했습니다. 다 연계된 것입니다. 그런고로 깊이 반성하면서 세상이 어지러워질 때마다 남의 실수를 볼 때마다, 신문지상에 이러저러한 일을 볼 때마다 통회합시다.

　제가 인천에서 목회할 때, 원로목사님이 계셨습니다. 원로목사님을 모시고 제가 11년 동안 당회장으로 목회를 했었습니다. 이기혁 목사님이신데, 그 분은 기도 많이 하시고, 아주 경건하시며, 제가 존경하는 목사님이십니다. 그런데 아침에 사무실로 신문이 배달됩니다. '신문이오' 하고 탁 던지면 모두가 하나씩 신문을 들고 열심히 봅니다. 이것 보고, 저것도 보고. 여러분 다 아시는 대로 신문에 뭐 좋은 얘기 몇 가지 있습니까? 다시는 신문을 보고 싶지 않다고 생각할 때가 많을 정도입니다. 그런 이야기들만 가득합니다. 아, 끔찍한 이야기니 뭐니 이런 것들이 기사로 났습니다. 그럼 목사님께서 신문을 딱 손에 들고 나가버려요. 아무 말도 안하시고. 늘 그러십니다. 그래서 언젠가는 궁금히 여겨 몰래 뒤따라가보았습니다. 어딜 가시나 했더니 이 신문을 들고 예배당 본당에 들어가서 강대상 앞자리의 땅에 무릎을 꿇고 앉아서 신문을 탁 펴놓고 "하나님, 어찌 이런 일이 있습니까?" 하시면서 우는 것입니다. 그러면서 통회하는 걸 보았습니다. 그래서 저는 이기혁 목사님을 존경합니다. 여러분, 신문 읽으면서 '죽일 놈, 살릴 놈' 욕하지 말고요, 저주하지 말고요, 또 낙심하지도 말고요, 신문을 펴놓고 하나님 앞에서 통회할 줄 알아야 합니다. 짐을 져라. 네 자신을 돌아보라. 그리하여 그리스도의 법을 성취하라. 여러분, 그러한 믿음의 사람이 되어야 하겠습니다.

    새해가 되었다고 해서 뭘 소망적으로 희망적으로 생각해봅니다만 그렇지 못할 것같습니다. 미국 경제와 중국 경제가 흔들립니다. 뭐 우리 같은 작은 나라야 그 틈에서 숨이나 쉬겠습니까? 자, 이제 점점 더 어려운 사건만 앞에 옵니다. 우리는 어떻게 해야겠습니까? 오늘 본문 2절에 있는 짐이라는 것은 헬라어로 '바로스'라는 것이고, 5절의 짐이라고 하는 것은 '포리온'이라는 것입니다. 단어가 다릅니다. 짐이라고 하는 것, 2절에 있는 짐은 큰 짐을 말합니다. 그리고 5절에 있는 짐은 적당한 짐, 내가 멜 수 있는, 내게 합당한 짐을 말합니다. 함께 메어야 할 짐이 있고, 내가 메어야 할 짐이 있습니다.

    예수님께서 마태복음 11장 30절에 말씀하십니다. "수고하고 무거운 짐 진 자들아 다 내게로 오라." 그리고 말씀하십니다. "내 멍에를 메고 내게 배우라. 내 짐은 가볍다." 멍에를 함께 메자. 내 멍에를 함께 메자. 멍에 하나를 둘이 함께 메니까 가벼워집니다. 그렇습니다. 남의 멍에를 내가 멜 때 가벼워집니다. 또 멍에를 함께 멜 때, 그리스도와 함께 멜 때 내 짐은 가벼워집니다. 여러분, 새해는 좀더 가벼운 짐을 질 수 있도록 가벼운 발걸음으로 다시 출발할 수 있기를 바랍니다. △

시험을 참는 자의 복

　시험을 참는 자는 복이 있도다 이것에 옳다 인정하심을 받은 후에 주께서 자기를 사랑하는 자들에게 약속하신 생명의 면류관을 얻을 것임이니라 사람이 시험을 받을 때에 내가 하나님께 시험을 받는다 하지 말지니 하나님은 악에게 시험을 받지도 아니하시고 친히 아무도 시험하지 아니하시느니라 오직 각 사람이 시험을 받는 것은 자기 욕심에 끌려 미혹됨이니 욕심이 잉태한즉 죄를 낳고 죄가 장성한즉 사망을 낳느니라 내 사랑하는 형제들아 속지 말라 각양 좋은 은사와 온전한 선물이 다 위로부터 빛들의 아버지께로서 내려오나니 그는 변함도 없으시고 회전하는 그림자도 없으시니라 그가 그 조물 중에 우리로 한 첫 열매가 되게 하시려고 자기의 뜻을 좇아 진리의 말씀으로 우리를 낳으셨느니라
(야고보서 1 : 12 - 18)

시험을 참는 자의 복

현재 세계적으로 베스트셀러로 팔리고 있는 책 중에 「마시멜로 두 번째 이야기」라는 책이 있습니다. 아주 재미있는 책인데 많은 사람의 깊은 관심을 모으고 있습니다. 첫 번째 책이 워낙 인기가 있었기에 두 번째 책을 또 내놓게 된 것입니다. 첫 번째 책 이름은 「마시멜로 이야기」입니다. 마시멜로 이야기는 번역한 이름이고 원 이름을 생각할 필요가 있습니다. 「Don't Eat The Marshmallow…… Yet!」 그대로 번역하면 '마시멜로를 지금은 먹지 마라'입니다. 마시멜로라고 하는 것은 미국 아이들이 아주 좋아하는 사탕의 일종입니다. 그냥 먹기도 하고 약한 불에 잠깐 구워 먹기도 하는데요. 아이들이 정말로 좋아하는 사탕입니다.

그런데 미국의 스탠포드 대학의 월터 미셀 교수가 이른바 '마시멜로 실험'을 했습니다. 이건 깊이 생각할 문제입니다. 4살배기 아이들을 모아놓고 그 아이들을 대상으로 실험을 한 것입니다. 빈 방에 아이들을 하나씩 들어가게 하고, 마시멜로 한 개를 책상 위에다 딱 올려놓고 그 네 살배기 아이에게 이제 이야기합니다. '이 마시멜로는 네 거다. 그런데 15분 간만 참고 먹지 않으면 또하나를 더 주겠다. 그러면 너는 둘을 먹게 될 것이다. 그러니까 지금 먹으면 하나이고 15분 후에 먹으면 둘이다.' 이 실험의 이름을 지었는데, '만족유예'입니다. 만족함을 잠깐 유예하는 것입니다. 이것으로 만족유예실험을 한 것입니다. 그동안의 욕망을 자제하고, 유혹 앞에 절제하고, 참아내는 인내심과, 또는 믿음을 시험하는 것입니다. 15분만 참으면 하나 더 준다- 그걸 믿어야 됩니다. 믿고 15분을 참아서 지금의 하나가 아니라 15분 후에 둘을 먹을 수 있기에 아이들이 참고 견디는 것입니다. 그런데 뭐 여러분 짐작하시겠지만 대부분의 아이들이 그걸 기다리지 못하고 다 먹어버렸어요. 무려 600명을 상대로 실험을 했는데 많이 그랬습니다. 그런데 먹지 않은 아이들이 있었어요. 10년 후에 그 아이들을 추적해 보았더니, 이 15분을 참고 인내하면서 먹지 않았던 아이들은 전부가 훌륭한 사람들이 됐습니다. 훌륭한 인물들이 됐어요. 아주 간단한 일입니다. 그러나 이게 어려운 일입니다.

저는 아이들을 키울 때 마시멜로 실험을 한 건 아니지만 저 나름대로 하나의 방법을 생각했습니다. 그것은 무엇을 달라고 할 때 오늘 주지 않는 것입니다. 내일 아침에 준다, 며칠 후에 준다 하고 얼마든지 지금 줄 수 있어도 주지 않았습니다. 이렇게 해놓고 기다리게 합니다. 아이들은 벌써 다 잊어버렸습니다. 하지만 그 시간이 되면 약속한 것을 줍니다. 이러한 과정을 통해서 아이들이 그 다음을 위해서 오늘을 참는 만족유예 성격이 되는 것입니다. 당장 내놓으라고 하면 그건 안됩니다. 당장 달라고 하면 뭐 하루종일 울어도 안줍니다. 그건 안된다는 걸 알아요. 안된다면 안되는 것입니다. 그러한 약속이 있고야 성취라고 하는 기쁨이 돌아올 수 있는 것입니다. 그래서 내일을 위해서 오늘을 참고, 다음을 위해서 지금을 참고, 큰 성공을 위해서 오늘의 작은 수고를 견디고, 큰 유익을 위해서 오늘의 이런 저런 일 넉넉하게 견디는 아주 기본적 훈련이 필요합니다. 그게 성격이 되고, 그게 철학이 되고, 그게 능력이 될 때 인생은 달라집니다. 이걸 잊지 말아야 합니다. 조금 연장해서 말씀을 드릴까요? 우리는 바로 천국을 바라보며 오늘을 참습니다. 이 마시멜로 실험이, 이 만족유예라고 하는 이 간단한 실험이 우리 인간의 운명을 이렇듯 시험하여 설명하고 있는 것입니다.

오늘본문에서 야고보는 이렇게 말씀합니다. 시험을 참는 자는 복이 있다고. 우리가 생각할 때는 시험이 없어야 된다고 생각을 합니다. 그래서 우리가 기도하는 걸 보면 전부 시험 없게 해달라고 기도해요. '우리 아들, 우리 딸이 지금 유학을 가 있는데 시험 없게 해주세요. 그저 편안하게 해주세요. 무사태평하게 해주세요.' 거 참 재미없네요. 무사태평하면 얼마나 재미가 없습니까. 왜 우리는 이렇게 기도할까? 그저 무사하고, 무사하고, 무사하고 편안하고. 이건 아닙니다. 확실히 아닌데 우리는 시험이 없기만을 바라고 있어요. 그래서 야고보서 1장 2절을 보면 이렇게 말씀합니다. "여러 가지 시험을 만나거든 온전히 기쁘게 여기라." 온전히 기쁘게 여기라— 여기에 시험에 대한 큰 오해가 있어요. 시험이 없어야 한다고 생각하는데 성경은 그렇게 말씀하고 있지 않아요. 성경 전체는 말씀합니다. 시험은 있어야 한다고.

성경에 있어 시험에 대해 딱 한마디의 요약이 있다면 시험은 있어야 한다는 게 성경이고 시험은 없어야 한다는 게 우리 마음입니다. 이게 얼마나 모순입니까? 얼마나 멍청한 생각입니까? 그럼 믿음이라는 게 뭐냐? 시험이 있어야 한다는 걸 받아들입니다. 아, 그럼 있어야지요. 예, 있어야 됩니다. 바로 그것이 믿음입니다. 보세요. 우리가 복이라는 말을 합니다. 연초가 되어 우리는 복 받으세요, 복 받으세요, 복, 복이라는 말을 많이 합니다만 복이 복되려면 복이라는 것이 있고 그 다음에 복된 사람이 있어야 합니다. 복은 있는데 복된 사람이 없으면 소용이 없거든요. 다시 말하면 복권은 당첨됐는데 복된 사람이 아니면 그 복권 때문에 망하거든요. 그러니까 복이 복되려면 시련을 통해야 합니다.

특별히 지식이라는 것이 그렇습니다. 우리는 지식이라는 말을 합니다. 우리가 많은 지식, 지식, 지식 하지만, 그래 공부하느라고 또 공부시키느라고 그저 많은 지식을 주려고, 많은 지식을 얻으려고 몸부림을 칩니다만 사실 우리는 조금 잘못 생각하고 있어요. 이스라엘 사람들은 지식을 생각하지 않습니다. 지혜를 생각합니다. 지식보다 중요한 건 지혜거든요. 그런데 지식이 지혜로 바뀌려면 시험을 통해야 됩니다. 시련을 통해야 됩니다. 아무리 책을 많이 보고 공부를 했더라도 자기 사건에 부딪치는 시련을 통하지 않으면 그것이 지혜가 되질 않습니다. 그러니까 지혜가 중요한 것입니다. 지식이 지혜화하려면 시험을 당해야 합니다. 많은 사건을 겪어야 됩니다. 가능한 한 많은 사건을 겪고 부딪쳐야 됩니다. 거기서 지혜를 얻는 것입니다.

또 때때로 우리는 능력을 말합니다. 능력을 의지로 생각할 때가 있어요. 내가 하기로 결심하고, 사랑하기로 결심하고, 열심히 공부하기로 결심하고, 뭐 의지는 있는데 마음은 굴뚝같은데 가만히 보면 쉽게 넘어져요. 왜요? 그 이유는 간단해요. 능력이 없기 때문입니다. 그러면 의지가 능력화하려면, 넉넉하게 감당해내려면, 그것 또한 시련을 겪어야 돼요. 많은 시련을 겪어야 돼요. 그렇지 않습니까? 이 시련을 통해서 능력이 생산되는 것입니다.

그런고로 우리는 시험의 당위성을 인정해야 하겠습니다. 다시 말합니다. 성경은 말씀합니다. 시험은 있어야 한다고. 우리는 시험이 없기를 바랍니다. 그렇다면 이제 우리는 새로운 믿음을 가지고 시험이 있어야 한다는 사실을 받아들여야 합니다. "시험을 만나거든 온전히 기쁘게 여기라." 뭘 말씀하는 것입니까? 그 다음에 오는 축복을, 그 다음에 오는 능력을, 그 다음에 오는 지혜를 생각하면서 온전히 기쁘게 여기라— 아, 굉장한 말씀입니다. 굉장한 진리입니다.

또 하나는 약속에 관한 것입니다. 이 시험에는 약속이 있다고 오늘 성경은 말씀합니다. 약속이 있다. 우리는 이것을 잘 모를 때가 많이 있어요. 왜 이런 일을 당해야 하는지를 잘 모르겠고, 왜 내가 이렇게까지 어려워하는지 모르겠다는 것입니다. 좀 우스운 얘기입니다만 이제 나이드니까 이런 얘기도 합니다. 제가 고학을 할 때, 저는 집이 없어요. 그래서 제 호적이 기숙사입니다. 기숙사가 있었던 회현동 100번지가 제 호적입니다. 그래 방학 때가 되면 다 집으로 가지만 난 갈 데가 없어요. 겨울방학에도 그냥 앉아서, 그저 할일 없으니까 책이나 읽고 있지요. 그런데 다른 것은 괜찮아도 자, 너무 어려워요. 경제적으로 너무 어려워서 공부하기가 힘들어요. 그래서 하나님 앞에 그런 소리를 했습니다. '하나님, 이거 너무하지 않습니까? 아니, 나를 이 전쟁 통에서도 건져 주시고 아, 광산에 끌려갔는데 살려주신 거 고맙긴 합니다만 지금 내가 목사가 되겠다고 공부하는데 이렇게까지 나를 괴롭혀야 합니까? 하나님, 이거 너무하지 않습니까?' 그런 푸념을 해봤습니다. 그러나 하나님, 그 기도는 안들어주시더라구요. 여러분, 알아야 됩니다. 많은 어려움, 많은 시련, 겪었습니다. 그러나 지금 와서 생각하니까 그런 어려움이 있었기에 오늘 내가 있는 겁니다. 이걸 잊지 말아야 합니다. 그런고로 약속이 있습니다. 그 시험 속에는 약속이 있습니다. 나는 보이지 않아요. 아직 모르겠어요. 그게 무엇인지를 모르겠어요. 그러나 있다면 있는 줄 알아야 합니다. 뭐 말이 복잡해요? 그렇지 않습니까? 아, 약속이 있다면 있는 줄 알지 뭘 그렇게 다 알겠다고 합니까? 그건 먼 훗날에나 알 것이니까요. 약속이 있다, 그렇다면 그런 줄 알 것입니다. 이게 믿음입니다. 지금 당장 다 알기를 바랄 수 없어요. 하나님 앞에 당장 뭔가를 내놓으라고 졸라봐야 그건 아닙니다. 약속이 있다는 걸 믿어야 합니다. 그런 의미에서 시험이란 의미 없는 시험은 없어요. 그 속에 다 말씀이 있고, 하나님의 뜻이 있고, 지혜가 있습니다.

또 오늘의 성경은 말씀합니다. 그러나 시험받는 자세가 내가 하나님께 시험을 받는다, 하나님 때문에 시험당한다, 그렇게 책임을 하나님께 돌리는 어리석은 생각은 하지 말아야 합니다. 모든 시험은 내가 당하는 것이고, 나를 위해 당하는 것이지 하나님 책임이 아닌 것입니다. 그걸 생각해야 합니다. 또하나의 시험에 대한 오해가 있습니다. 그것은 죄를 지어서만 시험을 당하는 줄 아는 것입니다. 그래서 우리가 좀 어려운 일 당하면 죄 때문이라고 생각한다는 것입니다. 물론 죄야 있지요. 없는 것도 아니지만, 어려운 일 당하면 '벌 받았다, 심판 받았다, 죄 때문이다' 생각하는데 꼭 그렇게 생각하진 마세요. 그게 중요한 것입니다. 사랑하는 사람에게도 시험을 주시거든요. 그걸 잊지 말아야 합니다. 사랑하는 자식도 때립니다. 의인도 시험을 당하거든요. 우리가 읽는 욥기의 주제가 뭡니까. 의인의 고난입니다. 욥은 계속된 고난을 당하면서 '내가 왜 당해야 됩니까? 세상에 죽일 놈도 많고 못된 놈도 많은데 하필이면 왜 내가 당합니까?' 그거 아닙니까? 내가 아무리 생각해도 이렇게 큰 죄를 지은 건 아닌데 내가 의인이라는 말은 아닙니다만 상대적으로 볼 때 내가 이만하면 괜찮은데 왜 하나님은 나를 이렇게 괴롭히십니까? 그걸 가지고 씨름을 하는 것이 용기입니다. 의인의 고난, 자 의로운 사람도 고난을 당한다 하니 더 말할 게 있습니까? 한마디면 얘기는 끝납니다. 예수님도 시험을 당했어요. 그렇다면 그런 줄 알아야 합니다. 예수님도 당하셨는데, 그런데 우리가 이렇게 편안하기만 바랍니까? 무사하기만 바라서야 되겠습니까? 말이 안되지 않습니까? 예수님도 시험을 당하셨어요. 아주 어려운 시험을요. 어찌 생각하면 예수님의 일생이 전부 시험입니다. 십자가까지. 그걸 잊지 말아야 합니다. 그러므로 있어야 할 것이 있고, 필요한 것이 있습니다. 시험당할 때마다 '이건 내게 꼭 필요한 것이다.' 아, 이 시간이 꼭 필요한 것이라고 그렇게 수용을 해야 됩니다.

또하나의 큰 오해가 있습니다. 우리는 시험당한다 할 때, 불행할 때, 내 뜻대로 안될 때, 고통을 당할 때, 병들 때…… 이런 걸 시험당한다고 생각합니다. 아닙니다. 진짜 무서운 시험은 오히려 우리가 흔히 말하는 행복입니다. 형통함입니다. 돈을 손해본 게 아니라 돈을 벌었어요. 굴욕을 당한 게 아니라 지금 칭찬을 받고 있어요. 병든 게 아니라 건강해요. 바로 그것이 시험입니다. 여러분 잘 아시지 않습니까? 어떤 사람 가만히 보면 너무 예쁘게 생겼어요. 조금만 덜 예뻤더라면 행복할 걸…… 너무 예쁜 것 때문에 망가지는 사람 많습니다. 하나님께서 적당히 만드셨다고 생각하세요. 여러분, 너무 예쁜 거, 너무 머리 잘 돌아가는 거, 너무 똑똑한 거, 너무 능력이 많은 거, 너무 주먹이 센 거, 이거 다 시험입니다. 게다가 높은 자리 올라가는 것, 이거 시험입니다. 이걸 알아야 됩니다. 우리는 뭔가 잘못될 때만 시험이라고 생각하는 그런 오해가 있어요. 잘될 때가 무서워요. 유명한 말이 있습니다. 조지 팍스의 말입니다. '마귀도 병들면 천사가 된다.' 그렇잖아요? 마귀같은 것도 병들어서 병원에 누워 있으면 뭐 죄를 지을 수도 없고 뭐 그럭저럭 천사가 될 수도 있어요. 그런데 돈도 있고, 명예도 있고, 똑똑하고 건강하니까 문제입니다. 이게 시험이지요. 그런데 이건 시험이 아니라고 생각을 하는 데 문제가 있습니다. 그래서 더 무서운 것입니다.

시험당하면서 우리는 전에 생각지 못했던 걸 생각하게 됩니다. 나 자신을 잃어버렸다가 시험을 통해서 나 자신을 생각하게 됩니다. 학교에서 시험을 볼 때도 그렇대요. 내가 뭘 좀 아는 줄 알았는데 시험 딱 보고 나니까 '아이고, 내가 너무 몰랐구나.' 생각하게 돼요. 시험을 통해서 자기 자신의 정체를 알게 됩니다. 또 뭔가 늘 생각하면서도 끊지를 못해요. 끊어야 되겠다, 끊어야 되겠다고 하면서 못끊는 게 있지요. 이제 하나님께서 비상조치를 하십니다. 끊게 만드십니다. 그게 시험입니다. 또 내가 방향이 잘못된 줄 모르고 가고 있어요. 이제 방향을 점검하게 하십니다. 내가 무슨 뜻을 가졌는지, 살면서도 그럭저럭 살 뿐이지 의미를 모르고 있어요. 삶의 새로운 의미를 발견하게 합니다. 시험을 통해서. 시험을 통해서 목적을 점검합니다. 시험을 통해서 새로운 세계를 발견합니다. 하나님의 뜻이 어디에 있는지를 알게 합니다. 1장 3절에 보면 "너희 믿음의 시련이······"라고 합니다. 시험의 초점은 믿음에 있습니다.

마시멜로 시험에서 나온 것과 같이 자 '15분을 기다리면 하나 더 준다' 하는 그 믿음, 그것에 대한 믿음이 필요한 것입니다. 그 믿음만 확실하면 이 시험을 이길 수가 있는 것입니다. 그 믿음이 흔들리면 시험을 이길 수가 없는 것입니다. 그런고로 시험의 궁극 초점은 어디 있는가 하면 믿음에 있습니다. 어떤 믿음? 순수한 믿음, 확실한 믿음, 강인한 믿음, 그 믿음이 필요합니다.

　유명한 신학자 본회퍼(Dietrich Bonhoeffer)는 「참제자가 되는 길」에서 이렇게 말합니다. '사람들은 값싼 은혜를 지향하고 있다. 그 태도가 잘못되었다.' 행위 없는 믿음, 순종 없는 신앙, 십자가 없는 은혜, 시련이 없는 축복, 여기에 문제가 있는 것입니다. 이제 새 마음으로 시험을 우리가 당하면서 온전히 기쁘게 여길, 온전히 기쁘게 여기는 거기까지 도달해야 되는 것입니다. 오늘 성경은 말씀합니다. "시험을 받고 옳다 인정함을 받은 후에……" 인정서를 받아야 돼요. 합격이 되어야 합니다. 이 시험을 통해서 합격이 되면 약속하신 생명의 면류관을 받게 됩니다. 시험을 약속으로 인정합시다. 이스라엘 백성들, 애굽에서 나올 때는 그저 나오기만 하면 바로 가나안인 줄 알았어요. 안돼요. 축복을 받기 위해서는 40년의 광야생활이 필요했어요. 광야생활의 시련을 통해서만 가나안에 갈 수 있어요. 그냥 화끈한 기적 속에서 홍해가 열리는 순간 가나안 땅이 다가오는 게 아니었다는 것입니다. 이 귀중한 사실을 잊어서는 안됩니다.

　칼 바르트는 데카르트의 철학인 "나는 생각한다, 그러므로 내가 존재한다" 하는 말을 뒤집어서 이렇게 말합니다. "나는 믿는다, 그런고로 존재한다." 우리 예수믿는 사람은 믿습니다. 약속을 믿습니다. 그런고로 내가 존재합니다. 시험을 참는 자는 복이 있다고 했습니다. 이제는 그냥 참는 것이 아니고 기쁨으로 참고, 감사함으로 참아봅시다. 그리할 때 시험을 통해 주시는 하나님의 큰 복을 누리게 될 것입니다. 이 영광이 항상 함께하는 윤택한 신앙생활이 되기를 바랍니다. △

시온의 대로가 있는 자

만군의 여호와여 주의 장막이 어찌 그리 사랑스러우지요 내 영혼이 여호와의 궁정을 사모하여 쇠약함이여 내 마음과 육체가 생존하시는 하나님께 부르짖나이다 나의 왕, 나의 하나님, 만군의 여호와여 주의 제단에서 참새도 제 집을 얻었고 제비도 새끼 둘 보금자리를 얻었나이다 주의 집에 거하는 자가 복이 있나이다 저희가 항상 주를 찬송하리이다(셀라) 주께 힘을 얻고 그 마음에 시온의 대로가 있는 자는 복이 있나이다 저희는 눈물 골짜기로 통행할 때에 그곳으로 많은 샘의 곳이 되게 하며 이른 비도 은택을 입히나이다 저희는 힘을 얻고 더 얻어 나아가 시온에서 하나님 앞에 각기 나타나리이다 만군의 여호와여 내 기도를 들으소서 야곱의 하나님이여 귀를 기울이소서 (셀라)

(시편 84 : 1 - 8)

시온의 대로가 있는 자

　백화점 왕 워너메이커(John Wanamaker)의 생애를 담은 「성경이 만든 사람」이라고 하는 아주 유명한 책이 있습니다. 그 책 속에 나오는 실화입니다. 워너메이커가 어느 날 벤저민 해리슨(Benjamin Harrison) 미국 대통령으로부터 장관직을 맡아 달라는 요청을 받게 됩니다. 그는 다음과 같이 정중하게 회답을 했습니다. "나는 주일을 성수합니다. 주일날은 꼭 교회에 나가야 되고 하나님 앞에 예배해야 합니다. 또 주일학교 교사로 봉사하는 일을 무엇보다도 중요하게 여깁니다. 그래서 이 일을 계속하지 못한다면 장관직이라도 맡을 수 없습니다." 해리슨 대통령은 이것을 참작해서 주일날 교회 나가는 것과 교회학교 교사 하는 것을 100% 허락했습니다. 어떤 일이 있어도 허락하겠으니 그런 조건으로 장관직을 맡아 주면 좋겠다고 해서 그는 체신부 장관이 됐습니다. 그 후에 그는 매 토요일이 되면 교통이 불편한 옛날에 그 느린 기차로 워싱턴DC에서 필라델피아까지 타고 갑니다. 그리고 여전히 주일날마다 교회에 나가서 성수주일하고, 예배드리고, 주일학교 어린이들을 가르쳤습니다. 장관직 4년 동안 무려 20만 킬로미터를 기차로 여행을 하면서 그렇게 성수주일을 하고 봉사했습니다. 한 기자가 물었답니다. 장관직이 주일학교 교사만도 못하다고 생각하느냐고. 그때 그는 대답했습니다. "장관직은 몇 년 하고 마는 것이고 교사는 평생 하는 것이오. 장관직은 다른 사람도 할 수 있지만, 내가 하는 이 거룩한 일은 하나님 앞에 약속한 것이고 나만이 하는 일입니다." 19살 때에 교회학교 교사로 임명이 되어서 85세까지 67년 동안 교회 출석을 개근하고, 교회 봉사를 성실하게 한 사람으로 역사에 남는 인물입니다.

다시 생각합시다. 67년 간 교회학교 교사로 봉사한 그러한 인물입니다. 존 워너메이커, 그는 백화점 왕으로 우리에게 알려져 있습니다만 백화점 왕 이전에 그는 철저히 주일성수하는 사람이요, 교회를 중심으로 산 사람이요, 교회학교 봉사하는 것을 최고의 영광으로 알고 거기에 온 생을 기울인 사람입니다. 이것은 주업이고 나머지 모든 일은 부업이라고 생각한 그런 사람이었습니다.

심리학자 빅터 프랭클(Viktor Frankl)은 현대인의 불행을 말하면서 누제닉 노이로제(noogenic neurosis)를 말합니다. 그건 무슨 말인가 하면 스스로 자기가 자기를 찾지 못할 때 다른 사람에 의해서 휘둘림을 받고 다른 사람에게 끌려가면서 내가 나로 사는 게 아니라 남을 위해 내가 살아야 하고 내 존재가 없는 생을 살게 된다는 얘기입니다. 그의 말이 너무 의미가 있기에 한번 소개합니다.

'첫째, 거울에서 눈을 떼라. 그리하면 세상이 보일 것이다.' 너무도 상식적인 얘기입니다. 여러분, 거울을 얼마나 보십니까? 아주 예쁜 여자하고 사는 분이 한 분 계시는데 제가 얼마나 복이 많으냐고 그랬더니 그 사람이 하는 말이, 그런 말 말랍니다. 자기가 가만히 보니까 매일 2시간 동안 거울을 본대요. 여러분, 거울에서 눈을 떼세요. 자기 얼굴 더 들여다봐야 별거 없습니다. 달라질 것도 없고 점점 볼 상 없어집니다. '거울에서 눈을 떼라. 비로소 세상이 보일 것이다. 비로소 다른 사람이 보인다. 나 자신을 보는 생각, 나 자신에게 도취되는 것, 나 자신에게만 집중적으로 집착하는 그 마음 포기하라. 그러면 순간 다른 사람이 보이고 세상이 보일 것이다.' 이 얼마나 귀중한 얘기입니까? '이기적인 생각, 자기중심적인 세계관에서 벗어날 때 비로소 바른 세상을 살 게 될 것이다.'

'또, 하루하루를 잃어버린 어제라고 생각해라.' 오늘 내가 하루를 살 때, 이건 축복입니다. 내가 어제를 잃어버리고 괴로워했는데, 어제 뭔가 잘못했고, 어제가 아쉽고, 어제 실수한 게 많고, 그러지 말았어야 했는데 하는 후회가 있는데…… 오늘이 있다는 것은 잃어버린 어제를 얻는 것입니다. 그런고로 또다시 잃어버리지 않도록 한순간 한순간을 소중하게 생각하여 살고, 어제를 잃어버리고 후회하던 같은 후회를 오늘과 내일은 하지 않도록 살아가야 한다고 말합니다.

가장 귀중한 얘기는 이것입니다. '셋째, 사랑하고 봉사하고 헌신할 대상이 있거든 자기를 아끼지 마라.' 아꼈다가 다른 데 쓸 것 없습니다. 그냥 쏟아 버리라는 것입니다. 사랑하고 헌신할 것을 찾았거든 거기다가 온 생을 쏟아부어 버리라, 그러면 가장 성공적인 생을 살 수 있을 것이라고 말합니다. 여러분, 그 많은 것을 위해서 애쓰고 삽니다만 정말 내 온 생을 다 쏟아부을 만한 일을 만났으며 또 그렇게 쏟아부으면서 살아가고 있는지 바로 이것을 생각해 보아야 하겠습니다.

오늘 성경의 시는 다윗의 시요, 다윗의 시 중에서도 아주 대표적인 유명한 시입니다. 가장 행복한 사람, 다윗의 신앙고백입니다. 다윗이 왜 복되고 다윗이 왜 다윗 되었는가 하는 그 핵심을 말해주는 부분입니다. 다윗은 베들레헴 목장에서 양을 치던 단순한 목동이었습니다. 초라한 목동입니다. 그러나 하나님의 은혜 가운데 이스라엘의 왕이 됐습니다. 그 왕이 되는 과정도 드라마틱한 것을 여러분이 잘 아십니다. 그런데 문제는 다윗이 의로운 사람이 아니었다는 것입니다. 여러분 잘 아시는 대로 그는 큰 실수를 했습니다. 백성 앞에나 가정 앞에나 누구에게도 이보다 부끄러울 수 없는 큰 죄를 지은 그런 사람입니다. 그런데 이상한 것이 하나님께서는 다윗을 좋아하십니다. 그가 선한 사람도 아니고, 그가 의인도 아니었어요. 그런데 다윗을 사랑하십니다. 신·구약 성경에 다윗이라는 이름이 800번 이상 나옵니다. 어쩌면 사람 중에 하나님의 사랑을 제일 많이 받은 사람이 다윗이라고 말해도 지나친 말이 아닙니다. 그런데 그 다윗은 의인이 아니라는 말입니다.

그럼 그에게 무엇이 있느냐? 정직한 마음이 있어요. 그에게는 겸손이 있고, 정직함이 있고, 진실함이 있었더라는 것입니다. 그러나 이보다 더 중요한 게 하나 있어요. 그것은 하나님을 사랑하는 마음입니다. 하나님을 사랑하는 마음이 그냥 추상적인 게 아니었어요. 구체적이었어요. 성전 사랑하는 마음으로 그것이 구체화됩니다. 어찌 생각하면 다윗이 하나님의 사랑을 받은 것은 그가 하나님을 사랑했기 때문입니다. 그래서 모든 허물을 다 용서하십니다. 다 덮어 주십니다.

하나님의 용서처럼 완전한 건 없다고 생각합니다. 우리 사람들은 용서한다고, 용서한다고 했다가도 며칠 있다 보면 또 아무 때 그랬지? 하고 나옵니다. 한 10년 묵은 것까지 나옵니다. 10년 전에 뭐가 어쩌고, 뭐가 어쩌고 말입니다. 인간의 용서라는 게 그런 것입니다. 하지만 하나님의 용서는 다릅니다. 하나님의 용서는 엄청납니다.

제가 아주 어렸을 때 성경을 읽다가 신약부터 먼저 보려고 마태복음을 읽어 나가는데 '아브라함이 이삭을 낳고, 이삭이 야곱을 낳고……' 그 마태복음 1장 읽어보면 '낳고'만 있어요. 낳고, 낳고, 낳고…… '많이도 낳았다.' 그래 내가 어렸을 때 그런 생각을 했어요. 게다가 조금 더 커서는 이 낳고, 낳고는 보기 싫어서 안봤어요. 그거 딱 빼고 그 다음부터 성경을 읽었는데, 제 기억에 17살 때입니다. '아니지! 낳고 낳고도 성경이다. 읽어야지.' 한 말씀 한 말씀을 다 읽기로 했습니다. 그래서 아브라함이 이삭을 낳고, 이삭이 야곱을 낳고…… 이렇게 읽어나가다가 깜짝 놀랐습니다. '다윗이 우리야의 아내에게서 솔로몬을 낳고……' 저는 그 말씀에서 더는 나갈 수가 없었어요. 그 때 경험으로 얼마나 울었는지 모릅니다.

여러분, 다윗이 누굽니까? 그런데 족보에까지 그렇게까지 밝힐 거 없잖아요. 그저 맥락대로 보면 '다윗이 솔로몬을 낳고' 해도 되거든요. 아, 거기다가 왜 '우리야의 아내에게서'라고 박아 놓았습니까? 원 세상에, 이건 너무 솔직해요. 다윗이 우리야의 아내에게서 솔로몬을 낳고…… 솔로몬 왕이 그 요사스런 밧세바의 아들이더라구요. 어찌 하나님께서 이렇게까지 용서할 수가 있단 말입니까? 밧세바와 다윗과의 관계가 그게 얼마나 엄청난 죄입니까? 간통죄에 살인죄입니다. 그런데도 하나님께서는 다 용서하시고 그 둘 사이에서 지혜의 왕 솔로몬이 태어나고 왕위를 계승하게 됩니다. 아, 하나님 참 좋은 하나님이십니다. 여러분, 그런 줄 알고 믿으세요. 걱정 말고 믿으세요. 어두운 과거를 괴로워하지 마세요. 이게 하나님입니다. 더 얘기할 것 없습니다. 하나님께서 다윗을 사랑하셨습니다.

그러면 사랑받을 만한 그릇이 어디 있었나? 그건 성전 사랑하는 마음입니다. 그가 하나님의 법궤를 다윗 성 예루살렘으로 가지고 들어올 때 너무나도 좋아서 겉옷이 벗겨지는 것도 모르고, 왕이라는 체통을 생각하지도 않고 법궤 앞에서 춤을 추었어요. 사울 왕의 딸인 미갈 왕후가 그것을 보고 '저런 베들레헴 목동 같은 놈 봤나. 저렇게 창피한 줄도 모르고 저거, 저거 춤을 추고 있다.' 그러지 않았습니까? 다윗이 이것을 뒤늦게 알고 '내가 하나님의 은혜에 감사해서 하나님의 법궤를 이 성으로 모셔 들이니 너무 기뻐서 춤을 추었는데 네가 나를 업수이여겨?' 그래가지고 그 다음부터 미갈을 가까이하지 않았답니다. 요샛말로 생과부가 된 것입니다. 보세요. 다윗은 그만큼 하나님을 사랑했고, 하나님 사랑하는 마음이 구체적으로 나타났어요. 그래서 그는 성전을 지을 준비를 했습니다. 솔로몬 왕이 성전을 짓습니다만 실제 그것은 다윗이 지은 거나 마찬가지입니다. 성전을 사랑합니다. 여호와의 집을 사랑합니다. 사실은 솔로몬이 성전 짓기 전이니까요. 이 성전이라고 해봐야 수달피 가죽으로 된 천막집입니다. 낡아빠진 몇백 년된 천막입니다. 이 천막, 이 성막을 그리 사랑했어요. 하나님을 사랑하는 마음 때문에 이 성막을 바라보며 그렇게, 그렇게 행복해했어요. 이것이 하나님을 사랑하는 그의 마음입니다. 그런고로 하나님께서는 다윗을 사랑하셨습니다. 이 사랑하고 사랑받는 관계가 얼마나 아름답게 표현돼 있는지 모릅니다.

    오늘 성경을 자세히 보면 이 시는 다윗이 피란의 길을 다닐 때 쓴 것입니다. 성전을 사모합니다. 성전이래야 천막입니다. 그런데 사랑합니다. 사모합니다. 너무 사모해서 마음과 육체가 쇠약했다고 합니다. 상사병까지 걸렸어요. 그리고 제비와 참새를 부러워했습니다. 제비, 참새는 마음대로 날아가는데 나는 어째서 이렇게 멀리, 성전에서 멀리 나와 있더란 말이냐. 성전에서 봉사하는 것이 얼마나 행복했더냐? 그래서 그는 '문지기로 있는 것도 좋습니다' 그랬어요. '성전 가까이만 있다면 문지기로 있는 것도 좋습니다. 주의 집에 거하는 자가 복이 있습니다. 주의 집에 거하는 자가 복이 있습니다.' 다시 말합니다. 그건 천막입니다. 화려한 성전이 아닙니다. 그는 하나님을 사랑하는 마음에서 이렇게 노래하고 있습니다. 그래 성경은 말씀합니다. 시온의 대로가 있는 자는 복이 있나이다. 시온의 대로, 하나님의 전으로 가는 큰 길이 마음속에 있어요.

여러분, 저는 목사이기에 이래저래 임종을 볼 때가 많이 있었습니다. 임종하는 사람들의 마지막 소원이 뭔지 아십니까? 뭐 아들 만나겠다, 딸 만나겠다, 뭐 어쩌겠다, 그런 얘기 조금 하다가 그거 다 지나간 다음에 마지막 가까워지면 딱 한마디가 나옵니다. '목사님, 교회 한번 나가보고 죽었으면 소원이 없겠습니다. 어떻게 해서라도 예배 시간에 한번 더 교회에 나가보고 죽었으면……' 이게 마지막 소원입니다. 그렇습니다. 저는 그 때마다 '하나님이 기회를 주어서 한번 더 교회에 나가게 해 주세요.' 그렇게 기도하기도 하지만, 내 속으로는 이런 생각도 한답니다. '진작 그런 마음으로 살았으면 좋았을 걸, 진작 그런 마음으로 일생을 살았으면 얼마나 좋았을까?' 아마 그렇게 살았다면 세상이 달라졌을 것입니다. 시온의 대로가 있는 자는 복이 있다― 마음에 시온의 대로가 있어요. 순례자의 마음입니다. 성전을 생각하면 기쁘고, 성전으로 가면서 기쁘고, 눈물 골짜기로 통행해도 샘이 솟아오르고, 마침내 주의 전에 거해서 찬송할 때 이보다 행복할 수 없어요. 어떤 분들은 말합니다. '성전에 딱 들어서면서 오르간 소리를 들을 때, 오르간 소리만 나도 벌써 가슴이 편안해지고 어떤 때는 눈물이 납니다.' 이것이 하나님을 사랑하는 마음의 구체적인 표현입니다.

여러분, 제게 일생 동안에 정말 이제는 더 어찌할 수가 없는 하나의 사건이 있습니다. 제가 어렸을 때 나가던 교회, 고향 교회, 그 고향 교회가 폭격 맞고 불타는 걸 보면서 저는 산을 넘었습니다. 참 마음이 아팠습니다. 그래서 기회만 있으면 예배당을 지으려고 했습니다. 남한에서라도…… 제가 몇년 전에 북한에 갔습니다. 예배당은 다 없어지고 터도 없어요. 다 갈아서 밭을 만들었더라고요. 제가 밭 한가운데 서서, 그 교회가 있던 그 자리에 서서 한참 기도하고 있었습니다. 옛날 그 자리에 있었던 교회를 생각하면서 너무 마음이 아팠어요. 이 예배당을 다시 지어야 할 텐데…… 들리는 말로는 바로 그 자리에, 예배당이 있던 그 터에 저의 어머니는 매일 아침, 매일 밤 나가서 기도하셨답니다. 눈이 하얗게 오는 날도 가마니때기를 쓰고 거기 엎드려 기도하고, 새벽에 눈 속에서 어머니가 나오는 것을 본 사람이 있다고 그래요. 여러분, '하나님을 사랑한다'—어떤 것으로 표현이 돼야 하겠습니까?

시온의 대로가 있고, 교회를 사랑하는 마음이 구체화되어야 돼요. 다윗은 말씀합니다. '시온의 대로가 있는 사람은 복이 있습니다.' 성전으로 가는 사람은 복이 있습니다. 성전에 거하는 사람은 복이 있습니다. 교회 중심, 주일 중심, 예배 중심, 말씀 중심. 그래서 우리 예배하는 사람들, 하나님 섬기는 사람들은 늘 성전을 바라봅니다. 여러분, 집에서 기도할 때도 가능하면 성전 쪽을 향해서, 내가 지금 여기에 있지만 성전에 가 있는 그 마음으로 성전을 향해서 기도합시다. 이스라엘 사람들은 꼭 그렇습니다. 예루살렘 성전 쪽을 향해서 문을 딱 열어 놓고 기도합니다. 이러한 마음들이 뭘 말하는 것입니까? 하나님을 향한 사랑의 표현입니다. 절절한 사랑의 표현입니다. 다윗이 이러했기 때문에 하나님께서 다윗을 사랑하셨습니다. 심지어는 눈물 골짜기로 통행할 때 거기서 샘이 솟아오릅니다. 이 성전에 가까이 가면 모래바람이 부는 데가 있어요. 여리고 골짜기에서 말입니다. 그래서 막 눈물이 나와요. 이 눈물을 다 통과하고 나면 아름다운 성전 뜰에 도달하게 된다 하는 그런 말씀입니다.

키에르케고르(Kierkegaard, Soren)라고 하는 유명한 철학자는 「이것이 저것이냐」라는 그의 책 속에서 삶과 죽음에 대한 태도를 이렇게 말하고 있습니다. '인간의 삶의 단계는 첫째가 미학적 단계이다.' 젊었을 때는 쾌락과 신기함을 좇아서 삽니다. 아주 다 예술가입니다. 시 한 수는 써 봤고, 예술적 가치를 추구하며 살아갑니다. 그러나 그 단계가 지나가면 둘째, 윤리적 단계로 의무적으로 삽니다. 결혼했으니 살아야 되고, 백성이 됐으니 세금내야 되고, 전부 의무적입니다. 의무에서 사는 것은 아주 피곤합니다. 미학적 단계는 지루함으로 끝나고, 윤리적 단계는 언제나 허전합니다. 피곤합니다. 세 번째 단계가 종교적 단계입니다. 죽음을 알고, 끝을 알게 됩니다. 그리고 힘을 다해 세상에 대해서 절망하고 하나님 앞에 서는 마음으로 사는 것입니다. 하나님과 confrontation—직면, 하나님과 일대 일로 만나는 것, 그런 마음을 점점 확실하게 확대해 가면서 사는 것이다 — 그것이 바로 예배입니다.

여러분, 인생이라는 것이 무엇입니까? 신앙이 무엇입니까? 하나님의 사람은 성전으로 향하는 마음, 성전을 그리워하는 마음, 그 마음에 시온의 대로가 있습니다. 요새 와서 매스미디어 시대가 되니까 걸핏하면 그런 말 많이 들어요. '제가 교회 나가서 목사님 말씀에 은혜 받았습니다.' 그렇게 말하는 사람보다 '텔레비전으로 봤어요, 인터넷으로 봤어요.' 목사가 들을 때 제일 좋지 않은 인사가 뭔지 아십니까? 목사하고 만날 때 말조심해야 됩니다. '목사님, 오랜만입니다.' 이거 나쁜 말입니다. 목사님 보고 오랜만이라면 그거 어떻게 된 것입니까? 또 그런가하면 '텔레비전에서 봤습니다.' 섭섭해요. 텔레비전이 아닙니다. Face to Face, 얼굴과 얼굴을 봐야지 텔레비전이나 보고 앉아서 되겠어요?

여러분, 전에 월드컵 할 때, 우리 교회의 정몽준 집사님이 거기 있기 때문에 축구 경기하는 표를 많이 보내왔어요. 하지만 저는 갈 시간이 없어서 다 남 줘버렸거든요. 연세대 교수님인 박준서 교수님이 날 만나더니 월드컵 경기 하는 곳에 가봤느냐고 물었습니다. "안 가 봤는데요." "아, 그 표 보내왔을 텐데……" "여러 번 보내 왔는데 다 남 줬는데요." 그 교수님은 십만 원짜리 표를 사가지고 네 번이나 갔다 왔다고 합니다. 그래서 내가 미쳤느냐고 했더니 그것 모르는 소리랍니다. 텔레비전 암만 봐도 소용없답니다. 현장에 가서 같이 떠들고, 이 화끈한 걸, 텔레비전이나 보고 앉았다니 말도 안된다고 그래요. 그러고 나서 명언을 한마디 합니다. 이거 잘 들으세요. '연애소설 아무리 보고 눈물 짜봐야 연애하는 것만 못해.' 연애소설 보는 것하고 연애하는 것하고 같으냐고. 옳은 말입니다.

여러분, 텔레비전 좀 그만 보시고 인터넷 자랑하지 마세요. 그런 인사 하지 마세요. 그런 인사는 고맙지 않아요. 이 자리에 있어야 됩니다. 여기서 내가 이렇게 봐야지 그래야 그게 예배요 하나님 앞에 나타나는 것입니다. 그 마음이 중요한 것입니다. 요새 매스미디어 때문에 텔레비전 보다가 신앙 비틀린 사람들 많아요. 안됩니다.

하나님 앞에 나와서 예배하고, 말씀을 듣고, 만나는 것, 이 자체가 순례의 길이요, 하나님 앞에 나가는 길입니다. 복 받는 길입니다. 다윗은 말씀합니다. "시온의 대로가 있는 자는 복이 있나이다." △

내가 아는 한 가지

이에 저희가 소경되었던 사람을 두 번째 불러 이르되 너는 영광을 하나님께 돌리라 우리는 저 사람이 죄인인 줄 아노라 대답하되 그가 죄인인지 내가 알지 못하나 한 가지 아는 것은 내가 소경으로 있다가 지금 보는 그것이니이다 저희가 가로되 그 사람이 네게 무엇을 하였느냐 어떻게 네 눈을 뜨게 하였느냐 대답하되 내가 이미 일렀어도 듣지 아니하고 어찌하여 다시 듣고자 하나이까 당신들도 그 제자가 되려 하나이까 저희가 욕하여 가로되 너는 그의 제자나 우리는 모세의 제자라 하나님이 모세에게는 말씀하신 줄을 우리가 알거니와 이 사람은 어디서 왔는지 알지 못하노라 그 사람이 대답하여 가로되 이상하다 이 사람이 내 눈을 뜨게 하였으되 당신들이 그가 어디서 왔는지 알지 못하는도다 하나님이 죄인을 듣지 아니하시고 경건하여 그의 뜻대로 행하는 자는 들으시는 줄을 우리가 아나이다 창세 이후로 소경으로 난 자의 눈을 뜨게 하였다 함을 듣지 못하였으니 이 사람이 하나님께로부터 오지 아니하였으면 아무 일도 할 수 없으리이다

(요한복음 9 : 24 - 33)

내가 아는 한 가지

여러분, 명절 동안에 가족들과 혹은 친지들을 만나면서 덕담 많이 나누셨습니까? 이런 말 들어 보셨어요? '덕담에 비상 걸렸다.' 무슨 말인고 하니 덕담 조심해야 됩니다. 세 가지 덕담은 하지 말아야 됩니다. 첫째는 '너 언제 시집가냐?' 누군 가고 싶지 않아서 안 가나요? 자꾸 너 언제 시집가냐? 언제 장가가냐? 이 말은 절대 덕담이 아닙니다. 이 소리 때문에 만나고 싶지 않답니다. 그러니까 그 덕담은 그만합시다. 둘째는 '야, 너 언제 취직하냐?' 이거 사람 죽이는 겁니다. 셋째, '공부 잘 되냐?' 그만합시다. 공부 힘들어요. 누군 잘하고 싶지 않습니까. 안돼서 못하는 거지. 덕담이랍시고 사람 죽입니다. 그러니까 덕담에 비상 걸렸습니다. 그저 듣고 싶지 않은 말이거든 하지 말고, 대답하기 싫어하거든 묻지도 마세요. 그것이 사랑입니다.

한 시골에서 나룻배를 타고 강을 건너가게 되는데 공교롭게 손님이 없어서 나룻배의 노를 젓는 총각과 선비 하나가 그 배에 올라서 건너가고 있었습니다. 노를 저어서 한가운데쯤 왔을 때에 이 선비가 한가하고, 조용하니 장난기가 들었어요. 그래서 노를 젓고 있는 총각에게 한마디 물어 보았습니다. "이 사람아, 나 하나 뭐 물어 보세." "예, 그러세요." "자네 삼강오륜을 아는가?" "모릅니다. 저같은 촌부가 삼강오륜이 뭔지 그거 알 리가 없지 않습니까?" "그럼, 하늘의 이치는 아나?" "아, 그건 더 모르지요." "땅의 이치는 아나?" "아, 모르지요." "그럼 자네가 아는 건 뭔가?" "글쎄올시다." 그리고 한참 노를 저어 가는데 아, 바람이 일면서 그만 배가 휘청하는 것입니다. 그러니까 그때 "아이구 이 사람아, 조심하게. 잘못하면 빠져죽겠네" 선비가 그랬습니다. 그랬더니 그 총각이 말합니다. "선비님, 헤엄칠 줄 압니까? 저는 헤엄칠 줄 아는데요. 이 배에 올라탄 사람은요 다른 거 몰라도 괜찮아요. 헤엄칠 줄만 알면 됩니다." 이 한마디에 그만 선비가 크게 부끄러움을 당했다고 합니다.

여러분, 우리는 너무 많이 알아요. 아니, 불필요한 것을 너무 많이 알고 있어요. 최근에 출간된 「블라인드 스팟」이라고 하는 책이 있습니다. 자동차를 운전할 때 백미러로 보지 않습니까? 그 백미러에 나타나지 않는 그 부분, 사각지대, 그것을 블라인드 스팟이라고 합니다. 사람은 말입니다. 자신이 뭘 모르는지를 모르고 있어요. 이게 블라인드 스팟입니다. 또한 전체는 보지 못하고 부분만 보고 있어요. 별로 중요하지 않은 것에 매여 있어요. 정작 중요한 것은 다 잊어버리고 말입니다. 또한 자신의 결점을 모르고 있어요. 남의 결점, 세상 이치는 많이 아는데 결정적으로 자기 결점은 자기가 모르고 있다 그것입니다. 이걸 블라인드 스팟이라고 말하고 있습니다. 우리는 필요 없는 것을 너무 많이 알고 있어요. 그래서 복잡해요. 웬만하면 보지도 않고, 듣지도 않았으면 좋으련만…… 요새 인터넷에 들어가서 하루종일 헤매면서 쓸데없는 것 잔뜩 주워들어가지고, 머리가 벙벙해하는데, 뭘 어쩌자는 것입니까? 도대체가 정보의 처리가 되질 않습니다. 정보 홍수 속에 밀려가면서 정작 알아야 할 문제를 놓치고 살아가고 있다 하는 얘기입니다.

베르너 티키 퀴스텐마허(Werner Tiki Küstenmacher)의 「단순하게 살아라」라는 유명한 책이 있었습니다. 그 저자가 쓴 두 번째 책이

「Simplify Your Love」입니다. 이 책에서 말합니다. 사람은 단순해야 한다. 단순할수록 좋다. 단순하기 위해선 초점을 모아야 된다. 그게 뭡니까? 사랑입니다. 사랑하면 성공한 거고, 사랑 없으면 실패한 것입니다. 돈이 있으면 뭘 해요? 사랑을 잃어버렸는데…… 아, 음식이라는 게 음식입니까? 사랑이 있는 음식이 음식이지. 사랑이 빠져나가고는 음식이 아닙니다. 선물이라는 거요? 선물에서 사랑이 빠져나가면 뇌물입니다. 아무 소용 없는 것입니다. 아니, 어떤 면에서는 사랑이 빠져나간 선물이라면 인격모독입니다. 그건 굴욕적인 것입니다. 보세요. 초점을 사랑에 딱 맞추고, 사랑으로 보고 사랑으로 듣고 또 한걸음 더 나아가서 사랑이 주는 실용적 기적을 믿고 살아가야 합니다. Simplify your love. 대단히 중요하고 충격적인 교훈이라고 생각합니다.

슈바이처(Albert Schweizer) 박사는 인생을 이렇게 정리합니다. '사랑을 알고 사랑을 하는 것이 인간이다. 여기서 떠나면 인간일 수 없다. 그런데 그 사랑은 수고를 말하는 것이고, 수고 다음에 희생을 말하는 것이고, 그 희생을 즐거워하는 것이다.' 여러분, 수고하고 희생하고 희생을 즐거워하면 성공한 사람이요, 수고가 힘들고 희생은 더더욱 해보지 못했다면 그 사람은 인생을 잘못 산 겁니다. 실패한 것입니다. 단순하게 생각합시다. 사랑에 초점을 맞추고 인생을 다시 한 번 정리해 보세요. 내가 뭘 얻었나?

오늘 본문 성경에 보면 제가 보는 대로는 아주 특별하게 단순한 마음, 단순한 대답을 하는 아주 깨끗한 인간이 여기에 있습니다. 이거 보세요. "한 가지 아는 것은……"이라고 말합니다. 다른 것은 몰라요. 알 필요도 없어요. 알 필요도 없고 알 수도 없어요. 딱 한 가지. '한 가지 아는 것은'— 그것으로 충분합니다. 그리고 만족합니다. 여러분, 아십니까? 아이들이 말도 못하는 것같아도 아이들이야말로 사랑을 이해하는 데는 도사입니다. 그래서 저 사람이 나를 사랑하나 하지 않나? 딱 보고 압니다. 그래서 사랑하는 사람에게는 밝은 얼굴로 대합니다. 벌써 느낌이 이 사람은 나 사랑하는 게 아니다 하면 '악' 하고 울어대고 맙니다. 얼마나 민감합니까? 어머니를 어떻게 알고 있습니까? 어머니 품에 딱 안겼을 때 말입니다. 아는 게 뭡니까? 저렇게 생긴 여자가 나를 사랑한다, 어머니의 젖이 하나는 먹으라는 거고, 하나는 가지고 놀라는 거다— 전적으로 사랑입니다. 사랑 하나만이면 만족합니다. 그 외에는 아는 게 아무것도 없습니다. 또 알 필요도 없습니다. 가끔 우리 아이들이 눈이 마주칠 때 웃습니다. 아기들이 좋아하면 아기가 어머니를 알아본다고 말합니다만 알아본다는 게 뭡니까? 뭘 안다는 얘깁니까? 나이를 압니까? 생일을 압니까? 딱 하나, 사랑을 알고 있어요. 사랑을 아는 그 하나 가지고 만족합니다. 더 바랄 것이 없어요.

여러분, 오늘 본문에 나타난 이 사람 딱 한 가지를 알고 있어요. 내가 아는 한 가지. 그는 용기가 있습니다. 한 가지를 알기에 용기가 있습니다. 출교도 불사합니다. 비난도 불사합니다. 누가 무슨 시비를 벌여도 상관없습니다. 왜요? 한 가지 아는 것이 있으니까. 그걸로 충분하니까 말입니다. 사건은 이렇습니다. 요한복음 9장 1절에서 보면, 나면서부터 소경된 사람이 있었습니다. 나면서부터 시각장애인입니다. 이런 사람이 많지 않습니다. 제가 얼마 전에 한맹교회에서 들은 얘기입니다만 한국에도 많은 시각장애인들이 있지만 17%만 나면서부터 시각장애인이랍니다. 그 외에는 다 중간에 된 사람들입니다. 뭐 당뇨병, 고혈압…… 병으로 된 것입니다. 나면서부터 시각장애자는 17%라고 합니다. 그런데 오늘 본문의 이 사람은 나면서부터 시각장애인입니다. 그리고 길거리에 나섰습니다. 그래서 많은 사람에게 구걸을 하며 살아가는데 많은 사람이 이 사람을 압니다. 그런데 예수님과 그 일행이 같이 가는 길에 이 사람과는 관계없이 이 사람에 대하여 시비가 벌어졌어요. 이 사람은 다 듣습니다. 시각장애자는 청각이 예민합니다. 다 듣고 있는데 그 앞에다 대고 엉뚱한 시비를 벌입니다. "이 사람이 소경으로 난 것이 본인의 죄입니까? 부모의 죄입니까?" 이거 참 어려운 시비거리입니다. 한 사건을 놓고 부모 죄입니까 본인의 죄입니까? 끝없는 수수께끼요 끝없는 질문입니다. 끝없는 시비입니다. 내가 이렇게 태어난 건 누구 잘못입니까? 내가 이렇게 사는 건 누구 잘못입니까? 본인의 죄입니까? 부모의 죄입니까? 정말, 정말 괴로운 질문입니다. 이런 질문을 하고 이런 시비를 벌이는 동안 이 사람은 이 소리를 들으면서도 늘 듣던 소리라서 들은 척 만 척했습니다. 시비가 벌어집니다. 나면서부터 시각장애자가 된 이 하나의 사건을 놓고 사람들은 말이 많아요. 해결이 있는 것도 아니고, 무슨 동정이 있는 것도 아니고, 제멋대로 시비를 벌이고 있는 것입니다. 이 어려움을 이 사람은 다 참고 있었던 것 같습니다. 뭐 그 점에서도 훌륭합니다.

예수님께서 이 사람을 불러서 눈을 뜨게 했는데요. 그거 좀 이상해요. 예수님께서 행하신 이적 중에서도 이 이적만은 이상합니다. 왜요? 아니, 침을 땅에다 뱉어서 그걸 이겨가지고 눈에다 발랐대요. 뭐 이게 말이 됩니까? 아니 장님의 눈은 눈이 아닙니까? 먼지만 들어가도 아픈데, 아니 침을 땅에다 뱉어서 이걸 갖다가 눈에다가 바르시니…… 아 참, 이거 참 감당하기 어려운 순간이었던 것같아요. 그저 성미급한 사람같았으면 펄쩍 뛰었을 텐데 말입니다. 이걸 잘 참았어요. 그리고 말씀하십니다. "실로암에 가서 씻어라." 거기서 실로암 연못까지가 한 오리길이거든요. 이 사람이 지팡이 짚고 가노라면 한 시간 반 내지 두 시간 가야 돼요. 거기까지 가는 동안 무슨 생각을 했을 것같아요? '아, 이거 일진 사납다. 가만있자. 이거 내가 지금 뭘 하고 있는 거야, 이거 지금' 이런 생각 안했겠습니까? 의심도 많고, 생각도 많고 '뭐 그래도 그렇게 어려운 일도 아닌데 어쨌든 가보자' 하고 반신반의했을 것같아요.

가서 자기 손으로 실로암의 물을 떠서 눈을 씻었는데 눈을 뜬 것입니다. 그 동안에도 마음속에 많은 의심과 어려움이 있었을 것입니다. 이렇게 눈을 뜨고 돌아오는데 또 시비가 생겼어요. 눈 감고 있을 때도 시비가 있더니 눈 떴는데 또 시비가 있어요. 왜? 이게 기가 막힌 얘기랍니다. 장님이 지팡이를 짚고 막대기를 들고 다녀도 그건 죄가 안됩니다. 안식일날에도. 그건 당연히 시비가 안되는데, 눈을 뜨고 지팡이를 짚고 다니면 그건 죄입니다. 막대기 들고 다니는 거니까 안식일 범하는 것입니다. 이래서 문제가 된 것입니다. 눈을 감고 막대기를 들고 다닐 때는 문제가 없었는데 눈을 뜨고 지팡이를 짚고 나섰더니 이게 시비가 돼요. '안식을 범했다.' 뿐만 아니라 예수님께까지 올라갔어요. '너에게 이렇게 안식일 범하게 만든 자가 누구냐? 이렇게 하라고 한 자가 누구냐? 그 사람도 안식일 범했다. 그런고로 그 사람도 죄인이다. 너를 눈뜨게 한 그 사람도 죄인이다. 안식일에 있던 사건이 이게 전부 다 잘못된 거다.' 이래가지고 예수를 죄인으로 몰고 이 눈 감았다가 눈 뜬 사람까지 죄인 만들었어요. 그래서 시비를 벌이는 것입니다.

부모에게 가서 이 사람이 언제 이렇게 됐으며, 언제 눈 떴는지, 이렇게 자초지종을 물으니 부모는 '나 몰라요, 저 사람이 나이 사십이나 됐으니까 본인한테 물어 보시오' 하고 기피하게 됩니다. 아무튼 이 시비는 복잡했는데, 이 와중에 이 사람을 만나서 묻습니다. 이 사람은 담담하게 대답합니다. '내가 안식일을 범했는지 안 범했는지, 율법이 이런지 저런지, 남들이 뭐라고 하든지 말든지, 나 아무것도 모르고 또 알 필요도 없어. 딱 한 가지 아는 것은 내가 소경으로 있다가 지금 눈을 떴다는 것, 내가 소경으로 있다가 저 예수라는 사람으로 인해서 눈을 떴다는 것. 끝.' 그 이상의 아무것도 생각 않는다— 아주 담담한 대답입니다. 용기가 있습니다. 여기에 보니까 마지막에 '내쫓았다'는 말이 나오는데 이 말은 출교를 말하는 것입니다. 출교 당하면 돌로 쳐 죽여도 살인죄가 성립되질 않습니다. 그만큼 무서운 형벌입니다. 이건 조용하지만 무서운 형벌입니다. 바로 그런 출교입니다. 스데반이 출교당하면서 돌에 맞아 죽었습니다. 이렇게 무서운 형벌이 가해지는데도 관계없습니다. '내가 한 가지 아는 것, 내가 한 가지 아는 것, 너무너무 확실합니다.' 이 사람은 담담합니다. 다 알지 못하고 알 필요도 없습니다. 아는 것 한 가지, 내가 소경으로 있다가 지금 눈을 떴고 저 사람 예수가 나를 눈 뜨게 했다는 것, 그것뿐입니다. 그 사람이 죄인인지 아닌지 알 바가 아니다— 본인이 설명합니다. 내가 믿는 대로는 창조 이후로 나면서부터 소경된 사람이 눈 떴다는 얘기를 들어보지 못했습니다. 내가 눈을 떴습니다. 하나님께서는 경건한 자의 기도를 들으시는 줄 아는데 내 눈을 뜨게 한 이 분이 어떻게 죄인이겠느냐? 당신들이 말하는 대로 어떻게 그를 정죄할 수 있느냐? 말이 안됩니다. 나는 그가 메시야인 줄로 믿노라— 뒤에 이 고백이 나옵니다. '그가 우리를 구원할 메시야인 줄로 믿노라.' 정말 대단합니다. 예수께서 내 눈을 뜨게 했다. 그것뿐입니다. 이 한 가지 지식, 한 가지 믿음에다 초점을 맞추고 확실하게 삽니다.

뿐만 아니라 예수님께 초점을 맞추었지요. 그리고 내게 주신 은혜에 초점을 맞추었어요. '지금 눈을 떴다.' 여러분, 이 얼마나 중요합니까? 내가 받은 은혜, 거기다가 초점을 딱 맞추고 나니까 아무 생각이 없어요. 그저 감사한 것뿐입니다. 하나님께 영광을 돌립니다. 또 하나 있어요. 현재에 초점을 맞추었어요. 현재 내가 눈을 떴어요. '아, 하나님 감사합니다.' 그렇습니다. 그러나 이성이 장난을 하면 어떻게 되는지 아십니까? 그간에 사십 세가 되도록 장님으로 산 거 억울하다. 뉘 죄 때문입니까?— 이렇게 질문이 나가는 것입니다. 현재 받은 은혜에다 딱 초점을 맞춰야지, 지난날에 어떻고, 과거에 뭐 어떻고, 이렇게 시작하면 또 복잡해집니다. 생각이 아주 복잡해집니다.

여러분, 팔자가 어떠니 환경이 어떠니 그만하세요. 지금 내게 주신 은혜, 내가 받는 은혜에다가 딱 초점을 맞추세요. 그리고 흔들리지 마세요. 아니, 그 이상 알려고 하지도 마세요. 그 다음에 또 어떻게 되느냐? 그건 또 알아서 뭘 합니까. '이제 내가 뭘 하고 어떻게 먹고 사느냐, 그 동안에 내가 배운 것도 없고, 가진 것도 없는데……' 이 생각 다 하고 나면 언제 하나님 찬양할 것입니까? 그는 지금 예수로 말미암아 눈을 떴어요. 이 사건 하나에다가 딱 초점을 맞추었습니다.

오스카 와일드(Oscar Wilde)의 소설 중에 「다시 오신 예수」라고 하는 단편이 있습니다. 재미있는 것입니다. 예수님께서 많은 병자를 고치셨는데 혹시 어떻게 됐나 해서 잠깐 세상에 와 보셨대요. 한 곳에 갔더니 알코올중독자가 있더래요. "너는 왜 이렇게 됐느냐?" 그러니까 "제가 원래 절름발이인데요. 예수님이 고쳐주었어요. 절름발이일 때는 얻어먹어서 괜찮았는데 걸으니까 벌어먹어야 되니 힘들어요. 그래서 내가 이렇게 알코올중독자가 됐어요." 한쪽에는 조폭이 있더래요. "너는 왜 조폭이냐?" 그러니까 "제가 원래 장님이었는데요. 장님으로 있을 땐 그런 줄 몰랐는데, 눈 뜨고 보니까 세상이 아니꼽고 매스껍고 치사하고 더럽고 못살 세상이네요. 그래 화가 나서 조폭이 됐습니다." 그러더래요. 그 말도 맞는 얘기입니다. 안그래요? 오늘 이 사람 할말 많아요. 생각하자면 복잡해요. 그는 생각을 단순화했습니다. 내가 아는 것 한 가지, 그것만 생각합니다.

　랜스 암스트롱(Lance Armstrong)이라고 하는 유명한 사람이 있지요? 뚜르 드 프랑스에서 6연승을 한 유명한 분입니다. 그는 암을 극복한 사람입니다. 그가 쓴 조그마한 책 「1%의 희망」이라는 책이 있습니다. 그 책 속에서 말합니다. 그가 암의 진단을 받고 절망했다가 그러나 이겨야겠다고 강한 의지로 밀고 나가면서 암 진단 받은 지 3년이 됐습니다. 암과 투병하면서 3년을 끌고 나갔습니다. 1999년 10월 2일 날짜를 정해놓고 3년이 되는 그 날을 기념하면서 그는 '까르페 디엠(Carpe Diem)'이라고 말했습니다. 까르페 디엠이라는 건 '오늘을 즐기라'입니다. 과거도 아니고 미래도 아니고 나는 3년을 이겼다. 아직 살아 있다. 그리고 용기를 가졌어요. 마침내 사이클 대회에서 6년 연승을 하는 건강한 사람이 됩니다.

　여러분, 아이작 뉴턴(Isaac Newton)은 세계적인 물리학자입니다.

나이많아서 세상을 떠나게 될 때 정신이 오락가락했습니다. 자기 나이도 모르고 자기 이름도 모르고 누구도 알아보지 못했습니다. 그때 옆에 있던 제자가 이 대학자가 이렇게 멍청해지다니 너무 기가 막혀서 물어 보았습니다. "선생님, 지금 아는 것이 무엇입니까?" "어, 두 가지가 있지! 하나는 내가 죄인이라는 것, 또 하나는 예수님이 내 구주라는 것."

여러분, 무엇을 더 알고 싶습니까? 그리스도께 초점을 맞추고 그 은혜에 초점을 맞추고 현재 내게 주신 은혜에 확실하게 초점을 맞추고 서러웠던 과거, 암담한 미래 잊어버리세요. 그리고 훌쩍 뛰어넘어서 내가 아는 한 가지, 내가 아는 한 가지, 그가 내 구주시요, 저가 나를 구원하셨다고 하는 그 믿음, 그 신념 위에 서서 다시 세상을 보십시다. 밝은 미래가 열릴 것입니다. △

내게 주신 은혜의 경륜

　이러하므로 그리스도 예수의 일로 너희 이방을 위하여 갇힌 자 된 나 바울은…… 너희를 위하여 내게 주신 하나님의 그 은혜의 경륜을 너희가 들었을 터이라 곧 계시로 내게 비밀을 알게 하신 것은 내가 이미 대강 기록함과 같으니 이것을 읽으면 그리스도의 비밀을 내가 깨달은 것을 너희가 알 수 있으리라 이제 그의 거룩한 사도들과 선지자들에게 성령으로 나타내신 것같이 다른 세대에서는 사람의 아들들에게 알게 하지 아니하셨으니 이는 이방인들이 복음으로 말미암아 그리스도 예수 안에서 함께 후사가 되고 함께 지체가 되고 함께 약속에 참예하는 자가 됨이라 이 복음을 위하여 그의 능력이 역사하시는 대로 내게 주신 하나님의 은혜의 선물을 따라 내가 일군이 되었노라

(에베소서 3 : 1 - 7)

내게 주신 은혜의 경륜

　1837년 W. 프록터(W. Proctor)와 갬블(Gamble)이라고 하는 두 청년이 의기투합하여 큰 뜻으로 한 회사를 만들었습니다. 이것이 오늘날의 세계 최대 세제 제조회사인 The Product and Gamble Company입니다. 이 회사가 탄탄하게 자리잡아서 잘 나갈 즈음에 엄청난 사고가 터졌습니다. 한 직원의 실수로 회사가 문을 닫을 지경까지 됐습니다. 순간의 실수이지만 한 사람의 실수 때문에 이 회사가 망하게 됐습니다. 비누제조기의 타이머를 잘못 맞추어 놓은 것입니다. 그래서 막대한 양의 비누가 망가졌습니다. 아주 쓸모없게 되었습니다. 쓰레기로 버릴 수밖에 없게 돼서 이 회사가 무너지게 됩니다. 다들 화가 났습니다. 이 청년을 질책하고 책임을 묻고 또 그 책임자들이 사표를 냈습니다. 그뿐 아닙니다. 모든 회사 직원들이 이 일과 관계된 모든 사람들에게 아주 머리끝까지 화가 났습니다. 오죽했겠습니까. 충분히 짐작할 수 있습니다. 그러나 프록터 사장은 흥분하지도 분노하지도 않았습니다. 침착하게 사건을 분석했습니다. 문제는 재료가 충분히 들어가지 못해서 그 비누가 가벼워졌다는 것입니다. 그래서 본래 만들려고 했던 비누를 만들지 못했기 때문에 못쓰게 된 것입니다. 그러나 프록터 사장은 생각했습니다. 비누가 가벼워서 만일에 물에 뜨게 된다면 어떨까? '물에 뜬다면 목욕하는 사람들이 더 좋아할 것이다.' 그래서 무거운 비누가 아니라 가벼운 비누를 만들어보고, 기존 것과 다른 차원의 비누를 생각하게 됩니다. 그렇게 해서 만든 것이 '아이보리'라고 하는 비누입니다. 지금도 제가 이걸 쓰고 있습니다. 참으로 흔하고 싼 비누입니다.

이 비누는 굉장한 역사를 가지고 있습니다. 지금도 사면 한 개씩 팔지 않습니다. 싸니까 한번에 3개, 10개씩 이렇게 팝니다. 아이보리 비누의 특징은 중성이고 가볍습니다. 좌우간 이로 인해서 이 회사는 점점 번창해져서 오늘까지 세계의 세제 제조회사로서는 가장 큰 회사로 알려져 있습니다. 다시 한 번 생각해보십시오. 분명히 한 청년의 실수였습니다. 실수로 회사가 망하게 됐습니다. 그러나 프록터 사장의 견해로 볼 때는 아닙니다. 이것으로 회사가 일어날 수 있는 계기가 되었고 세계적인 회사로 다시 출발하게 되었더란 말입니다.

여러분, 작은 성공은 실패 없이도 됩니다. 그러나 큰 성공은 큰 실패 뒤에 오는 것입니다. 알아서 하세요. 어쩌면 좋겠습니까? 우리는 성공을 말할 때, 그저 '실패 없이, 실패 없이, 실패 없이' 하지만 그런 성공은 거기서 헤매다 마는 것입니다. 사느냐 죽느냐 하는 만큼 큰 어려움을 겪으면서야 큰 사건이 있고, 큰 성공도 따라오는 것입니다. 이 문제를 신학자 폴 틸리히(Paul Tillich)는 「Dynamics of Faith」라고 하는 그의 유명한 저서에서 이렇게 말합니다. '우리가 가진 믿음이라고 하는 것은 첫째로, 유한한 인간이 유한의 행위의 한계를 넘어서 참여하는 행위이다.' 우리는 유한한 인간입니다. 우리에게는 그 유한이라고 하는 한계가 있습니다. 이 한계에 매이면 지식이 됩니다. 그러나 이 한계를 넘어설 때 믿음이 됩니다.

'둘째로, 믿음은 이렇게 하나님의 세계, 그 신성한 것의 경험 안에서 생각해 볼 때 확실한 것이지만 유한자의 경험의 차원에서는 불확실한 것이다.' 하나님의 세계를 믿고, 하나님의 능력을 믿으니 확실한 것입니다. 그러나 유한한 자의 경험의 차원에서 볼 때 불확실한 것입니다. 그런고로 불확실성을 은혜로 받아들이는 그것이 믿음의 요소요, 이것을 용기라고 합니다. 그렇습니다. 내 경험, 내 지식에 딱 붙들려서 여기에 맞으면 옳고, 안맞으면 틀렸고, 내 계산에 맞으면 옳고, 아니면 망한다는 말은 누구나가 할 수 있는 말입니다. 그러나 이 한계를 뛰어넘을 때 그것이 바로 믿음입니다. 불확실성을 은혜로 받아들이는 거기에 믿음의 요소가 있고, 거기에 용기가 있습니다.

여러분, 깊이 생각해 보아야 됩니다. 우리가 하나님을 믿노라고 합니다. 그의 존재를 믿고, 그의 능력을 믿고, 그의 지식을 믿고, 그의 지혜와 사랑을 믿습니다. 구체적으로는 너무 주관성이 강해서 나를 사랑하신다고 믿습니다. 하나님의 사랑을 믿는데 거기도 또 제한성이 있어서 내 소원대로 되면 사랑받는 것이고, 내 소원대로 안되면 사랑 못받는 것이고, 내가 기도한대로 되면 은혜요 감사요, 내 기도한대로 안되면 하나님이 나를 버리시는가보다, 저주를 받는가보다, 뭐 별 생각을 다 합니다. 이따위의 믿음이 바로 문제라 이것입니다. 자기 주관에 매여 있습니다. 그건 하나님을 믿는 게 아닙니다. 자기 자신을 믿었던 것밖에 없습니다. 그의 능력, 그의 지혜, 그의 사랑을 복음이라고 하며, 이것이 통합되어 은혜라고 합니다. 한마디로 은혜의 경륜입니다. 이 경륜적 믿음, 경륜적 능력, 이것을 만족하여 수용하고 받아들일 수 있을 때 바른 믿음으로 세워지며, 그 안에서 행복할 수 있을 때 비로소 새로운 신앙적 용기가 솟아오르는 것입니다.

사도 바울은 특별히 에베소서에서 이 경륜과 예정에 대한 말씀을 많이 합니다. 종교개혁자 칼뱅은 그가 제일 좋아하는 성경을 에베소서라고 말합니다. 에베소서 속에 경륜, 예정, 이같은 높은 차원의 신앙이 절절이 설명됩니다. 사도 바울은 말씀합니다. 은혜의 경륜이라고. 아, 그 한마디가 얼마나 소중합니까. 은혜의 경륜, 그 경륜을 인간의 지혜로 생각할 때는 불확실해요. 어떤 때는 이해가 안 돼요. 하지만 바울은 은혜의 경륜을 믿고, 그것을 은혜로 받아들이고 복음으로 소화하고 있습니다. 그것이 사도 바울의 마음이요 어쩌면 종교개혁자 칼뱅이 느꼈던 신학적 행복이라고 그렇게 생각을 합니다.

오늘 성경은 말씀합니다. "계시로" 그리고 "성령으로" 알게 했다, 아니, 내가 알고 있다는 걸 너희들이 알고 있다, 내가 그 경륜적 은혜 안에서 행복해하고 있다는 걸 너희들이 알고 있다, 은혜 곧 복음이라고 말씀하고 있습니다. 사도 바울은 현실을 뛰어넘는 경륜적 은혜에 대해서 간증하고 있습니다. 그의 서신들을 종합하면 몇가지로 요약이 됩니다. 첫째, '내가 세상에 태어난 것이 하나님의 경륜이다.' 갈라디아서 1장에서 말씀합니다. '어머니의 태로부터 택정함을 받아 이방인의 사도가 되었노라. 내가 세상에 났다고 하는 그 자체가 하나님의 경륜이다. 다소에서 태어났고, 언어적으로, 문화적으로 이방인의 땅에서 태어났다고 하는 그 자체가 경륜이다.' 하나님의 오묘한 뜻 가운데 이방인의 사도가 되게 하기 위해서 내가 거기서 태어났다는 것이지요. 그건 사실입니다.

그가 예루살렘에서 태어났더라면 이방인의 사도가 못됩니다. 요새도 그런 것 많이 보잖아요. 미국에서 태어난 우리 한국아이들, 영어 잘하잖아요. 거기서 났으니까 잘할 수밖에. 여기서 우리가 배워보려고 아무리 애써도 그만큼 할 수가 없어요. 어려서 태어났다고 하는 사실이 얼마나 중요합니까. 어느 시점에서 태어났다는 것, 어떤 문화권에서 태어났다는 것. 사도 바울은 생각합니다. 내가 왜 하필이면 이방땅 길리기아 다소에서 태어났을까? 이방인의 사도가 되기 위하여 그때부터 하나님의 큰 경륜 속에 내가 있었어요. 또 그런가하면 가말리엘 문하생으로 바리새인으로 철저하게 유대적인 훈련을 받습니다. 유대교적 훈련을 받습니다. 바리새요 가말리엘 문하생입니다. 왜 이렇게 공부를 많이 해야 했을까? 그래야 많은 지성인들에게 많은 철학자들에게 많은 사상가들에게 복음을 변증할 수 있기 때문이지요. 그래서 그가 갈라디아서를 쓰고, 로마서를 쓰는 것입니다. 로마서와 같은 이런 귀중한 복음은 사도 바울이 아니고는 안됩니다. 그가 그런 기초가 튼튼하기 때문입니다. 이런 과정을 거쳤어요. 이것 또한 하나님의 경륜입니다.

그는 종종 감옥에 갇혔습니다. 매도 많이 맞았습니다. 여러 번 죽을 뻔했습니다. 지금 현재도 로마 감옥에 있습니다. 그에게는 감옥에 가는 것이 마치 일상생활처럼 돼 버렸어요. 결국은 감옥에서 죽습니다만 이 감옥살이가 얼마나 중요한 의미가 있는지 그는 새록새록 깨닫기 시작합니다. 그래서 빌립보서 1장 12절에서 말씀합니다. '나의 당한 일이, 내가 감옥에 있는 이 사건이 복음의 진보가 된 것을 너희가 알기를 바라노라.' 그렇습니다. 바울이 여기까지는 몰랐을 것같아요. 사도 바울이 이렇게 감옥에서 고생하고 거기서 순교당한 다음에 거기에 있는 친위대 사람들이 예수를 믿게 되고, 고관들이 믿게 되고, 왕실에서 믿게 되고 마침내 불과 200년도 안가서 대로마제국이 기독교 국가가 됩니다. 아, 놀라운 얘기 아닙니까? 로마에서 무슨 원형 극장에서 전도강연 해가지고 된 게 아닙니다. 사도 바울이 감옥에 있었기 때문에, 한 사람의 감옥에서의 그 수고와 희생, 이런 엄청난 역사가 있고야 오늘 우리도 예수믿게 된 것입니다. 이 경륜, 놀라운 거 아닙니까? 바울은 감옥살이에 익숙한 사람입니다. 그리고 그 모진 고생을 알고, 그리고 익숙하게 생각해요. 이 속에 하나님의 경륜이 있다고 생각했습니다.

여러분, 나 하나가 고생해서 많은 사람을 살리고 내가 이렇게 억울한 고생을 하고 죽어가지만 이 엄청난 은혜의 그 큰 결실을 내다볼 수 있다면 그 고생이 뭐 그렇게 어려운 것이 되겠습니까? 그뿐 아닙니다. 사도 바울이 깨달은 신비로운 경륜이 있습니다. 바울은 어디 가나 어느 마을에 가든 회당에서 복음 전하기를 즐겼습니다. 당연히 사람이 많이 모이니까, 또 말이 통하고, 또 배경이 같으니 어디 가나 유대사람들의 회당에 들어가서 전합니다. 또 하나 있어요. 로마서 9장에 보면, 가능하면 내 동족, 내 일가친척이 제발 어서 속히 그리스도에게로 돌아왔으면 좋겠다고 생각하는 민족주의적인 열망도 있었던 것같아요. 그래서 내 골육친척이 예수믿게 하기 위해서 회당에 들어갑니다. 그런데 회당에 들어가서 유대사람들에게 복음을 전하고 나면 꼭 핍박이 온단 말입니다. 아주 조직적인 핍박이 와요. 그래서 사도 바울의 그 많은 전도여행 중에 그 많은 핍박을 당하는 것을 가만히 보면 전부 유대사람 때문입니다. 이 사람들이 사도 바울을 이렇게 괴롭히는 것입니다. 유대사람들에 대한 그 간절한 열망을 가지고 선교하려고 애쓰지만 번번이 핍박을 받아요. 쫓겨나요. 또 쫓겨나요. 또 쫓겨나요. 그래서 마지막에는 이방사람에게로 갑니다.

그 마지막에 귀중한 진리를 깨닫습니다. 로마서 9장으로부터 11장까지 절절이 이 사건을 설명합니다. 이 귀중한 진리, 유대사람이 예수를 핍박함으로 이 복음이 이방에게로 갔다. 그러나 유대사람을 하나님께서 버리시겠느냐? 언젠가는 꼭 유대사람이 돌아오게 될 것이다— 이렇게 앞을 내다봅니다. 사실 그렇기도 합니다. 바로 예루살렘 사람들, 유대사람들이 철저하게 뜨겁게 예수를 믿어줬다고 한번 생각해 봅시다. 기독교는 예루살렘에서 떠나지 못했습니다. 예루살렘에 머물고 말았을 것입니다. 그런데 이 사람들이 핍박을 하니까 예수믿는 사람들이 살기 위해서 사마리아로 도망을 했어요. 도망하면서 도망 다니면서 전도했어요. 이게 이방으로, 이방으로 가서 오늘 여기까지 온 것입니다. 놀라운 일 아닙니까?

유럽 교회사를 연구해보면 독일은 독일, 스웨덴은 스웨덴, 제네바는 제네바대로 전부가 각각 자기 도시 자기 민족을 기독교화해서 거기다가 하나님의 나라를 만들려고 했어요. 이게 국교입니다. 여러분 세계 지도를 펴놓고 그 국기를 한번 쭉 보십시오. 국기 가운데 십자가가 들어 있는 나라가 7개국입니다. 그게 전부 다 기독교가 국교입니다. 이 사람들은 철저하게 자기 민족이 그리스도께로, 자기 나라가 하나님의 나라로 가기를 생각했어요. 그래서 가끔 우리도 민족복음화, 민족 복음화 합니다만, 다만 저는 국교가 될까봐 걱정입니다. 그거 아닙니다. 국교 개념으로 가서는 안됩니다. 국교 개념을 가지고 있는 나라는 선교를 안합니다. 독일이 선교를 안했어요. 스위스가 선교를 안했어요. 아시겠습니까? 자기네 나라만 예수 잘믿으면 된다고 생각했습니다. 그것으로 만족해요.

유대사람들이 기독교를 배척했습니다. 그러므로 이방사람에게로 복음이 갔고, 이방사람이 예수를 믿게 됩니다. 사도 바울은 이 놀라운 경륜을 로마서 9장, 10장, 11장, 석 장에 걸쳐서 설명을 합니다. 이 신비를 그는 깨달았습니다. 하나님의 놀라운 복음적 경륜을 깨달았습니다. 여러분, 생각해 봅시다. 나 자신을 알려거든 하나님을 생각하세요. 십자가를 보세요. 그리고 나를 보면 나를 알 수 있습니다. 현실을 알려거든 하나님의 큰 은혜의 경륜을 보세요. 좀 크게 보세요. 이 은혜의 경륜을 알면 현실이 눈에 보입니다.

일본의 마쯔시다 전기의 창업자인 마쯔시다 고노스케라고 하는 유명한 그리스도인이 있습니다. 그는 자신의 일생을 돌아보면서 이런 말을 남겨서 많은 사람에게 큰 교훈을 주고 있습니다. '나는 하나님이 내게 주신 세 가지 은혜에 늘 감사하고 있습니다. 내게 주신 하나님의 은혜. 첫째, 집이 너무 가난해서 구두닦이를 하고 신문팔이를 하면서 사람이 사람 되기 위해서 필요한 모든 절절한 경험을 하게 했다.' 그야말로 가난과 인생을 밑바닥에서 다 경험한 것입니다. 이게 얼마나 중요한 것입니까? 두 번째는 '태어날 때부터 몸이 허약해서 항상 운동에 힘쓰고 절제하는 생활을 했다. 그래서 건강할 수 있었다.' 일병백세라는 말이 있습니다. 건강한 사람이 오래 사는 게 아닙니다. 병 있는 사람이 오래 삽니다. 비실비실하면서 말입니다. 그 대표자가 한경직 목사님입니다. 밤낮 병원에 들락날락하면서 100세가 되도록 살더라고요. 여러분, 병원에 다니느라고 언제 방탕하고 방종할 시간이 있어야지요. 이 사람이 건강한 것입니다. 그러니까 지금의 건강 자랑하지 마세요. 비실비실한 거 괜찮아요. 그래야 기도 좀 더 하고, 열심도 내고, 그저 죽었다 살았다 해야 사람은 정신차려요. 그렇지 않습니까? 그러니 이게 은혜더라 이것입니다. 마쯔시다는 생각해요– 이게 내게 주신 은혜다. '세 번째는 초등학교도 못다녔던 거, 그래서 학벌이 전혀 없기 때문에 내가 만나는 모든 사람이 내게는 스승이다. 아랫사람 윗사람이 없다. 다 좋고 귀한 스승들이다. 이 모든 사람으로부터 배우는 마음으로 대하게 되어서 오늘의 내가 있다'고 합니다. 그렇습니다. 뭐 공부를 좀 했다고 뭘 아니하는데, 그거 언제 배운 건데요? 그걸 놓고 지금도 어깨에 힘주는 사람 미련하기는…… 그저 아무것도 모르는 줄 알고 출발하세요. 아니, 진짜로 모르고 있으니까요. 그렇게 배우는 마음이 바로 은혜입니다. 이게 바로 은혜요, 그렇기 때문에 공부하고 그렇기 때문에 오늘도 노력하는 거 아닙니까? 그래야 발전이 있는 것입니다.

그날이 있음으로 오늘 내가 있다는 것을 알았다면 그 때도 하나님을 찬양할 수 있었던 것인데, 그 때에 그 실패가 있었기 때문에 오늘 내가 있는 건데, 바로 그 때도 오늘이 있다는 것을, 있을 수 있다는 것을 그때부터 알았더라면 근심도 낙심도 하나님 원망도 하지 않고 감사할 수 있었을 것인데…… 여러분, 그 날이 있음으로 오늘 내가 있어요. 그 고통이 있음으로 오늘 내가 있어요. 저는 종종 꿈을 꿉니다. 어렸을 때이지만 북한에서 그 광산에 끌려가서 7개월 동안 고생할 때 내 앞에서 매맞아 죽는 사람을 수없이 보았습니다. 그런 기가막힌 강제노동수용소의 경험을 할 때에 참으로 마음아팠습니다만 늘 생각을 합니다. 거기서 구원받은 것 자체가 감사하기도 하지만 그 경험이 얼마나 소중한 것입니까?

그날이 있음으로 오늘 내가 있는 것입니다. 그렇다면 그 때 그 시간에 오늘이 있을 것을 알았다면 나는 얼마나 하나님 앞에서 감사했을 것입니까? 이걸 잊지 마세요. 아니, 오늘이 있음으로 내일이 있고, 그 날이 있음으로 오늘 내가 있어요. 그런고로 하나님의 큰 은혜의 경륜을 마음에 두고 오늘도 이 좁고 협소한 내 인간의 판단에서 벗어나 불확실 속에서 확실함을 찾고 더 큰 은혜에 대한 감사와 찬양이 있을 때 새로운 생을, 새로운 의미의 생을, 살아가게 될 것입니다. △

한 신앙인의 행로

스루야의 아들 아비새가 왕께 여짜오되 이 죽은 개가 어찌 내 주 왕을 저주하리이까 청컨대 나로 건너가서 저의 머리를 베게 하소서 왕이 가로되 스루야의 아들들아 내가 너희와 무슨 상관이 있느냐 저가 저주하는 것은 여호와께서 저에게 다윗을 저주하라 하심이니 네가 어찌 그리하였느냐 할 자가 누구겠느냐 하고 또 아비새와 모든 신복에게 이르되 내 몸에서 난 아들도 내 생명을 해하려 하거든 하물며 이 베냐민 사람이랴 여호와께서 저에게 명하신 것이니 저로 저주하게 버려 두라 혹시 여호와께서 나의 원통함을 감찰하시리니 오늘날 그 저주 까닭에 선으로 내게 갚아 주시리라 하고 다윗과 그 종자들이 길을 갈 때에 시므이는 산비탈로 따라가면서 저주하고 저를 향하여 돌을 던지며 티끌을 날리더라 왕과 그 함께 있는 백성들이 다 곤비하여 한 곳에 이르러 거기서 쉬니라

(사무엘하 16 : 9 - 14)

한 신앙인의 행로

여러분이 너무나도 잘 아시는 톨스토이(L. N. Tolstoi)의 「살아가는 날들을 위한 공부」라고 하는 마지막 작품이 있습니다. 그는 이 책에서 우리에게 큰 충고를 하고 있습니다. 여러분, 살아갈 날이 얼마 안남았다고 생각한다면 지금 내가 해야 할 일이 무엇이겠습니까? 그는 이렇게 충고합니다.

첫째, 자기 자신에 대해서 정직하라고. 여러분, 나이 들면서 우리가 점검해야 할 것이 무엇입니까? 이제 소유와 명예, 권세, 뭐 그런 거 다 잊어버리시고, 또 가족에 대한 것이나, 심지어 자녀에 대한 것까지도 그만하세요. 다 잊어버리시고 이제 남은 것은 자신의 정직함을 점검해야 됩니다. 나 자신에 대해서 얼마나 정직했나, 이제라도 정직을 생각해야 할 것입니다.

둘째는 타인과의 관계에서 특권의식을 버리고 자기가 죄인임을 좀 더 진실하게 인정을 하자고 합니다. 다시 말하면 겸손을 점검해야 됩니다. 이제 잘난 것 없습니다. 가진 것도 없습니다. 뭐 특별할 것 아무것도 없습니다. 이제 인생의 마지막 스테이지에 있는 것입니다. 그런고로 제발 이제는 잘난 체하지 맙시다. 누구를 무시하지 맙시다. 스스로 좀더 겸손하고 자신이 죄인임을 인정하고 남은 생을 살아야 할 것입니다.

셋째는 영원불변의 계율 앞에서 이제 당하는 어떠한 일에 대해서도 부끄러워하지 말고 불평하지 말 것입니다. 그리고 원망하지 말 것입니다. 여러분, 적어도 50이 넘었거든 이제는 원망하지 마세요.

불평하지 마세요. 내 책임을 남에게 돌리지 마세요. 뭐 팔자가 어떠니 세상이 어떠니, 그만하세요. 떠날 시간이 가까웠거든 이제는 스스로 생각해 보십시다. 불평하지 말고 감사하는 성품을 키워야 되겠어요. 이제는 아무도 원망하지 말고, 어떤 현실에도 조용하게 하나님의 음성, 하나님의 뜻을 기다리면서 하나님 앞에서 그 은총을 찬양하는 모습으로 서야 할 것이다, 그 말입니다. 신학자 해밀턴(Hamilton)은 말합니다. '믿음이라는 게 뭐냐? Honest to God. 하나님 앞에 정직한 것이다.' 하나님 앞에 정직한 모습, 그것이 무엇을 의미하는가를 생각해야 할 것입니다.

동화작가인 정채봉 선생이 쓴 「간장종지」라고 하는 아주 재미있는 묵상집이 있습니다. 그 책 속에서 사람들의 진짜 모습이 종종 숨겨지고 있다고 말합니다. 참모습이 숨겨지고 있다가 그러니까 위선의 모습으로 살아가다가 불쑥불쑥 진짜 모습이 나타나는 경우가 있다는 말이지요. 여러분 다 아시지만 보통 때는 다 좋기도 하고 그저 그렇고 그렇게 살아가지만 어떤 경우에 가보면 그 사람의 참모습이 불쑥 나타나는 것을 볼 수 있지 않습니까? 역시 동화작가이기에 아주 평범하고도 재미있는 예를 들고 있습니다.

첫째는 함께 여행을 해 보라는 것입니다. 함께 여행을 하면서 이런 일 저런 일 당해 보면 그 사람의 모습이 드러납니다. 여러분 다 경험하실 것입니다. 또 한 가지는 식사할 때 드러납니다. 저의 선친께서 제게 가르쳐 주기를 식사하면서 음식 가리고 찌그럭대는 사람하고는 놀지 말라고 그랬거든요. 밥 먹는 거 보면 사람 나타납니다. 우선 맛있게 먹고, 감사함으로 먹고, 남기지 말라고 그렇게 배웠습니다. 아, 정말입니다. 식사하면서 잔소리가 많아요. 하긴 이런 사람

하고 일생을 살라면 큰일이지요. 아무튼 음식 먹을 때에 그 사람의 모습이 드러납니다. 또하나 있어요. 도박해 보면 안다는 것입니다. 도박을 같이 해 보면 이겨보려고 요렇게 저렇게 속이는 사람 있잖아요? 도박을 같이 해 보면 사람의 모습이 드러납니다.

또하나가 있어요. 운동을 같이 해 보면 안다는 것입니다. 골프 치는 사람들이 그런 얘기 많이 합니다. 그거 조금 더 잘치는 것처럼 해 보려고 뭐 '알까기' 한다나. 여기 떨어졌는데 고거 사람 안볼 때 요쪽으로 옮겨놓고서 치고, 아이고, 그저 그럴 때 보면 저걸 인간이라고 저걸. 여러분, 생각해 보세요. 운동할 때 그까짓 것 이기면 뭘 하고 지면 어때요. 정직함이 먼저지, 내 자존심이 먼저지, 그거 옮겨놓고 어쩌자는 것입니까. 그래놓고는 뭐 오늘 성적이 좋았다고⋯⋯ 뭐 저런 인간이 다 있는가 말입니다. 운동 같이 해 보면 사람의 모습이 보입니다. 또 있어요. 위급할 때, 갑자기 어려운 일을 당하든가 하게 되면 그때마다 사람의 진실한 모습이 불쑥불쑥 나타나게 되고 그 정직성이 노출된다는 것입니다.

자 여러분, 나는 어떻습니까? 나는 지금 어떤 형편에 있습니까? 본모습이라는 게 뭡니까? 성경을 보아서 잘 아시는 바와 같이 다윗은 아무리 봐도 의인은 아닙니다. 선한 사람도 아닙니다. 무슨 굉장한 자선사업을 했다는 말도 없습니다. 아무리 보아도 선하지도 의롭지도 않아요. 그러나 다윗은 하나님 앞에 정직한 사람이었어요. 그것이 달라요. 그래서 성경에 보면 다윗이라는 이름이 무려 800번이나 나옵니다. 아마도 우리 인간 중에 가장 하나님의 사랑을 많이 받은 대표자로 다윗을 꼽게 됩니다. 그러나 다윗은 선한 사람은 아니었습니다. 그런데 정직한 사람이었어요. 어떤 경우에서도 그는 하나님 앞에서 생각했고, 어떤 경우에서도 하나님의 능력, 하나님의 사랑, 하나님의 지혜 안에 자신이 있음을 고백하고 있어요. 그는 하나님의 은총을 절대로 의심치 않았어요. 하나님 앞에 정직한 사람, 그것이 바로 다윗의 모습이었습니다. 그래서 하나님께서 다윗을 사랑하셨습니다.

오늘 본문 성경은 제가 개인적으로 귀하게 여기는 본문입니다. 또 읽어보고 또 읽어보세요. 집에 가서 몇번이라도 읽어 보세요. 무릎을 꿇고 읽어 보세요. 그리고 다윗의 모습에서 여러분의 참모습을 한번 찾아 보세요. 다윗의 믿음의 극치를 보여주는 말씀이라고 저는 생각합니다. 다윗의 신앙의 클라이막스라고 생각합니다. 이것이 다윗입니다. 보세요. 사무엘상 17장 47절에 보면, 소년 다윗이 아주 어렸을 때 참 믿음의 사람이었어요. 정말 깨끗한 믿음의 소년이었습니다. 그가 골리앗 대장이 하나님을 모독하고 하나님의 백성을 욕하는 것을 보고 참지 못해요. 이 소년이 의분이 나서 골리앗 대장을 향해서 대항을 합니다. 그 장면 참 희한합니다. 그 소년이 골리앗 대장 앞에 큰 소리를 치는데 이게 대단한 얘기입니다. "여호와의 구원하심이 칼과 창에 있지 아니함을 이 무리로 알게 하리라. 전쟁은 여호와께 속한 것이니 그가 너희를 우리 손에 붙이시리라." 그리고 물맷돌을 던집니다. 던져진 돌 하나가 골리앗 대장의 이마에 들어박히면서 그는 쓰러지게 되고 이스라엘이 승리하게 됩니다. 아, 굉장하지 않습니까? '전쟁은 여호와께 속한 것이다. 네가 어떻게 하나님을 모독하고 이스라엘 백성을 욕하느냐?' 그리고 돌을 던지는 그 소년의 모습, 대단하지 않습니까? 정말 위대합니다.

그런가하면 정반대의 모습이 있습니다. 다윗은 역시 나약한 인간이었습니다. 그가 범죄합니다. 밧세바의 일로 인해서 범죄합니다. 큰 죄를 지었습니다. 그건 정말 있을 수 없는 죄입니다. 그는 밧세바를 얻기 위해서 하나님 앞에 범죄했을 뿐만 아니라 그 남편을 죽여 버렸습니다. 이러한 큰 죄를 지었는데 그 때문에 많은 고민을 하던 중에, 나단 선지자가 와서 그를 책망하게 될 때, "내가 죄를 지었습니다." 말합니다. 왕의 위치에서 이러한 수치스러운 것을 그대로 다 노출한다는 것은 있을 수가 없고 이렇게 노출된 다음에 그가 왕의 보좌에 있을 수도 없는 것입니다. 제가 그를 위대하게 생각하는 것은 그 엄청난 죄를 짓고, 회개한 것도 용치만 이보다 더 중요한 것은 회개하고 모든것을 하나님께 위탁하고 그 자리에서 그 부끄러운 모습으로도 백성 앞에서 자기에게 맡겨진 직무를 다했다는 것입니다.

그가 만일에 왕의 보좌를 부끄럽다고 내던지고 하야해 버렸다면 그 사람은 절대로 용서 못합니다. 그러나 회개한 다음에 오는 일, 그 후속 결과에 대한 것을 깨끗이 하나님께 맡깁니다. '나는 죄인입니다. 나는 이런 사람입니다.' 그렇게 말해놓고 하나님 앞에, 백성 앞에 그대로 그 얼굴을 가지고 왕의 보좌에 앉아서 백성을 재판합니다. 다윗의 위대한 점이 거기에 있습니다. 그게 바로 그의 정직함이 었습니다.

특별히 정직한 것은 그는 남에게 책임을 돌리지 않았습니다. 아무리 성경을 읽어 보아도 그렇습니다. 내가 보기엔 밧세바 그 여자가 나빠요. 그렇지 않습니까? 아니, 왕이 바라보고 있는 지붕 밑에서 발가벗고 목욕을 했다며? 아, 이런, 이렇게 해서 유혹을 한 것입니다. 그게 됩니까? 난 그런 생각도 해봐요. 아니, 정녕 왕이 불렀다 하더라도 남편이 있는 아내로서 왕을 위해서라도 혀를 깨물고 죽더라도 범죄해서는 안되지. 그런데 이 여자는 나빠요. 아무리 봐도 그 여자가 문제라니까요. 그런데 다윗은 그의 참회록 중에 단 한 번도 밧세바를 원망하지 않아요. '저 여자 때문입니다.' 아니지요. '내가 죄를 지었나이다. 어머니가 죄 중에 나를 잉태하였나이다. 나는 본래 그런 사람입니다. 나는 죄인이요 본래부터 그런 사람입니다.' 환경도 원망하지 않고 당시 잠깐 실수했다는 말도 안합니다. '나는 본래 그런 사람입니다. 내가 죄를 지었나이다.' 그 회개는 정말 대단한 것입니다. 정직했습니다. 하나님께서 이런 그를 사랑하셨습니다.

자, 그리고 오늘 본문에 나타난 얘기입니다. 그 아들 압살롬이라는 사람이 아버지를 대항합니다. 반란을 일으켰습니다. 아버지의 신하들을 꾀어서 자기 사람으로 다 만들고 힘을 키워서 아버지에게 대항합니다. 아버지를 죽이려고 합니다. 왕의 보좌를 빼앗으려고 합니다. 바로 이런 때입니다. 그 때에 다윗은 피난의 길을 떠납니다. 아비새 장군을 비롯해서 다윗 왕은 지금 상당한 권력이 있습니다. 얼마든지 이 불효자식, 이 천하에 용서할 수 없는 이 불효자를 척결해버리고 나라를 평정할 수 있습니다. 얼마든지. 그럼에도 불구하고 피난을 갑니다. 왕의 보좌를 내놓고 정처없이 길을 떠납니다. 그 떠나는 모습, 그게 바로 정직함입니다. 하나님 앞에 정직했습니다. 그리고 피난의 길을 떠나면서 아마도 속에 이런 생각이 있었을 것입니다. '내가 지난날에 큰 죄를 지었을 때, 나단 선지자가 내게 말하기를 네가 이런 큰 죄를 지음으로 해서, 네가 네 신하를 죽인 일로 인해서 네 집에 칼이 떠나지 아니하리라' 한 심판의 예언을 생각했을 것이고 그는 그것을 믿고 있었습니다. '그렇지. 그럼. 당연히 그렇지.' 그리고 받아들입니다. 현실을 받아들입니다. 이것 내 잘못이요 내가 지은 죄에 대한 마땅한 일이라고 받아들입니다. 그리고 피난의 길을 떠납니다.

그럴 때에 시므이라고 하는 사울왕의 후손인 베냐민 지파 사람이 무슨 원한이 있었던 것같은데 이 다윗왕의 피난가는 것을 보고 비난을 합니다. 멀리서 저주합니다. 계속 저주하며 소리를 지를 때에, 아비새라고 하는 장군이 하는 말입니다. 오늘 본문 가운데에 나타나지 않습니까? 여기에 보면 아비새가 말합니다. "이 죽은 개가 어찌 내 주 왕을 저주하나이까. 이 죽은 개 같은 놈이 감히 왕을 저주하다니 내가 가서 그냥 목을 베겠습니다." 이렇게 말합니다. 아, 그럴 수 있지요. 그러나 다윗은 말합니다. "그만둬라. 내가 낳은 아들도 나를 배반하는데 그저 저 사람이 나를 저주한다고 그럴 것 없다." 다윗의 신앙을 보세요. "하나님께서 다윗을 저주하라 함으로 하는 것이 아니겠느냐?" 이것이 정직함입니다. 이것이 믿음입니다. 하나님께서 저주하라 하시기에 하는 것이 아니겠느냐? 이 어려운 현실을 그대로 믿음으로 소화하고 저주하지 않고, 피난의 길을 떠납니다. 왕의 보좌를 남겨놓고 멀리멀리 정처없이 피난의 길을 떠나고 있더란 말입니다. 이것이 믿음입니다. '하나님이 저주하라 하시기에 한 것이다.' 사건을 하나님의 손에 맡기고 하나님의 심판으로 받아들입니다. 하나님의 역사로 받아들입니다. 이것이 바로 믿음입니다.

오늘 본문을 자세히 읽어보면 11절 12절에 오묘한 복음이 있습니다. 다윗이 말합니다. "혹시 여호와께서 나의 원통함을 감찰하시리니 내가 만일에 이걸 잘 참고 나가면 하나님께서 내 원통함을 돌아보신다면 그 때에 이 저주 까닭에 선으로 내게 갚으시리라." 저주 까닭에 선으로 내게 갚으시리라― 여러분, 믿음으로 살고 믿음으로 수용하고, 믿음으로 순종하게 될 때 좀 도가 지나쳐서 억울할 수도 있어요. 그러나 잘 참고 나가면 하나님께서 긍휼히 여기실 때 이 저주 까닭에 하나님께서 보상하실 수 있단 말입니다. 온전히 하나님께 맡겼어요.

여러분, 이 비근한 예가 성경에 하나 있는 걸 잘 알고 있지요? 민수기 12장 3절에 보면, 하나님의 종 모세가 실수를 합니다. 아, 모세가 누구입니까? 하나님의 종이요 그 얼굴에 영광이 있어서 백성들이 쳐다보지를 못했던 하나님의 사람입니다. 이런 귀한 하나님의 종이지만 그에게도 걱정이 있고 실수가 있었어요. 어떤 이유든 간에 이방인 여자, 구스 여자를 첩으로 받아들입니다. 이렇게 될 때 그 주변 사람들이 얼마나 비난을 하겠어요. 특별히 그를 업어 키운 누나가 막 저주를 합니다. 하나님의 종이라는 사람이 여자한테 빠져가지고 저게 뭐냐고 합니다. 뭐 거침없이 저주를 합니다. 그 때 모세는 가만히 참았습니다. 얼마나 참았는지, 얼마나 믿음으로 받아들였는지 한번 생각해 보세요. 하나님께서 모세 편을 드십니다. '이 세상에 이 하늘 아래 모세처럼 온유한 자가 없다.' 그리고 저주하는 그 누나를 치십니다. 누나가 문둥병에 걸립니다.

하나님께서 모세 편이었습니다. 왜? 그가 온유함으로, 믿음으로 이 현실을 잘 감당을 한 것입니다. 그것을 보고 하나님께서 긍휼히 여기실 뿐만 아니라 선을 베풀어주셨습니다. 이게 하나님의 방법입니다. 이게 믿음의 사람이 가는 길입니다. 다윗은 지금 분명히 잘못했습니다. 그리고 피난의 길을 갑니다만 그의 행동과 그의 신앙 고백 속에서 조용히 주님 앞에 맡깁니다. 믿음으로 살았습니다. 그때 하나님께서 그에게 복을 주셨습니다. 이건 하루아침에 된 일이 아닙니다. 선으로 갚아 주셨습니다. 다시 왕권을 회복할 수 있도록 하나님께서 기회를 주셨습니다. 그것은 다윗이 온유하게, 겸손하게 또 믿음으로 현실을 잘 받아들였기 때문입니다.

피카소(Pablo Picasso)가 어느날 카페에 앉아 있는데 어떤 여인이 하나 와서 그가 한가하게 앉아 있는 걸 보고 "선생님, 내 초상화를 하나 그려주세요. 이렇게 종이에다가 한번 스케치해주세요" 말합니다. 그러니까 앉아서 그저 불과 1분도 안되게 척척 척척 해서 아, 얼굴을 하나 그려서 줬어요. 그러니까 이 아주머니가 "아이고, 고맙습니다, 이거 얼마 드리면 될까요?" 합니다. "50만 프랑." 50만 프랑이면 8천만 원이거든요. 깜짝놀라서 "아이구, 아 이거 지금 1분도 안되게 쓱 그렸는데 아 이걸 그렇게 돈을 많이……" 그 때에 피카소가 빙그레 웃으면서 말했습니다. "몇분도 안 걸렸다구요? 저는 이거 하나 그리기 위해서 40년 걸렸습니다." 여러분, 갑자기 마음먹는다고 신앙이 달라지는 게 아닙니다. 요란하게 뭐 간증한다고 되는 게 아닙니다. 다윗이 여기까지 오는 데는 그 살았던 일생의 믿음이 있어요. 오직 믿음으로, 오직 믿음으로, 오직 온유함으로, 오직 순종함으로. 이제와서 이 엄청난 사건 앞에서의 또 한 번의 이 믿음으로 바라보세요.

여러분, 3·1절 어떻게 생각하십니까? 일본 사람이 한국을 점령했어요. 나라를 잃어버렸습니다. 그 때 애국하는 길이 두 가지가 있었어요. 하나는 일본 사람을 미워하는 것이었어요. 일본 사람이 한국을 점령했다, 저 놈들을 죽여야겠다, 저놈들에 대항해야겠다고 그냥 몸부림쳤고, 이것이 맘대로 안될 때에 술 먹고 타락하기도 했습니다. 그렇게 반항적으로 애국하려는 사람들이 있었습니다. 또 한

부류는 그게 아니었습니다. 이것은 우리의 잘못이었다, 우리가 미련했다, 우리의 실수였다, 이제라도 배워야 한다, 그래야 살 수 있다, 배워야 산다, 배워야 산다— 그래서 계몽주의로 나타납니다. 한편으로는 전도를 하게 됩니다. 예수믿고 배우고, 예수믿고 공부하고, 예수믿고 일하고, 예수믿고 정직하고. 안창호 선생님의 메시지 중에 첫째가 뭔가 하면 '정직하라'입니다. '이 백성이 정직을 찾아야 한다. 그래야 나라가 산다.' 여러분, 오늘 우리가 어떤 형편에 있든지 간에 우리가 해야 할 일이 무엇이겠습니까? 하나님 앞에 정직해야 됩니다. 믿음의 사람은 믿음으로 보고, 믿음으로 듣고, 믿음으로 판단하고, 어떤 현실에서든지 하나님 앞에 정직합니다. 그리고 그 은혜에 감사합니다. 불평하지 않습니다. 누구 원망도 하지 않습니다. 현실 속에서 하나님의 음성을 듣습니다. 또한 현실 속에 정직을 수습합니다. 잘 참고, 믿음으로 견딜 때에 하나님께서 선한 것으로 갚아 주실 것입니다. △

복음의 빚진 자

　첫째는 내가 예수 그리스도로 말미암아 너희 모든 사람을 인하여 내 하나님께 감사함은 너희 믿음이 온 세상에 전파됨이로다 내가 그의 아들의 복음 안에서 내 심령으로 섬기는 하나님이 나의 증인이 되시거니와 항상 내 기도에 쉬지 않고 너희를 말하며 어떠하든지 이제 하나님의 뜻 안에서 너희에게로 나아갈 좋은 길 얻기를 구하노라 내가 너희 보기를 심히 원하는 것은 무슨 신령한 은사를 너희에게 나눠 주어 너희를 견고케 하려 함이니 이는 곧 내가 너희 가운데서 너희와 나의 믿음을 인하여 피차 안위함을 얻으려 함이라 형제들아 내가 여러 번 너희에게 가고자 한 것을 너희가 모르기를 원치 아니하노니 이는 너희 중에서도 다른 이방인 중에서와 같이 열매를 맺게 하려 함이로되 지금까지 길이 막혔도다 헬라인이나 야만이나 지혜있는 자나 어리석은 자에게 다 내가 빚진 자라 그러므로 나는 할 수 있는 대로 로마에 있는 너희에게도 복음 전하기를 원하노라 내가 복음을 부끄러워하지 아니하노니 이 복음은 모든 믿는 자에게 구원을 주시는 하나님의 능력이 됨이라 첫째는 유대인에게요 또한 헬라인에게로다

(로마서 1 : 8 - 16)

복음의 빚진 자

19세기에 미국이 낳은 위대한 설교자라고 불리는 필립 브룩스(Phillip Brooks)라고 하는 목사님이 계셨습니다. 연세가 높았고 또한 중병에 걸려서 병원에 입원하고 계셨습니다. 입원하고 있는 동안 그는 면회를 사절했습니다. 어떤 친구도 어떤 교인도 만나주지 않았습니다. 그는 오직 하나님 앞에 기도하는 시간만을 갖기 위해서 이 임종이 가까운 시간에 '절대면회사절'을 했습니다. 그런데 법률가인 잉거솔이라고 하는 분이 어떻게 해서 이 목사님을 방문하게 됩니다. 아무도 면회하지 않았던 브룩스 목사님께서는 잉거솔이라고 하는 법률가를 만나게 됩니다. 들어오라고 했습니다. 그는 들어서면서 오히려 감사한 마음으로 정중하게 인사를 드리고 앉아서 얘기하게 됩니다. 그는 궁금해서 물었습니다. "어느 교인, 어느 목사님, 어느 친구도 만나시지 않았는데 어째서 저를 만나주시는 겁니까?" 잉거솔은 철저한 무신론자였습니다. 아주 소문난 무신론자인데 이제 브룩스 목사님은 빙그레 웃으면서 이런 대답을 했습니다. "내가 알기로는 다른 사람들은 천국에서 꼭 만나리라고 생각합니다만 아무래도 당신은 그럴 기회가 없을 것 같아요. 당신은 천국에서 만나지 못할 사람이기에 죽기 전에 만나고 싶었습니다." 여러분, 깊이 생각해 보십시다.

인생을 그 심리상태로 분석해 볼 때 대략 세 가지로 나누어 볼 수 있습니다. 첫째 사람은 '유아독존 형'입니다. 요새 젊은 사람들의 용어대로 말하면 '나홀로 형'입니다. 나는 혼자라는 것입니다. 부모도 없고, 형제도 없고, 친구도 없고, 나 도와줄 사람도 없고, 내가 도와줄 사람도 없고, 내가 도움 받은 것도 없고, 도와줄 일도 없다 - 소위 자수성가 형이라고나 할까요? 나 홀로, 나는 혼자다, 항상 혼자다, 그래서 일이 잘되면 끝없이 교만하고 일이 안되면 그대로 주저앉습니다. 왜? 나 혼자니까. 아무도 나를 도울 사람이 없고, 이 천지 안에 나를 이해할 사람 하나도 없다. 그렇게 생각하고 사는 사람입니다. 유아독존 형입니다. 나홀로 형입니다.

여러분, 가만히 생각해 보세요. 그런 사람은 정신병자입니다. 왜 그러냐 하면 세상에 내가 혼자 태어났습니까? 내가 아버지를 정했습니까? 어머니를 택했습니까? 낳아주어서 났어요. 여러분, 은혜를 입었다 은혜를 입었다 하지만 은혜 중에 가장 큰 은혜는 4살 전에 입은 것입니다. 그런데 이상하게도 사람은 4살 전의 일을 기억하지 못합니다. 그러니까 가장 소중하고 가장 귀한 사랑을 받은 것들이 전부 내 기억 속에 없어요. 그러고서 지금 내가 있는 것입니다. 그런데 누구를 원망하겠다는 것입니까? 나는 아무의 사랑도 받지 않았고, 부모님까지도 나를 버렸다고 하더라도 아닙니다. 누군가가 나를 먹여서 내가 있고, 누군가가 키워줘서 내가 있는 것입니다. 세상에 사랑받지 않은 사람은 없습니다. 은혜를 입지 않은 사람은 없어요. 그런데도 은혜를 입지 않았다고 하는 그 교만, 거기에 고독이 있고, 거기에 절망이 있습니다. 어쩌면 인생의 본질을 포기하는 자의 고백입니다. 유아독존 형입니다. 여러분, 지금이라도 마음을 확 비우고 나는 은혜를 많이 받았고, 아니 내가 갚아야 할 신세가 많고, 내가 은혜를 베풀어야 할 존재라고 하는 것을 다시 생각을 해야 될 것입니다.

두 번째 사람은 '채권자 형'입니다. 이 사람은 항상 자기는 받은 것은 없고, 준 건 많다는 것입니다. 준 건 많은데 받은 건 없다는 것입니다. 그래서 항상 채권자의 마음으로 살아요. 왜 세상이 이렇게 불공평하냐, 내가 수고한 데 대한 대가가 왜 이렇게 적으냐, 나는 많은 것을 베풀었는데 왜 다른 사람들은 나에게 준 것이 없나. 그래서 늘 불평이 많아요. 원망, 불평으로 가득한 그런 채권자 형이 있습니다.

세 번째 사람은 '채무자 형'입니다. 많은 것을 받았어요. 받은 게 너무 많아요. 받은 사랑도 많고, 받는 은혜도 많아요. 갚을 길이 없어요. 항상 채무자의 마음입니다. 나는 빚진 자다, 빚을 너무 많이 졌다, 많은 사랑을 받았다, 어떻게 이걸 보답할까? 아니, 일생토록 다 갚지 못하고 가는 것이 인생이라고 생각하고 모든 주변 사람들에게 고마운 마음입니다. 이분도 고맙고, 저분도 고맙고, 자녀들을 생각해도, 부모를 생각해도, 형제를 생각해도, 너무너무 고마워요. 나는 베푼 것이 없는데 이렇게 많은 사랑을 받고 산다, 많은 사랑을 받고 사는 것이다……

경영학의 아버지라고 하는 피터 드러커(Peter F. Drucker)라고 하는 분이 계십니다. 그의 경영학 연구에는 가만히 보면 그 밑에 깔려있는 휴머니즘이 있어요. 아주 깊은 인도주의가 있는 걸 봅니다. 늘 책을 읽으면서 궁금해했어요. 그 모든 학설, 그 냉엄한 비판 속에도 깊은 그 휴머니즘이 있어서 이상하다 생각했는데 그가 마지막으로 쓴 자서전을 보니까 그것이 할머니로부터 왔던 것입니다. 그의 할머니가 영국에서 승강기도 없는 그 가난한 8층 연립주택에 삽니다. 겨울에도 8층 계단을 올라갔다 내려갔다 해야 합니다. 그 집 앞에는 맨 창녀집입니다. 가난한 마을, 이 겨울에 그 창녀들이 손님을 끌기 위해서 서 있습니다. 한 창녀가 추워서 기침을 하면서도 서 있습니다. 그런데 이 할머니가 내려가다가 그 창녀가 기침을 하면서 서서 손님을 기다리는 모습을 보았어요. 가서 자기가 두르고 있던 목도리를 그 여자의 목에 둘러주고 감기 조심하라고. 그리고는 다시 그 8층 그 계단을 올라가서 아스피린 몇 톨을 가지고 와서 주면서 "이 아스피린을 먹고 감기 치료해야지. 감기 걸리면 안돼." 창녀를 이렇게 돌보는 것을 보았어요. 이웃 사람들이 말합니다. 아니, 저 더러운 창녀, 저건 없어져야 할 존재들인데 아, 어째서 그들에게 그런 사랑을 베푸느냐는 것입니다. 그러니까 그 할머니가 대답하는 말을 피터 드러커는 어렸을 때 잘 들어두었다는 것입니다. 깊은 감동을 받았답니다. "내가 저들의 창녀 직업을 바꾸어 줄 수는 없지만 우리 젊은이들이 감기 전염되는 것은 막아야 될 거 아니겠느냐"고. "그 창녀가 그저 건강했으면 좋겠다"고. 그런 사랑을 베푸는 것을 보고 할머니를 다시 보게 됩니다. 할머니는 말합니다. "무슨 소리냐. 나는 이보다 더 크고 더 많은 사랑을 받았고 많은 은혜 가운데서 살아왔단다."

여러분, 빚진 자의 마음, 어떻게 하면 내가 진 빚을 갚을 수 있을까? 여러분, 은혜는 은혜입니다. 그러나 중요한 것은 은혜를 은혜로 아는 자에게만 은혜입니다. 은혜를 받아 살고도 은혜를 모르는 자에게는 은혜가 아닙니다. 은혜를 은혜로 아는 것이 은혜요, 또 은혜로 아는 순간에 이건 축복이요, 동시에 빚으로 남습니다. 이걸 알아야 합니다. 여기에 매입니다. 여러분, 감사하다, 고맙다 하는 순간 벌써 나는 감사의 대상에게 끌리고 있는 것입니다. 공짜는 없어요. 조그마한 사랑을 베풀어도 사랑을 받는 사람에게 벌써 그 은혜의 효과가 나고 또 받는 사람이 고맙다 생각하는 순간에 그 고맙다는 마음이 벌써 베푼 사람에게 끌려가고 있는 것입니다. 그래서 빚진 자가 됩니다. 은혜의 의무감에 사로잡힙니다. 그런데 놀라운 것은 은혜의 빚진 자가 되고, 은혜의 의무감에 끌리는 순간 그는 자유인입니다. 이걸 알아야 합니다. 이건 노예가 아닙니다. 그래서 빚진 자와 노예는 다른 것입니다. 노예라고 하는 것은 선택의 자유까지 잃어버린 상태에 있지만, 사랑의 노예라고 하는 것은, 은혜의 빚진 자라고 하는 것은 의무감이라는 행복 속에 사는 것입니다. 그 의무를 행복으로 받아들이는 것입니다.

    은혜를 갚을 때에 여기에는 조건이 없어요. 갚는 그 자체일 뿐이고, 또 다른 대가성도 없어요. 바로 그 자유, 이게 중요합니다. 하나의 행동을 하면서 너무 많은 대가를 요구하는 사람이 있어요. 아무런 대가성 없이 이미 받은 바에 대한 보답으로 은혜를 갚아 나가는 순간, 자유의 영역이 넓어집니다. 그걸 잊지 말아야 합니다. 큰 빚을 져놓고도 은혜가 은혜인 줄을 모르는 사람이 있어요. 은혜 받은 일 없다, 나는 신세진 일도 없다, 사랑받은 일도 없다― 이 얼마나, 얼마나 무서운 감옥이요, 부자유입니까.

    한 순간에 은혜가 다 갚아지는 건 아닙니다. 때로 보면 그저 감사하다는 말 한마디 하고서, 혹은 보답한다고 뭘 한가지 하고서 다 갚았다고, 끝났다고 생각하는 경우가 있습니다. 아닙니다. 은혜란 일생토록 갚아도 다 갚지 못하는 것입니다. 또한 우리는 직접 갚으려고 하는 경우가 많아요. 부모로부터 은혜를 입었으면 부모에게 갚고, 형제로부터 은혜를 입었으면 형제에게 갚고, 친구로부터 사랑받았으면 친구에게 갚겠다고 착각을 합니다. 그런 일은 없어요. 왜냐

하면 불가능한 것입니다. 은혜를 입을 때와 갚을 때는 다른 때입니다. 상황이 바뀌었거든요. 여러분, 가만히 생각해 보세요. 옛날에 내가 혹 100만 원의 신세를 졌다고 합시다. 이제 내가 1,000만 원으로 갚는다고 갚아지는 것입니까? 그때 100만 원은 그런 것이 아니거든요. 그건 완전히 다른 소중한 것이거든요. 그런고로 엄격하게 말하면 은혜란 바로 갚을 수는 없는 것입니다. 직접적으로 줄 수가 없는 것입니다. 그 누구에게 은혜를 입었는데 누구에게 다시 갚느냐 하는 것, 어느 순간에 은혜를 입었으며, 어느 순간에 갚느냐 하는 이것은 죽을 때까지 풀리지 않는 수수께끼입니다. 이걸 잊지 말아야 합니다.

여러분, 부모님께 은혜를 입었어요. 그렇다고 부모님께 갚을 수 있습니까? 어떻게 갚겠다는 것입니까, 도대체가. 그 부모님이 그 어렵고 어려운 때에 우리를 위해서 사랑을 베풀었는데 이제 내가 뭘 좀 해드린다고 그게 갚아지는 겁니까? 그건 말도 안되는 얘기입니다. 부득불 내가 부모님께 은혜를 입었습니까? 부모님은 세상을 떠났어요. 그러면 그 부모님은 안 계셔도 내가 어떤 노인을 잘 모실 수 있으며, 다른 노인에게, 다른 어른들에게 사랑을 베풀 수 있으면 그만큼이라도 갚을 수 있는 것입니다. 때로는 부모님께 은혜를 입었고 이걸 자식에게 갚습니다. 부모님의 마음이 그거였으니까 오히려 자식에게 갚을 수도 있는 것입니다. 이 사실을 잊지 말아야 합니다.

사도 바울은 오늘 성경에서 말씀합니다. "스스로 빚진 자"라고. 나는 빚을 졌다, 복음의 빚을 졌다, 복음의 빛 ― 그는 다메섹 도상에서 예수님의 부르심을 받고 예수님의 제자가 됩니다. 예수믿는 사람을 죽였고 또 죽이려고 다메섹까지 가다가 거기서 예수님을 만나서 구원을 받고 예수님의 제자가 됩니다. 그리고 한평생 그는 고백합니다. 복음의 빚진 자라고. 왜? 로마서 5장에서 그는 말씀합니다. '내가 연약할 때에 주께서 나를 사랑하셨고, 내가 아무것도 모를 때에 모르는 자를 아는 그 분이 사랑하셨고, 내가 하나님과 원수 관계에 있을 때에 그는 나를 위하여 십자가를 지셨다'고. 이렇게 엄청난 은혜를 입었기에 나는 어떻게 갚아야 합니까? 그래서 사도 바울은 말씀합니다. 이 대속의 은혜를 어떻게 갚아야 하겠습니까? 그래서 주님께 충성을 합니다. 주님께 헌신을 합니다. 그리고 주의 뜻에 따라 순종합니다. 주께서 사랑하신 자를 사랑합니다.

사도 바울의 기독교 윤리의 핵심이 여기에 있습니다. '그리스도께서 위하여 죽으신 자를 식물로 망하게 하지 마라.' 그리스도께서 저분을 사랑하십니다. 그러면 내가 그를 사랑하는 것이 주님을 사랑하는 것이고 주께 은혜를 갚는 길입니다. 주님이 무엇을 원하시는가, 주님이 누구를 사랑하시는가, 바로 그 분을 섬기는 것이 주님을 섬기는 것입니다. 이 귀한 뜻을 잊지 말아야 합니다. 사도 바울은 그래서 이방인에게 복음을 전합니다. 하나님을 모르는 사람, 야만인, 헬라인, 로마사람, 전혀 나와 상관이 없는 이런 사람들에게 가서 복음을 전합니다. 왜요? 그리스도께서 나를 위하여 죽으셨으니까, 내가 하나님과 원수되었을 때 그가 나를 위해 죽으셨기에 나는 지금 하나님과 원수된 저 사람들을 위해서 내 몸과 마음, 일생을 다 바치려고 듭니다. 이 얼마나 아름다운 일입니까? 여러분, 기억하십시다. 예수님 말씀하셨습니다. "거저 받았으니 거저 주라." 여러분, 거저 받았습니까? 거저 받은 감격이 있습니까? 그러면 거저 주세요. 아무 조건을 말하지 마세요. 그것이 바로 은혜를 갚는 길이요 은혜 갚는 그 자체가 행복입니다. 거저 받았으니 거저 주는데 무엇을 받기를 원합니까? 여러분, 선한 일 할 때에 대가를 찾지 마세요. 그것처럼 처절하고 참 비참한 거 없어요. 그냥 주세요. 그냥 사랑하세요. 그냥 용서하세요. 왜? 받았으니, 용서 받았으니 용서하고, 사랑 받았으니 사랑하고, 엄청난 은혜를 입었으니 은혜 베푸는 것이 당연한 거 아니겠습니까?

죄송한 얘기입니다만 저는 1963년에 처음으로 유학을 갔습니다. 그 당시에는 외환 관계가 참 어려워서 한푼도 우리돈을 가지고 갈 수가 없어요. 그래서 미국에서 비행기표까지 와야 됩니다. 그래야 유학을 갈 수 있어요. 우리돈은 100불밖에는 못 가지고 갈 때, 맨손으로 갑니다. 거기서 그 소중한 장학금을 보내주었고, 비행기표까지 다 보내주어서, 이걸 확인하고야 여권을 만들어 줍니다. 이렇게 해서 유학을 가는데 좌우간 그 때 유학은 굉장했습니다. 좌우간 비행장에 나갔는데 나를 환송하러 온 사람들이 버스로 2대입니다. 하하하. 그렇게 힘들고, 어려운 때에 유학을 갔습니다. 그 비행장에서 쭉 둘러서서 찬송을 부르고 기도하며 환송하는 가운데 갔어요. 아, 넉넉한 건 아닙니다만 장학금 받아가면서 기숙사에서 공부하는데 너무 고마웠습니다. 아, 가끔 와서 돌봐 주면서 어디 아픈 데 없느냐고, 그저 너무너무 잘 돌보아 주었습니다. 또 주말에는 또 기숙사에서 밥을 안 주니까 또 뭘 좀 사먹으라고 용돈도 주었습니다. 그런 장학금과 돌봄을 받으면서 제가 공부를 했습니다. 너무 고마웠어요.

제가 여기 와서 목회하면서 기회를 얻어서 프린스턴 신학교에 장학금을 보내드려요. 벌써 20년 됐습니다. 두 사람이 내 이름으로 장학금을 받습니다. 그래서 그 학교에서 성적표도 오고, 또 그 학생들이 나에게 고맙다고 편지도 보내요. 하지만 저는 그 편지를 뜯어본 일이 없습니다. 읽어보지 않습니다. 그 이름이 누구냐고 묻지도 않습니다. 알고 싶지 않아요. 왜? 거저 받았으니 거저 줘야지. 이제 나로부터 장학금 받는 사람이 나에게 고맙다고 할 필요가 없습니다. 하든지 말든지 내가 그 때 장학금 받을 때 너무 고마웠기에 그저 할 수 있는 대로 지금 두 사람에게 20년 동안을 계속 장학금을 보내고 있습니다.

여러분, 제발 좀 갚으면서 사세요. 못받는다고 원망하는 건 좀 그만하세요. 이제 더 받으려야 받을 길도 없잖아요. 세월도 많이 남지 않았는데. 제발 이젠 받은 바를 깊이깊이 감사하면서 어떻게 하면 보답할까? 어떻게 하면 다소라도 갚을 수 있을까? 그런 마음으로 말입니다. 빚진 자의 마음으로. 못 받은 한이 아니고, 원망도 아니라, 받은바 은혜를 깊이깊이 생각하며 빚진 자의 마음으로 어떻게 하면 만분의 일이라도 갚을 수 있을까?

여러분, 굉장한 일은 못해도 은혜를 배반하는 자는 되지 말아야 할 거 아니겠습니까? 은혜의 역행자가 되어서는 안되지 않습니까? 그건 사람도 아니니까요. 복음의 빚을 졌습니다. 이제 이 은혜에 늘 감격하면서 어떻게 하면 이 빚을 갚을까 하는 바로 그 마음만 가지고 남은 해를 살아야 하겠어요. 빚진 자의 마음, 사랑의 빚, 어떻게라도 갚을 수 있을까? 바로 그것이 은혜요 그것이 자유요 그것이 바로 행복이라는 것입니다. △

뒤를 돌아보는 자

길 가실 때에 혹이 여짜오되 어디로 가시든지 저는 좇으리이다 예수께서 가라사대 여우도 굴이 있고 공중의 새도 집이 있으되 인자는 머리 둘 곳이 없도다 하시고 또 다른 사람에게 나를 좇으라 하시니 그가 가로되 나로 먼저 가서 내 부친을 장사하게 허락하옵소서 가라사대 죽은 자들로 자기의 죽은 자들을 장사하게 하고 너는 가서 하나님의 나라를 전파하라 하시고 또 다른 사람이 가로되 주여 내가 주를 좇겠나이다마는 나로 먼저 내 가족을 작별케 허락하소서 예수께서 이르시되 손에 쟁기를 잡고 뒤를 돌아보는 자는 하나님의 나라에 합당치 아니하니라 하시니라
(누가복음 9 : 57 - 62)

뒤를 돌아보는 자

　오스트레일리아에 메튜 켈리(Matthew Kelly)라고 하는 유명한 저술가가 있는데 그의 저서 중에 세계를 놀라게 한 재미있는 책이 한 권 있습니다.「행복한 나」라고 하는 것입니다. 행복한 나. 도대체 사람이 가질 수 있는 행복이라는 게 무엇이냐? 이것을 설명해주는 대단히 감동적인 책입니다. 그 책 속에 나오는, 자기가 직접 경험한 이야기입니다.

　한 성공한 은행가가 휴가차 한 어촌을 방문하게 되었답니다. 새벽에 어부들이 장비를 준비해서 배에 싣고 먼 바다로 나가는 걸 보았습니다. 역시 어부들은 참 부지런합니다. 새벽에 나가서 하루종일 조업을 해서 물고기를 잡아 컴컴하게 어두워질 때 되어야 돌아옵니다. 배들이 일시에 나가고 일시에 돌아오는 장면을 구경하면서 많은 것을 느꼈습니다. 그런데 어느 날 다른 배들은 다 나가서 조업을 하고 있는데 배 한 척이 오후 1시경 돌아옵니다. 외롭게 혼자서 항구로 돌아왔습니다.

　그 배에서 내리는 어부를 보고 이 은행가가 한마디 물어보았습니다. "아니, 배가 고장났습니까?" "아니오." "그럼 왜 돌아왔습니까?" "식구들과 충분히 먹을 만큼, 남은 것은 팔아서 필요한 물건을 살 수 있을 만큼 물고기를 넉넉히 잡았기에 그냥 돌아왔습니다. 돌아와서 오후에 산책도 하고, 수영도 하고, 가족들과 즐거운 시간을 보내려고 일찍 돌아왔습니다." 그랬더랍니다. 은행가는 이 말을 이해할 수가 없었어요. 원 이런 멍청한 사람이 있나? 이런 바보같은 어부가 다 있나? 생각하던 나머지 은행가의 입장에서 충고합니다. "여보, 내 말 좀 들어보오. 시간도 많이 남았는데 저녁때까지 고기를 잡으면 보통 잡은 것보다 곱으로 잡을 것 아니오? 그렇게 해서 물고기를 많이 잡으면 그 다음에는 배를 하나 더 사고, 사람들을 고용하고, 또 두 배로 물고기를 잡으면 네 배가 될 게 아니오? 이렇게 해서 배를 늘려가시오. 그 다음에는 물고기 통조림 공장을 세워야지. 통조림 공장을 세워서 좋은 통조림을 세계로 수출을 하게 되면 당신은 대기업의 회장이 될 것이오. 그리고 그 다음에는 뉴욕으로 옮겨서 주식을 상장하면 월스트리트에서 수백억을 움직이는 재벌가가 될 것이오." 어부가 물어보기를 "그러려면 시간 많이 걸리겠는데요?" "한 30년 걸리겠지요." "그래요?……" 그 다음에 어부는 심각한 질문을 했습니다. "그 다음에는 뭘 하죠?" 이 말에 말이 딱 막혔습니다. 이 은행가는 한참 생각하다가 "그저 해안에 조그마한 마을로 내려와서 바다 언덕에서 낚시질이나 하면서 가족들과 여생을 편안하게 지내야 하겠지요"라고 말했어요. 했더니 이 어부가 하는 말이 "나는 이미 그걸 하고 있습니다. 나는 이미 그렇게 살고 있습니다" 하더랍니다. 은행가는 아무 말도 더 할 수가 없었더랍니다. 여러분, 행복이 어디에 있습니까? 이 이야기 속에서 행복을 무엇이라고 말하고 있습니까?

톨스토이는 늘 세 가지 질문을 합니다. 세상에서 가장 중요한 사람이 누구냐? 세상에서 가장 중요한 일은 무엇이냐? 세상에서 가장 중요한 때는 언제냐? 이 세 가지에 대해 톨스토이는 스스로 그의 작품 속에서 대답합니다. '세상에서 가장 중요한 사람은 지금 내가 만나고 있는 사람이다. 세상에서 가장 중요한 일은 지금 내가 하고 있는 일이다. 세상에서 가장 중요한 결정적인 시간은 바로 지금, 바로 지금이다.' 이것이 톨스토이 작품의 주제입니다.

인생의 행복, 그 모두는 세 가지로 분류됩니다. 첫째는 '소유지향적 행복'입니다. 돈을 모으고, 돈을 지키고, 돈을 늘리고, 또 지식을 얻고, 얻어서 소유해 가면서 오는 그런 행복입니다. 둘째, '체험지향적 행복'입니다. 소유와는 다릅니다. 여행을 합니다. 운동도 합니다. 뛰기도 하고 놀기도 하고 등산도 하고 이렇게 온몸으로 체험하면서 행복을 느낍니다. 체험의 영역을 넓혀 나가는 것입니다. 그런가하면 세 번째는 '의미지향적 행복'입니다. 눈에 보이는 건 없습니다. 소유하는 것이 없을 때도 있습니다. 그러나 그 가슴속에 자기만이 아는 의미가 있어요. 의미를 창조해 가면서 행복을 누리는 것입니다.

하버드 대학에서 20년 동안을 강의하고 있었던 유명한 에드워드 엠 할로웰(Edward M. Hallowell)이라고 하는 교수님이 있습니다. 그가 쓴 유명한 저서에 「창조적 단절」이라고 있습니다. 그 제목 자체가 많은 것을 말해 줍니다. 창조적 단절, 창조적 단절이 있고야 창조적 미래가 있다는 것입니다. 창조적 미래가 보이지 않는 것은 단절이 완전하지 못했기 때문이라는 것입니다. 그렇습니다. 하나를 택한다는 것은 나머지를 다 버린다는 것을 의미합니다. 깊은 문제가 아닐 수 없습니다.

여러분, 요새 드라마들 보십니까? 못보시는 분도 있겠지만 내가 어쩌다 한번 보니까, 그「미우나 고우나」라는 게 나오데요? 거기에 아, 장가간 아주 출세한 청년이 하나 있는데 이 멍청한 사람이 말입니다. 그 전에 애인이 하나 있었거든요. 그걸 이제 끊어버리고 부잣

집 딸에게로 결혼을 해서 취직도 하고 출세를 했는데, 이 멍청한 녀석이 자기 집 장롱에다가 옛날 애인이 손수 떠 준 스웨터를 넣어 두었더라고요. 그걸 떡 감춰놨어요. 어느날 이게 발각이 됐어요. 난리가 났어요. 산다, 안 산다…… 그래 내가 그걸 보면서 생각했어요. '나같으면 안 산다.' 저런, 아니 장가간 녀석이 옛날 애인이 만들어준 그것을 왜 아직도 보관을 하고 있어? 안그래요? 단절이 안된 것입니다. 깨끗이 청산을 해야지.

제가 언젠가 한번 제주도를 가는데요. 강연을 맡아서 주일날 오후에 갔습니다. 급하게 비행기를 타고 가는데 주일이니까 아, 비행기표 사기가 어려웠어요. 어렵게 구했는데 좌우간 신혼부부들만 타고 가는 비행기를 탄 것입니다. 나만 혼자였습니다. 도대체가 몸 둘 데를 모르겠고, 눈 둘 데가 없어요, 눈 둘 데가. 전부 다 붙어 있는데 이거 야단났더라고요. 그거 구경을 잘 하고 비행장에서 내려서 거기 있는 젊은 목사님들에게 "내가 오늘 참 좋은 구경 했구만." 자초지종을 이야기 했더니 목사님들이 "아이구 그렇게 생각하지 마십시오. 여기에 신혼여행 왔다가 이혼하고 가는 사람이 많습니다. 비행장에서 얻어맞는 여자들도 있습니다." "아, 이거 무슨 소리야? 신혼여행 왔다가 이혼하다니?" 그랬더니, 이유는 간단합니다. 신혼여행 와서 옛날 애인한테 전화걸다 들켰대요. 심지어는 몰래 나가서 옆방에서 만났대요. 이래가지고 그만 끝에 깨지는 결혼이 많다고 그럽니다. 뭐 어려운 얘기 아닙니다. 이거 거창한 거 같지만 별거 아닙니다. 창조적 단절이 있어야 창조적 미래가 있는데, 미래를 지향하면서 단절이 없었어요. 그러면 망가지는 것입니다.

요새 보면 과잉 정보시대라고 합니다. 뭐 뚜렷한 목적도 없이 그저 정처없이 표류하는 것이 우리 삶의 모습입니다. 정보가 너무 많아요. 정보 처리 능력이 없어요. 이거 헤매다 보니까 목적까지 잊어버렸어요. 그래서 주의력이 결핍되고 있습니다. 집중력이 없어요. 나아가서는 단절의 용기가 없어요. 이걸 위해서 저걸 버려야 되는데 버리지 못하고 헤매고 있는 것입니다. 헤매다가 시간 다 가고, 세월 다 갑니다.

오늘 본문 보면 세 사람이 그리스도를 만나게 됩니다. 일생에 있어서 그리스도를 한번 만난다는 게 얼마나 중요합니까? 예수님과 한번 딱 만난다는 거, 엄청난 결정적 기회지요. Critical Moment입니다. 이렇게 중요한 시간이 됐는데 이제 그리스도를 믿고, 그리스도께 맡기고, 그리스도를 따르기만 하면 영생을 얻게 되겠는데 유감스러운 것은 이 분들이 다 그렇지를 못했어요. 이건 중요한 세 가지 유형의 기독교인을 말해주고 있는 것입니다. 왜 우리가 영생을 얻지 못하며, 왜 행복이 없으며, 왜 용기가 없으며, 왜 담대함이 없는가. 바로 이 때문입니다. 단절을 확실하게 하지 못했기 때문입니다.

첫째 사람은 '열정 형'입니다. '내가 예수님을 따르겠습니다, 어디로 가든지 예수님과 함께 하겠습니다.' 자진해서 예수님께 나옵니다만 예수님께서 말씀하십니다. 이 사람의 내심을 잘 아셨던 것같아요. '공중의 새도 깃들 곳이 있고 여우도 굴이 있지만 인자는 머리 둘 곳이 없다.' 아주 은근하게 말씀하시지만 그 비유 속에 무궁무진한 진리가 있어요. 새도 깃들 곳이 있고, 여우도 굴이 있지만 나는 머리 둘 곳이 없다. '나를 따라오면 어디서 잘는지 어디서 먹을는지 그거 내가 보장 못한다. 각오는 돼 있는가?' 이 사람은 확실한 결단이 없었어요. 예수님과 함께 죽을만한 결단이 없어요. 예수님의 인기, 예수님의 능력, 예수님의 초능력, 예수님 말씀의 지혜, 이런 걸 보면서 제자가 되겠다고 나섰던 것같습니다. 그러나 예수님 말씀이 '너는 안된다. 너는 안된다. 마음만 먹는다고 되는 게 아니다. 여우도 굴이 있건만 인자는 머리 둘 곳이 없다' 하십니다. 내가 예수를 따라서 뭘 얻자는 것입니까? 명예입니까? 권력입니까? 출세입니까? 요새도 보면 예수를 믿는 게 아니라 예수로부터 덕을 보겠다는 사람들입니다. 교회 나와서 교회를 섬기겠다는 게 아니라 교회로부터 득보겠다는 것입니다.

요새 제가 좀 바쁩니다. 왜 바쁜지 알 것같으시죠? 언제 알던 사람이라고 사방에서 전화가 오는데요. 목사님, 제가 잘 알고 존경합니다, 뭐 내가 누굽니다, 소망교회를 얼마동안 다녔고⋯⋯ 제일 나쁜 사람이 누군고 하니 '지금도 다닙니다' 하는 게 아니라 '옛날에 다녔다'는 사람입니다. 그런 사람 난 반갑지 않아요. 그렇잖아요? 얼마동안 다녔고, 다녔고, 뭐 이러면서 만나자고 합니다. 청탁하겠다고⋯⋯ 장로님이 대통령 되고나니까 내가 바빠요. 나는 생각해 봐요. '이 사람들이 예수를 믿었나, 안믿었나?' 난 단 한 건의 청탁을 안합니다. 생각도 마세요. 뭐 물론 섭섭하겠지요. '아, 섭섭합니다.' 그런 말도 해요. 하지만 그런 일은 없습니다. 전 단 한 번도 찾아가 본 일이 없습니다. 그런 줄 아세요.

여러분, 도대체 내가 예수를 믿어서 뭘 얻자는 것입니까? '내가 예수를 위하여'가 아니고, '예수가 나를 위해서' 무언가 해 주길 바라는 아직도 여기에 머물러 있는 사람들이 있어요. 이러한 신앙은 신앙일 수가 없어요. 예수님 말씀이 '나를 따라오려거든 자기 십자가를 져라.' 십자가가 뭡니까? 죽음입니다. '그리고 나를 따르라.'

두 번째는 '회의 형'입니다. 예수님께서 오히려 이 사람에게 적극적으로 따르라고 합니다. 했더니 "예, 따르겠습니다. 따르겠습니다." "따르라." "따르겠습니다." 그렇게까지는 잘했는데, 그 다음 말이 "그러나 먼저 부친을 장사하고 따르겠습니다" 합니다. 먼저 부친을 장사하고…… 이 얼핏 들으면 '그 아버지가 세상을 떠나서 장례식 치르고 가겠다는 건가?' 이렇게 생각이 됩니다만 이게 그런 얘기가 아니랍니다. 윌리엄 바클레이(William Barclay)의 말에 의하면 이렇습니다. 옥스퍼드대학에서 어느날 아프리카에서 인재를 키우기 위하여 똑똑한 사람을 하나 골라가지고 장학금을 보냈대요. Full scholarship을 보내서 와서 공부하라고. 공짜로 와서 공부하라고 옥스퍼드대학에서 이렇게 초청을 했는데 편지가 왔어요. '가겠습니다. 공부하러 가겠습니다.' 그런데 이 성경 그대로입니다. '우리 아버지 장례식 치르고 가겠습니다.' 그랬어요. 그런데 알아보니까 아버지가 지금 마흔 살입니다. 여러분, 효도도 좋고 의무도 좋아요. 하지만 이거 다 하고 신앙생활 할 생각은 마세요. 뭐 아내에 대한 것, 남편에 대한 것, 자식에 대한 것, 다 좋아요. 하지만 이거 다 하고는 안됩니다. 참으로 어려운 것입니다.

제 옛날 얘기입니다만, 제가 처음 유학갈 63년에는 참으로 어려웠습니다. 자녀들을 두고, 아내도 두고…… 사실은 생활비도 시원치 않은데 다 두고 갑니다. 다 두고 갔다는 것, 여러분 생각하기에는 뭐 그럴 수 있지 하겠지만 아닙니다. 그 때 다 두고 간 사람은 대체로 성공했고요. 다 두고 갈 수 없어서 처자식 다 데리고 간 사람들은 그럭저럭이 됐어요. 아, 힘든 일입니다. 말 많이 들었습니다. 이것 때문에 얼마나 큰 희생도 왔었고, 손해도 온 것같아요. 뭔가 망가지는 것도 같아요. '아버지된 책임이나 좀 제대로 하라'는 말도 들었어요. 그러나 어떻게 하겠습니까? 이거 둘 다 할 수는 없거든요. 여러분, 잊지 말아야 합니다. 의무가 다 중요해요. 그러나 무엇이 먼저라는 걸 잊지 마세요. '모든 의무를 다하고, 좋은 남편도 되고, 좋은 아내도 되고, 좋은 부모도 되고, 그 다음에 예수.' 그런 생각 마세요. 순교자가 순교할 때 좋은 아버지 되겠습니까? 좋은 아내가 되겠습니까? 이걸 잊지 말아야 돼요. '회의 형', 여기에 문제가 있습니다.

또하나는 '인정 형'입니다. 이건 상당히 심리학적입니다. "주님, 내가 주님을 따르겠습니다만 급히 가서 가족들에게 인사하고 오겠습니다." 그랬어요. 그러니 인사하고 오겠다는 그 말 정도에는 '그래 그래 갔다오너라.' 그럴 수 있지요? 예수님께서 이 사람이 누군가를 잘 알고 계십니다. 이 사람이 공쳐가거든요. 집에 가면 못올 사람입니다. 그래 '인사도 하지 마라.' 그러셨어요. 아, 너무 박절하십니다. 여러분, 인사한다는 거, 인정에 끌리는 거, 이거 참 어려운 것입니다. 인정을 끊어야 되는데 이것 끊지 못하면 다 망가집니다. 아마도 그랬을 것입니다. 집에 찾아가서 '나 예수님 따라가겠소.' 그러면 아내가 말하기를 '이봐요, 장가를 들었으면 책임을 져야지. 누굴 과부 만들려고 그래요?' 안그래요? '애들 좀 봐요. 이거 어떡하고……' 이러고 몇마디 하면 예수님 따라가지 못할 사람입니다. 이 사람은 인정에 약한 사람입니다. 정에 약한 사람입니다. 오죽하면 예수님께서 이렇게까지 말씀하십니까. '돌아가서 인사할 것 없어. 가지 마.' 왜 그러셨을 것같습니까? 바로 이런 사람이 있거든요. 인정에 끌리면서 아무 일도 못해요. 그러다 망가지는 것입니다.

여러분, 깊이 생각해 봅시다. 예수님께서 나를 따르라 하셨으면 따르는 자의 운명을 책임지십시오. 어디로 가느냐고도 묻지 마세요. 어떻게 되느냐고도 묻지 마세요. 그냥 의탁하고 믿고 따라가야 하는 것입니다. 창조적 단절을 요구하십니다. 그럴 때 창조적 미래가 열리는 것입니다. 단순한 마음으로 집중하고 그 다음에 위탁하고 모든 것을 맡기고 운명을 걸고 주님을 따라야 할 것이란 말입니다.

전설에 나오는바 이스라엘 사람들의 얘기 중에 이런 것이 있어요. 마귀 가운데는 '이별 전담꾼' 마귀가 있대요. 꼭 사람을 이별하게 만들어요. 이혼하게 만들고, 못살게 만들고, 나쁘게 만들고, 그런 이별 전담꾼 마귀 떼가 있대요. 그 이별 전담꾼 마귀가 하는 말은 딱 세 마디래요. 첫째 말은 뭐냐 하면 "왜 그래?" 여러분, 그 '왜?'라는 말 참 좋은 말이지만 자꾸 물어보면 마지막에 다 의심에 빠지고 말아요. 왜 그래? 왜 울어? 왜 늦게 왔어? 자꾸 왜, 왜 하면 헤어지게 돼요. 그냥 두고 보세요. 왜 못하냐? 왜 우냐? 우는 사람에게 왜 우냐가 어디 있어요? 눈물이 나니까 우는 거지. 그 왜라는 말 자꾸 하는 동안에 관계성이 망가집니다.

그 다음 두 번째가 뭐냐 하면 "혹시……"입니다. 혹시 이럴지도 몰라, 혹시 누굴 만나고 있을는지도 몰라, 혹시 옛날 애인인지도 몰라. 뭐 이래가면서 혹시 혹시 하다가 헤어지게 돼요. 마지막 세 번째는 "다시 생각해 봐!" 입니다. 어쩌란 얘깁니까? 다시 생각한다고 옛날로 돌아갑니까? 다시 생각하는 것처럼 맹랑한 게 없어요. 과거와 단절해야 됩니다. 다시 생각할 것 없어요. 이미 여기까지 왔어요. 이제 그대로 가는 것입니다. 내가 책임지고, 내가 길을 가는 거지. 이제 다시 어떻게 되돌려놓을 수 있는 것입니까? 괜히 생각만 되돌려서 왔다갔다 해봐야 아무 소용 없습니다. 이게 마귀의 수단이랍니다. '왜 그래?' '혹시……' '다시 생각해봐!' 이 세 마디로 가정도 파괴하고, 인격도 파괴하고, 사람을 통째 망가뜨린다는 것입니다. 이게 마귀의 수단이라고 말하고 있습니다.

여러분, 예수님께서는 이렇게 결론을 지으십니다. "손에 쟁기를 들고," 손에 쟁기를 들고 밭을 갑니다. "뒤를 돌아다보지 마라." 앞을 보고 가는 사람이 뒤를 보지 마라ー 그렇습니다. 저는 어렸을 때 아버지의 권고로 소를 모는 것 한번 해 봤습니다. 밭가는 소의 보습쟁기를 한번 들어 보았습니다. 소 두 마리가 끌고 있습니다. 천천히 갑니다. 소걸음이라는 게 뭐 천천히 갑니다. 이 보습쟁기를 땅에다 딱 대고 이제 소를 따라가는데요. 아, 이게 자꾸만 곧장 가지 않고 꾸불꾸불합니다. 그래서 제대로 됐나 하고 뒤를 돌아다봤더니 아주 완전히 공중으로 올라가더라고요. 그 때 아버지께서 성경 그대로, "보습쟁기를 손에 들고 있을 때는 앞만 보는 거다. 뒤를 보지 마라" 하십니다. 이미 잘못됐더라도 돌아보지 마. 잘됐더라도 돌아보지 마. 오직 앞만 보는 것입니다. 과거와 단절하고 그리스도만 보고 그에게 운명을 맡기고 그의 말씀에 따라갈 것입니다. 창조적 단절이 있어야 창조적 미래가 열리는 것입니다. △

예수 승리의 신비

　내가 아직 너희와 함께 있어서 이 말을 너희에게 하였거니와 보혜사 곧 아버지께서 내 이름으로 보내실 성령 그가 너희에게 모든 것을 가르치시고 내가 너희에게 말한 모든 것을 생각나게 하시리라 평안을 너희에게 끼치노니 곧 나의 평안을 너희에게 주노라 내가 너희에게 주는 것은 세상이 주는 것 같지 아니하니라 너희는 마음에 근심도 말고 두려워하지도 말라 내가 갔다가 너희에게로 온다 하는 말을 너희가 들었나니 나를 사랑하였더면 나의 아버지께로 감을 기뻐하였으리라 아버지는 나보다 크심이니라 이제 일이 이루기 전에 너희에게 말한 것은 일이 이룰 때에 너희로 믿게 하려 함이라 이후에는 내가 너희와 말을 많이 하지 아니하리니 이 세상 임금이 오겠음이라 그러나 저는 내게 관계할 것이 없으니 오직 내가 아버지를 사랑하는 것과 아버지의 명하신 대로 행하는 것을 세상으로 알게 하려 함이로라 일어나라 여기를 떠나자 하시니라

　　　　　(요한복음 14 : 25 - 31)

예수 승리의 신비

　성도 여러분, 운동을 얼마나 하십니까? 우리는 운동을 하기도 하지만 운동을 구경하기도 합니다. 내가 직접 하지 못해도 운동하는 것을 보면서 그 운동선수의 마음가짐에 같이 동참하면서 즐길 때가 있습니다. 우리는 운동 경기를 보면서 행복해하고, 즐기고, 또 감격하는 경험을 가지고 있습니다. 선수들은 땀을 흘리며 정말 목숨을 걸고 수고하고 있지만 우리는 편하게 관전하면서 운동을 즐기는 것입니다. 그런데 결국 운동 관람이란 승리를 즐기는 것입니다. 패배는 괴롭습니다. 만약에 권투같은 경기에서 매맞는 사람의 입장이라면 얼마나 괴롭습니까. 그럴 거면 안보거나 못볼 것입니다. 그러나 우리는 그쪽은 보지 않습니다. 이기는 편만 봅니다. 이기는 쪽만 생각하면서 승리를 즐기고 싶어하는 것이 운동 경기를 관람하는 마음이라고 생각합니다.
　그런데 어떤 승리였으면 하십니까. 승리가 우리에게 큰 기쁨을 주는 것은 분명한데 어떤 승리인가 하는 것입니다. 콜드 게임, 그건 재미없습니다. 진짜 재미있는 운동 구경은 역전승입니다. 요새 야구 경기가 한창입니다만 잘 아시는대로 야구같은 경기는 9회 말까지 계속 지다가, 이젠 졌다 싶은데 9회 말 끝에 가서 큰 홈런을 하나 꽝하고 날려서 역전승을 하면, 아마 그 감격은 며칠 갈 것입니다. 정신없습니다. 역전승, 아 그거 참 좋은 것입니다. 그렇지 않습니까? 참으로 귀하고, 장하고, 통쾌해서 운동경기 보는 맛이 바로 그 짜릿한 역전승에 있습니다.

그런데 선수가 처음부터 승리를 확신하고 그것을 믿고 자신하는 중에 임의로 역전승을 스스로 만들 수 있다면 이 또한 얼마나 통쾌한 일이겠습니까? 미안하지만 일부러 져주는 것입니다. 지는 척하는 것입니다. 그러다가 저 끝에 가서 확 돌려서 역전승을 만든다면, 만약 그런 선수가 있다면, 그런 역전을 본다면, 이 얼마나 통쾌하고 정말 볼만한 게임입니까? 선수 자신은 역전승을 알고 있어요. 역전 승리할 것을 알고, 역전승의 분위기로 상황을 만들어가는 것입니다. 자신만만하게 말입니다. 만약 그런 선수가 있다면 그 경기야말로 구경거리입니다. 얼마나 보는 모든 사람의 마음을 기쁘게 할 것입니까?

여러분, 오늘은 종려주일입니다. 예수님께서 나귀를 타고 성전으로 올라가십니다. 그리고 많은 사람들이 앞에서 뒤에서 따라오면서 '호산나' 만세를 부르고, 승리의 상징인 종려나무가지를 흔들었습니다. 그래서 Palm Sunday, 종려주일이라고 부릅니다. 여러분, 이 종려주일의 의미는 참으로 심오한 것이고 신비로운 것입니다. 그 의미야말로 놀라운 것입니다. 보십시오. 십자가 사건이 앞에 있습니다. 확실히 십자가가 눈앞에 있는 걸 예수님께서 알고 계십니다. 그러나 십자가 사건 이전에 승리의 축제가 먼저 있었습니다. 이 얼마나 놀라운 얘기입니까? 승리의 놀라운 역사를 상징적으로 미리 퍼레이드로 보여준 것입니다. 이게 바로 종려주일의 의미입니다. 승리가 확실하기 때문에 이같은 행사를 벌이셨습니다.

어떤 신학자들은 이렇게 한번 추리해 봅니다. 예수님께서 십자가 지신 그 사건을 면밀히 연구해 보면, 당시에 되어졌던 상황을 연구해 볼 때 예수님께서 적어도 이 두 가지 일만 하지 않았더라면 십자가에 돌아가시지 않았을 것이라는 겁니다. 적어도 이 유월절에 돌아가시지는 않았을 것이다, 얼마든지 피해갈 수 있었다, 그렇게 해석을 합니다. 저도 그렇게 생각해 봅니다. 첫째, 나귀타고 입성하는 일, 이건 왜 한 것입니까? 그것 안해도 되는데 뭣하러 해가지고 이렇게 운명을 재촉하는 것입니까? 그것이 십자가의 고난을 재촉한 것입니다. 뭐 미안하지만 '나 죽여라' 하는 것이나 마찬가지입니다. 어쩌자고 도대체 왕이 입성하는 것같은 이런 행사, 이런 퍼레이드를 벌인단 말입니까? 그러지 않아도 많은 사건들이 있었고 예수님 죽이려고 하는 삼엄한 분위기에서 말입니다. 아, 그거 당연한 일인데, 아니, 이렇게 수많은 사람들이 앞뒤에서 따라오고 '호산나' '호산나' 만세를 부르고 이렇게 큰 행사를 벌였으니 자, 이러고도 살아남길 바랄 수 있어요?

두 번째는 이후에 바로 예루살렘 성전으로 올라가서 그 성전 안에 있는 깨끗하지 못한 모든것을 다 내몰았어요. 아주 분노해서 다 내몰고 '만민의 기도하는 집을 어찌하여 강도의 굴로 만드느냐' 하시고 비둘기 파는 사람들의 상자를 둘러엎고 소와 양을 다 몰아냈습니다. 성전 뜨락을 깨끗하게 만드셨어요. 이건 제사장들이 알면서도 어떤 이권 때문에 이럭저럭 눈감아 오던 것입니다. 이래서는 안된다는 건 다 알고 있어요. 예수님께서 통쾌하게 다 물리치시고 성전을 깨끗이하십니다. 그래서 대제사장과 정면충돌을 하는 것입니다. 정면도전을 한 것입니다. 이 일만 없었더라도 예수님 십자가에 돌아가시지 않을 수도 있었는데 어째서 이런 일을 하셨나? 왜 이렇게 스스로 운명을 재촉하셨나? 왜 십자가의 길을 스스로 만들어 가셨던가? 여러분, 생각해 보세요. 왜요? 역전승을 알고 계시기 때문입니다.

이걸 잊지 말아야 합니다.

　심리학자 폴 투르니에(Paul Tournier)와 몇몇 학자가 공저한 「Are You Nobody?(당신은 하찮은 존재인가?)」라는 책이 있습니다. 그 책 속에서 성숙한 인간 형의 발전을 이렇게 세 단계로 말합니다. 한번 생각해볼 만합니다. 아이들을 키워보면 아이들이 조금씩조금씩 자라면서 처음에는 그저 먹기만 하고 잠만 자지만 점점 자라면서 자아의식을 가지게 됩니다. 자기 존재의식을 가지게 됩니다. 그런데 그 독립의식을 갖는 발단이 어디에 있는고 하니 '비밀'에 있습니다. 나만의 비밀을 가지기 시작합니다. 그래서 무엇인가를 주면 그것을 감춥니다. 이거 감춰봤댔자 그게 어디 가겠어요? 그러나 아이들은 딱 감추고 '이건 나만 아는 거야. 이건 나만 알고 있는 내거다' 합니다. 나만이 가지고, 나만이 가진 비밀을 다른 사람에게 말하지 않으려고 잠시나마 감추려고 합니다. 바로 그때부터 자아의식이 생깁니다. 독립의식을 가지게 됩니다. 부모님도 다 모릅니다. 아니, 알면 재미없습니다. 나만이 알아야 재미가 있습니다. 그런 행복이 있습니다. 이것이 자아의식의 시작입니다.

　두 번째는 비밀을 공유합니다. 그래서 친구들과 또 혹은 사랑하는 사람과 '너와 나만 알자, 온 세상사람 다 몰라도 좋아. 너와 나만 알자' 하고 두 사람만이 어떤 비밀을 공유하게 될 때 그것으로 연계되고 연합되고 하나가 되는 것입니다. 이것도 짜릿한 것입니다. 뭐 흔히 말하지요. 밀월여행이라고. 그 밀월여행이라는 거 둘이만 가야 되는데 요새는 온 친구들이 다 같이 가고, 부모님도 따라간다니, 이게 무슨 영문인지 알 수가 없어요. 그건 둘이만 있어야 짜릿한 거지. 둘만의 비밀이 공유돼야 되는데 그래야 그 행복이 행복 되는데 요새는 이게 다 망가졌어요. 왜냐하면 벌써 같이 살았거든요. 뭐 비밀이랄 게 아무것도 없으니까. 그리고 아예 떼거리로 신혼여행을 간다고 합니다. 이게 좀 잘못된 것입니다. 그야말로 어디로 가는지도 모르고 어디서 만나는지도 모르게 아주 둘만의 비밀의 공유, 이게 진정한 행복인 것입니다.

그 다음으로, 세 번째는 좀더 절대적입니다. 하나님과 나만이 아는 비밀이 있습니다. 이건 아무도 몰라요. 알 수도 없어요. 내 슬픔도 하나님만 알고, 내 기쁨도 하나님만 알아요. 이게 정말로 감격적인 것입니다. 하나님과 나만 아는 것입니다. 온세상사람 다 몰라요. 아니, 알 수도 없어요. 하나님과 나만이 아는 신비로운 비밀, 이 비밀한 기쁨, 이것이 바로 그리스도인의 신앙고백이란 말입니다.

본문을 다시 한 번 읽어보면 예수님께서 입성하신 여기에는 내면적 사건이 있습니다. 군중과 제자들은 전혀 그것을 모릅니다. 아무 뜻도 모르는 채, 그냥 따라오면서 예수님께서 나귀를 타시니까 '이제 왕으로 군림하는구나. 이제 대관식이 이루어지는구나' 생각하고 그저 따라오면서 아무 뜻도 모르고 '호산나' 만세를 부릅니다. 예수님께서 유대나라 왕이 되실 줄을 알고 이번 기회에 왕이 되신다고 생각해서 저들은 이렇게 호산나 만세를 부르면서 따라오게 됩니다.

누가 나에게 오래전에 전화를 한번 했습니다. 성경에 보니까 '호산나, 호산나' 하는데 그 '호산나'의 뜻이 뭐냐고 묻는 전화입니다. 호산나는 함성입니다. 그저 우리말로 말하면 '만세'와 같은 것입니다. 그러나 뜻으로 말하면 우리 만세는 '만년 동안 사세요' 하는 그런 의미가 되겠습니다만 이 호산나는 '우리를 구원하소서. 지금 우리를 구원하소서'라는 얘기입니다. 당신은 우리의 구주십니다, 당신은 왕이십니다. 지금 우리가 주님께 충성을 맹세합니다. 왕으로 군림하소서, 그리고 우리를 구원하소서 - 그런 뜻으로 호산나를 부릅니다. 아마 아주 뜻깊은 함성이라고 생각합니다. 이렇게 호산나, 호산나 하면서 예수님의 뒤를 따라가게 됩니다.

그러나 여러분 다시 한 번 생각해 보세요. 예수님 자신의 마음은 저들과 다릅니다. 저들은 예수님께서 유대나라 왕이 되실 줄 알고 이렇게 시끄럽게 행사를 벌이고 만세를 부르지만 예수님은 다릅니다. 전혀 다른 마음입니다. 전혀 다른 의미입니다. 승리, 곧 큰 승리, 우주적인 승리, 큰 권세를 시위합니다만 저들의 수준에서가 아니고 만왕의 왕, 만주의 주가 되시는 그런 행사의 의미로 나귀를 타고 입성을 하게 됩니다. 예수님의 마음은 그런 뜻입니다. 그러나 이 큰 영광과 이 권세를 위해서 고난이 먼저입니다. 십자가를 통해서 부활의 아침을 향하여 가고 계십니다. 부활의 아침의 영광을 바라보시는 예수님께는 예수님과 하나님만이 아는 비밀이 있었습니다. 그 비밀한 기쁨이 거기에 있습니다. 비밀한 능력이 있고, 비밀한 행복이 있었습니다. 사람들이 오해합니다. 많은 오해가 있었지만 상관하지 않으십니다. 이 얼마나 중요한 행사입니까? 사람들이 이렇게 생각하든 저렇게 생각하든 예수님께서는 의연하게 당신이 가야 할 길을 가고 있을 뿐입니다. 아마도 말씀하신다면 이런 말씀으로 요약할 수 있을 것입니다. '지금은 모르지만 이후에는 알리라. 지금은 너희들이 정신없지만 언젠가는 내가 지금 무엇을 하고 있는지 알 것이다' 하는 그런 비밀한 의미가 거기에 있어요.

본문을 좀더 자세히 보면 그리스도의 마음속에는 벌써 승리가 있었습니다. 약속된 승리, 확실한 승리가 있었습니다. 그러기에 여유만만하십니다. 보세요. 30절 말씀은 아주 귀중한 의미를 가진 말씀입니다. "이후에는 내가 너희에게 말을 많이 하지 아니하리니 이 세상 임금이 오겠음이라." 이 세상 임금이…… 이게 뭡니까? 헤롯 왕이요, 빌라도요, 가야바요. 이 세상 권세가 내게 다가오고 있다, 그러나 저들은 내게 상관이 없다— 저는 이 말씀을 깊이 생각해 봅니다. 저들은 내게 상관이 없다— 이것은 엄청난 말씀입니다. 지금 빌라도가 예수님을 죽이려고 하고, 가야바가 지금 다 계획을 짜고 있고, 지금 그 계획 속에 말려들어가고 있으면서도 예수님께서는 다 알고 계시면서 '저들이 내게 가까이 오고 있다. 그러나 이것은 나와 상관이 없다' 하십니다. 얼마나 멋진 말씀입니까?

'누가 무슨 말을 하든지 저들은 나와 상관이 없다. 내 안에 비밀이 있고, 주님과 나만이 아는 비밀이 있고, 약속된 승리의 비밀이 있기 때문에 저들은 나와 상관이 없다.' 깊은 말씀입니다. 28절을 보면, "갔다가 다시 오마." 이 또한 얼마나 놀라운 말씀입니까? 이 당시의 제자들이 이 말씀을 이해할 수 있었겠습니까. 내가 제자 중의 한 사람이라고 하면 예수님 말씀하시는 것 이해할 수 있었겠어요? 도대체 무슨 말씀을 하고 계시는 것입니까?

그뿐이 아닙니다. 같은 말씀입니다만 16장 16절에 보면 "조금 있으면 너희가 나를 못보겠고 조금 있으면 나를 보리라. 조금 있으면 떠나겠고 조금 있으면 다시 오리라." 조금 있으면, 조금 있으면, 조금 있으면! 환하게 달관하고 계십니다. 그리고 "갔다 다시 오마." 기가막힌 말씀입니다. 얼마나 여유있는 말씀입니까? 예수님 마음에는 샬롬이 있었습니다. 평안함이 있었습니다. 그런고로 '내 평안을 너희에게 주노라. 평안하라. 샬롬!' 예수님의 마음속에 이런 신비로운 행복이 있어요. 평안함이 있어요. '너희들도 평안하라.' 그리고 16장 25절에서 말씀하십니다. "내가 세상을 이겼노라. 아무것도 두려워하지 마라." 이건 부활의 아침에 하신 말씀이 아닙니다. 십자가 전에 하신 말씀입니다. 십자가를 앞에 놓고 하신 말씀입니다. '내가 세상을 이겼노라. 그런고로 두려워하지 마라.' 그리고 좀더 나아가서 구체적으로 성경을 잘 살펴보면 뒷일, 후속사를 확신하셨습니다.

제자들은 참 한심해해요. 이거 다 놓고 세상 떠나신다는 게 한심한 것입니다. 하지만 예수님께서는 제자들도 믿으셨습니다. '너희가 머지않아 나를 떠날 것이다.' 뭐 세 번 모른다고 하는 사람도 있고, 뭐 이리저리 다 흩어지겠지만 그러나 예수님 분명히 말씀하십니다. '성령이 와서 너희 마음을 감동케 될 때 내가 한 말을 기억나게 하리라. 내가 한 말을 감당하게 하리라.' 내다보십니다. '잠깐 너희들이 나를 떠나겠지만 돌아올 것이다. 잠깐 나를 배반할 것이나 다시 돌아와서 충성을 맹세하고 충만한 가운데 역사하고 마침내 순교할 것이다.' 베드로의 순교까지 다 내다보고 계십니다. 그리고 위로하고 계십니다. "보혜사 성령이 와서 너희들을 지켜줄 테니 안심하라." 후속결과를 다 환하게 내다보고 계십니다. 그런고로 기뻐하고 계십니다. "너희가 나를 사랑했다면 내 뜻을 알 것이고 정말로 사랑했다면 내가 아버지께로 감을 기뻐했으리라." 구체적으로 해석하면 '내가 십자가 지는 것을 기뻐했으리라.' 어떻습니까? '십자가 지는 것을 기뻐했으리라.' 이게 예수 믿는다는 것입니다. 왜? 역전승을 믿고 있으니까. 이 잡다한 사건이 다 지나간 다음에 확 돌아가서 마지막 골고다 언덕에서 승리하시고 부활의 아침의 영광을 바라보십니다. 그런고로 역전승을 믿는 예수님께서 역전승을 믿으라고 제자들에게 말씀하시면서 '내 평안을 너희에게 주노라. 아무것도 두려워하지 말라. 기뻐하라' 말씀하십니다.

    조지 트루엣의 이런 유명한 말이 있습니다. '최고의 지식이 있다면 그것은 하나님의 뜻을 아는 것이고 최고의 성취가 있다면 그것은 하나님의 뜻을 행하는 것이다.' 그리스도께서는 십자가를 바라보고 계십니다. 그러나 십자가 뒤에 있는 부활을 확실하게 믿고 계셨습니다. 그에게 큰 고난이 있음을 알고 계십니다. 그러나 이 고난이 역전될 것을 알고 계십니다. 역전승에 자신이 있으셨습니다. 엄청난 희생과 모순이 있었습니다. 그러나 예수님께서는 생각하십니다. 이것은 하나님의 사역 시나리오에 꼭 있어야 할 과정이라고 믿고 계십니다. 제자들이 흩어질 것을 믿고 제자들이 배신할 것도 알고 계셨습니다. 그러나 그들이 다시 돌아올 것을 믿고 계셨습니다. 그들이 성령 충만해서 교회를 세우고 그리스도를 위하여 순교하게 될 것을 바라보고 계셨습니다. 역전승, 역전승의 아침을 바라보며 예수님, 묵묵히 나귀를 타고 입성하고 계십니다. 믿음이라는 게 뭡니까? 역전승을 믿는 것입니다. 합동하여 선을 이룰 것을 믿는 것입니다. 최후 승리를 믿는 것입니다. 최후 승리의 영광을 보며 그 영광의 빛 안에서 오늘을 살아가는 것입니다. 예수님의 이 비밀한 기쁨, 비밀한 행사 속에서 주님의 마음에 동참할 수 있어야 할 것입니다. △

예수 부활의 증인

저희가 이 말을 듣고 마음에 찔려 저를 향하여 이를 갈거늘 스데반이 성령이 충만하여 하늘을 우러러 주목하여 하나님의 영광과 및 예수께서 하나님 우편에 서신 것을 보고 말하되 보라 하늘이 열리고 인자가 하나님 우편에 서신 것을 보노라 한대 저희가 큰 소리를 지르며 귀를 막고 일심으로 그에게 달려들어 성 밖에 내치고 돌로 칠새 증인들이 옷을 벗어 사울이라 하는 청년의 발 앞에 두니라 저희가 돌로 스데반을 치니 스데반이 부르짖어 가로되 주 예수여 내 영혼을 받으시옵소서 하고 무릎을 꿇고 크게 불러 가로되 주여 이 죄를 저들에게 돌리지 마옵소서 이 말을 하고 자니라

(사도행전 7 : 54 - 60)

예수 부활의 증인

　성도 여러분, 「퀴 바디스-Quo Vadis」라고 하는 영화를 보신 일이 있습니까? 못보셨다면 불행한 일입니다. 기독교인이라면 꼭 봐야 될 그런 영화라고 생각합니다. 로마 성에 기독교에 대한 큰 박해가 있었습니다. 어떤 의미에서 이 박해는 로마 성에 국한된 박해였습니다. 수많은 그리스도인들이 끌려가서 원형극장에서 무참하게 죽임을 당하고 순교하는 때였습니다. 바로 그때에 그곳에 있었던 베드로가 교인들의 권유로 로마 성에서 도망하게 됩니다. 로마성을 빠져나왔을 바로 그때 베드로는 예수님을 만납니다. 부활하신 예수님께서 다시 그에게 나타나십니다. 예수께서 로마를 버리고 도망하는 베드로를 만나시지만 이상하게 예수님께서는 별말씀을 하시지 않고, 그대로 로마 쪽을 향해서 가고 계십니다. 베드로가 그 때에 예수님을 붙들고 한 말입니다. "퀴 바디스 도미네." 퀴 바디스라고 하는 말은 라틴말로 '어디로 가십니까?' 도미네는 '주님'입니다. "주여, 어디로 가십니까?-퀴 바디스 도미네." 예수님께서 조용하고도 엄위한 음성으로 대답하십니다. "네가 버리고 나온 로마로 가서 다시 십자가에 못박히려 하노라." 이 말을 듣고 베드로는 "아닙니다. 절대 그러실 수 없습니다. 제가 가겠습니다." 그리고 자진해서 발길을 돌이켜서 다시 로마로 갑니다.
　베드로와 예수님이 만났던 그 장소를 로마에 가면 볼 수 있습니다. 거기에 베드로가 예수님과 만났다는 표적이 있습니다. 그는 로마로 들어가서 십자가를 지게 됩니다. 베드로는 겸손하게 말합니다.

"주님께서 십자가를 지셨는데 내가 똑같이 십자가를 진다는 것은 황송한 일이고 있을 수 없다." 그래서 그는 거꾸로 십자가에 못박혀서 순교했다고 전해지고 있습니다.

여러분, 생각해 보십시다. 부활하신 그리스도를 만나는 순간 베드로가 변했습니다. 부활하신 예수를 만나는 순간 이 비겁한 베드로가 변합니다. 죽음을 두려워하던 베드로가 달라집니다. 이 상황을 아주 불편스럽게 생각하던 베드로가 순교를 영광으로 받아들이게 됩니다. 자랑스럽게 생각하며 로마에 다시 들어가서 순교하게 됩니다. 여러분, 생명은 사건입니다. 사건은 증명을 기다리지 않습니다. 여러분, 생각해 보세요. 사건이라고 하는 이 사실은 진리일 뿐입니다. 여기에 알거나 모르거나 상관없습니다. 우리의 이해를 기다리지도 않고 우리의 증명을 기다리지도 않습니다. 사실이 사실로 있을 뿐입니다. 우리 머릿속에서 이해가 된다고 있는 것이거나, 이해가 되지 않았다고 없는 것은 아닙니다. 내가 보았다고 있는 것도, 내가 못보았다고 없는 것도 아닙니다. 내가 못보았을 뿐이지요. 내가 모르고 있을 뿐이지요. 이 사실을 잊지 말아야 합니다. 다만 믿음을 요구하십니다. 믿는 순간 내가 변화되기 때문입니다. 이 변화된 사람으로 이 부활신앙으로 살아가는 것이 그리스도인입니다. 어떤 사건을 만나든지 말입니다. 어떤 환경에서든지 바로 그 믿음만 가지면 바로 부활신앙의 사람으로 살아가게 됩니다. 이것이 그리스도인의 정체성입니다.

여러분, 프랑스의 유명한 화가 도레(Dore, Paul Gustave)라고 하는 분이 있습니다. 이 사람이 어느날 남부 유럽을 여행하다가 패스포트를 잃어버렸습니다. 다음 여행지로 들어가야 하는데 패스포트가 없으니 거절을 당합니다. 증명서가 없는 사람을 들여보낼 수가 없다 하니 "아, 제가 도레입니다." "쓸데없는 소리 하지 마시오." 순경들이 물리칩니다. 그러나 사정을 합니다. 자기가 분명히 도레라고 자꾸만 이야기하니까 한 순경이 종이 한 장을 주면서 어디 한번 그림 하나 그려보라고 말합니다. 시험을 합니다. 아, 그거 어떡하겠습니까? 패스포트 없이 다른 나라로 들어가긴 해야겠기에 할수없이 그 자리에 앉아서 앞에 있는 나무 하나를 쓱쓱쓱 그렸습니다. 다 그린 그림을 보던 순경이 "도레 선생이 맞구만! 맞어. 들어가세요." 그래서 다음 나라로 갈 수가 있었다 하는 재미있는 일화가 있습니다.

여러분, 화가는 어디서나 그림을 그립니다. 시인은 어딜 가나 시를 씁니다. 제가 아는 화가 목사님이 한 분 계셨는데 그 분하고 어딜 여행을 해 보면 아주 재미가 없어요. 여행을 하다가도 그 분은 없어집니다. 어디 가서 또 그림 그리고 있는 것입니다. 아침에도 저녁에도 그저 어디 가서 앉으면 그림을 그립니다. 그렇지 않습니까? 이 사람 그림에 미친 사람입니다. 아니, 미친 것을 즐기고 있는 사람이지요. 예수믿는 사람은 어디 가나 부활신앙입니다. 예수 부활, 그리고 부활과 나 사이에서 항상 생명적 변화를 일으키며 살아갑니다.

부활은 사건입니다. 한 나사렛 청년으로 33세에 죽은 기적의 사람에 의해서 기독교가 된 것이 아닙니다. 예수님은 33세에 죽으셨어요. 공적으로 일하신 것은 3년뿐입니다. 3년의 사역으로 기독교가 세워진 것은 아닙니다. 분명히 부활 사건 때문입니다. 부활을 믿는 사람들의 마음이 부활 신앙으로 변화되었기 때문입니다. 부활을 믿는 순간, 새 사람이 되고, 위대한 사람이 되고, 창조의 사람이 되는 그 생명적 변화로 인해서 오늘의 기독교가 있습니다. 이걸 잊지 말아야 합니다. 부활 신앙은 위대한 능력을 나타냅니다. 부활 사건은 언제나 사건으로 존재합니다. 확실한 것은 먼저 예수님께서 당신의 사람을 만나 주실 때에 그 만남의 관계에서 기적이 일어납니다.

LA에 가면 새로 만들어진 박물관이 하나 있습니다. 제가 여러 박물관을 다녀봤지만, 그곳에서 처음 보는 그림을 한번 본 일이 있습니다. 부활하신 예수님과 도마가 만나는 장면입니다. 누군가 500년 전에 그렇게 그림을 잘 그려 놓았습니다. 화가의 상상력이 참으로 대단해요. 부활하신 예수님께서 그 창으로 찔린 자리, 핏자국이 있는 그 옆구리를 이렇게 보입니다. 도마가 그 앞에 무릎을 꿇고 있습니다. '자, 믿는 자가 되라. 손을 넣어서 만져보고 믿는 자가 되라. 의심하는 자가 되지 말고 확실히 믿는 자가 되라.' 그럴 때 도마가 그 앞에서 손가락을 요렇게 하고 그 구멍에다가 손가락을 넣을까 말까 벌벌 떨고 있는 장면을 그림으로 그렸는데 아, 너무너무 좋아서 내가 사진을 하나 잘 찍어왔던 일이 있습니다.

의심하는 도마를 예수님께서 찾아가셔서 '의심하는 자가 되지 말고 믿음 없는 자가 되지 말고 믿는 자가 되라' 하고 만나 주실 때 도마가 예수 부활을 믿게 됩니다. 의심 많던 도마가 예수를 믿었기에 도마는 인도까지 가서 순교했다고 그렇게 전해지고 있습니다. 인도에 도마의 무덤이 있습니다. 여러분, 생각해 보세요. 또한 엠마오로 가는 제자들이 있었습니다. 예수께서 메시야인 줄 알았는데 십자가에 비참하게 죽으시는 것을 보고 실망을 했습니다. 이럴 수가 있느냐고 슬픈 낯으로 슬픈 얘기를 하면서 엠마오로 가고 있는데 예수님께서 찾아가시어 성경을 풀어 주시면서 '그리스도가 고난을 당해야 하지 않느냐? 당해야 한다고 성경이 미리 예언한 바가 있지 않느냐?

왜 의심을 하느냐? Oh, slow believer!'라고 하십니다. 영어로 그렇게 되고 있습니다. '더디 믿는 자여!' 아, 믿음이 이렇게 부족해서, 'Oh, slow believer. 더디 믿는 자여!'라고 말씀하십니다. 찾아가서 만나주실 때, 엠마오로 갔던 제자가 다시 예루살렘으로 돌아옵니다. 거기에 변화가 이루어집니다.

여러분, 너무나 잘 아시는대로 베드로가 갈릴리까지 가서 다시 물고기를 잡으려고 합니다. 다시 어부로 돌아갔습니다. 3년을 예수님을 따라다니다가 실망하고 그는 다시 갈릴리로 돌아가서 밤새 물고기를 잡으려고 했습니다. 예수님 찾아가서 만나 주십니다. '네가 나를 사랑하느냐?' 만나주실 때 부활하신 예수님을 만나는 순간 베드로가 다시 예루살렘으로 돌아와서 베드로가 됩니다. 여러분, 이것이 부활 사건이요 부활 사건에서 이루어지는 부활 신앙입니다. 여러분, 잊지 말아야 합니다.

첫째는 예수님이 만나주셔야 하는 것이고, 둘째는 성경을 통해서 풀어주십니다. '성경에 그리스도가 고난당하리라고 예언하지 않았느냐? 그 예언이 오늘 성취된 게 아니냐'고 말씀하십니다. 다시 말하면 성경을 공부하고 성경을 묵상하고 성경 속에서 예수님의 십자가 사건, 부활 사건에 대한 확실한 증거를 얻어야 합니다. 세 번째, 성령이 마음을 열어주어야 됩니다. 성령이 그 마음을 뜨겁게 할 때 눈이 열리고 마음이 열리고 가슴이 열리고 예수님을 알아볼 수 있게 됩니다. 부활하신 예수님은 성령 안에서만 만나고 이해하고 믿고 부활 신앙의 사람이 될 수 있습니다.

오늘 성경 말씀은 스데반의 순교하는 장면입니다. 스데반이 순교합니다. 그는 공회에서 일장 연설을 합니다. 그리스도께 대한 설교를 하고 난 다음에 그는 핍박을 받아서 돌에 맞아 죽습니다. 이 장엄한 순교의 시간에 고백된 구절입니다. 저는 이 구절을 너무나 사랑합니다. '천사의 얼굴 같더라.' 돌에 맞아 핍박을 당하며 억울한 고생 끝에 죽는 이 마지막 장면의 스데반의 모습이 천사의 얼굴 같더라 합니다. 저는 천사는 못봤습니다만 그것이 무엇인가를 알 것 같습니다. 천사의 얼굴, 이것이 부활하신 예수를 믿는 사람의 마음입니다. 부활하신 예수를 만나는 사람의 마음입니다. 오늘 성경에 보니까 스데반은 이 핍박을 당하는 순간에 하늘을 우러러봅니다.

여러분, 땅을 보지 마세요. 비록 땅에 발을 붙이고 살지만 우리 생각은 항상 하늘을 우러러봐야 됩니다. 하늘을 우러러볼 때에 그리스도께서 만나주십니다. 하늘이 열리는 경험을 하게 되고, 인자가 하나님 우편에 서신 것을 봅니다. 신학적으로 말하면 스데반이 '인자'라고 고백하는데, 인자 사상, 인자 신학 사상은 대단히 중요한 의미가 있답니다. 예수님께서는 전도하실 때에 계속적으로 말씀합니다. 인자가, 인자가…… 이렇게 늘 말씀을 하시건만 제자들은 단 한 번도 예수님을 향해서 '인자여!'라고 말한 일이 없어요. '랍비여'라고 말했어요. '메시야'라고 거기까지만 말했지 '인자'라고 말하지 못합니다. 인자라는 것은 종말론적 계시자입니다. 가장 높은 이름입니다. 가장 위대한 신령한 우주적인 이름입니다. 예수님께서는 늘 당신 자신을 지칭하실 때 '인자가'라고 하시는데 베드로나 제자들은 '인자'라는 말을 못하지만, 스데반이 순교하는 그 순간 하늘이 열리면서 이 인자 기독론을 말하게 됩니다. "인자가 하나님 우편에 서신 것을 보노라." 만납니다. 부활하신 예수님을 만납니다. 인자, 그 예수님을 만나게 됩니다.

자, 여러분, 이거 사실은 예수님께서 만나주신 것입니다. '만나주신' 것입니다. 마태복음 10장에 보면, 예수님 말씀하십니다. '너희가 나가서 복음을 전할 때, 혹은 핍박을 받을 때, 어려운 일을 당할 때, 공회에 끌려갈 때 가서 무슨 말을 할까 미리 생각하지 마라. 미리 걱정하지도 마라. 현장에 서라. 고난과 핍박 속에 현장에 서라. 거기에 딱 서면 내가 무슨 말 할 것을 그 때 가르쳐주마.' 여러분, 이 현장 감각이라는 거 참 중요합니다. 우리가 미리 생각할 수도 있지만 미리 생각한 것과 현장의 경험과는 다릅니다. 이걸 꼭 잊지 말아야 합니다. 많은 핍박을 받을 때, 위험한 일 당할 때, 그렇습니다.

저는 북한에서 핍박을 당할 때, 혹은 광산에 끌려가서 고생할 때, 종종 그런 걸 느꼈습니다. 현장에서 어려운 일 당할 때마다 매를 맞을 때 아, 번쩍 하면서 그야말로 희한한 영감을 느끼게 됩니다. 희한한 희열을 느끼게 됩니다. 아, 좀 큰 소리로 찬송을 부르고 싶은데 그거 그렇게 하면 또 얻어맞거든요. 할수없이 휘파람으로 냅다 찬송을 부르는데 그건 말리지 못하거든요. 내가 휘파람을 불면 다른 사람이 또 휘파람으로 찬송을 따라 불러요. 휘파람으로 찬송을 부르면서 아 눈물을 줄줄 흘리면서 감격했던 그런 시간들을 생각해 봅니다.

여러분, 예수님 분명히 말씀하셨어요. '현장에 서라. 그러면 내가 무슨 말 할 것을 일러 주마.' 꼭 같은 맥락으로 생각합시다. 스데반이 어느 골방에서, 어디 도망가다가, 어느 광야에서, 명상 중에서가 아닙니다. 순교 장면에서 지금 그를 죽이려는 사람들이 손에 돌을 들고 달려드는 바로 그 순간 하늘을 우러러볼 때 하늘의 영광을 보게 돼요. 그 때 보여주시는 것입니다. 그 현장 그 순간에 하나님,

그리스도께서 당신 자신을 보여주셨어요. 스데반의 눈과 예수님의 눈이 마주치는 순간 번쩍 합니다. 그야말로 Peak Experience입니다. 절정경험입니다. 아무 생각도 없습니다. 영광이 드리워지는 시간입니다. 그래서 그는 소리지릅니다. "인자가 하나님 우편에 서신 것을 보노라." 서신 것을 보는 순간 그의 얼굴은 천사의 얼굴이 되고 그의 마음은 충만하고 감격이 되었습니다. 이제 원수가 없습니다. 이렇게 억울하게 맞아 죽으면서도 '주여, 저들의 허물을 자기에게 돌리지 말아 주세요' 기도합니다. '내 영혼을 받아 주세요. 아, 나 여기서 거기로 가고 싶습니다. 내 영혼을 거기로 인도해 주세요.' 이렇게 부르짖고 무릎을 꿇고 자니라 합니다(60절).

여러분, 부활 신앙을 가진 사람에게는 원수가 없습니다. 신세타령이 없습니다. '아이고, 내 팔자야' 그거 없습니다. 어떤 경우에도 어두운 그림자나 절망이 없습니다. 미움도 없습니다. 원수가 없습니다. 환경을 나무라지 않습니다. 놀랍지 않습니까? 바로 이것이 부활 신앙이고 부활 사건 앞에 있는 사람입니다.

여러분, 삼중고를 치렀던 헬렌 켈러(Helen Keller) 여사를 압니다. 그는 시각장애자요, 귀머거리요, 벙어리입니다. 이렇게 한평생을 살고 나이 70이 됐을 때, 어떤 분이 그에게 물었습니다. "당신은 사후세계를 믿습니까?" 말이 떨어지기도 전에 "물론이지요. 죽음 다음에 우리가 주님 앞에 가는 것은 마치 이 방에서 저 방으로 옮기는 것같은 것입니다." 그는 대답합니다. "그런데 다른 사람과 제 경험은 다를 겁니다. 나는 이 방에 있을 때는 장님이고 저 방으로 갈 때는 눈뜬 사람일 겁니다." 그리고 빙그레 웃었습니다. 이것이 부활 신앙을 가진 사람의 고백입니다. 여러분, 부활 사건이 부활 신앙이 되고,

하늘이 열릴 때, 이 약속을 확인하게 됩니다. 예수 부활은 첫 열매입니다. 이걸 꼭 잊지 말아야 합니다.

사도 바울의 논법대로 말하면 벌써 그리스도 안에 우리 생명이 감추어져 있습니다. 거기에 기록돼 있습니다. 이걸 잊지 말아야 합니다. 그리고 오늘을 사는 것입니다. 하늘의 시민권을 가지고 땅에 사는 것입니다. 부활의 약속을 받고 오늘을 사는 것입니다. 여러분, 이제 세상을 어떻게 살아야 하겠습니까? 그 다음 얘기는 여러분 스스로 알 수 있습니다. 예수 부활은 첫 열매요 내 부활의 약속입니다. 이 약속을 믿는 순간 변화됩니다. 두려움도 없습니다. 소망이 넘칩니다. 그리고 용서와 사랑의 사람이 됩니다.

부활의 증인 스데반을 보세요. 그 큰 뜻을 가지고 스데반은 천사의 얼굴로 자기를 향하여 돌을 던지는 사람들을 다 용서하고, 사랑하며, 위하여 기도합니다. 이 모습, 이것이 부활의 증인입니다. 부활 신앙을 가진 사람의 참모습입니다. △

자기 기념비의 운명

여호와의 말씀이 사무엘에게 임하니라 가라사대 내가 사울을 세워 왕 삼은 것을 후회하노니 그가 돌이켜서 나를 좇지 아니하며 내 명령을 이루지 아니하였음이니라 하신지라 사무엘이 근심하여 온 밤을 여호와께 부르짖으니라 사무엘이 사울을 만나려고 아침에 일찌기 일어났더니 혹이 사무엘에게 고하여 가로되 사울이 갈멜에 이르러 자기를 위하여 기념비를 세우고 돌이켜 행하여 길갈로 내려갔다 하는지라 사무엘이 사울에게 이른즉 사울이 그에게 이르되 원컨대 당신은 여호와께 복을 받으소서 내가 여호와의 명령을 행하였나이다 사무엘이 가로되 그러면 내 귀에 들어오는 이 양의 소리와 내게 들리는 소의 소리는 어쩜이니이까 사울이 가로되 그것은 무리가 아말렉 사람에게서 끌어 온 것인데 백성이 당신의 하나님 여호와께 제사하려 하여 양과 소의 가장 좋은 것을 남김이요 그 외의 것은 우리가 진멸하였나이다

(사무엘상 15 : 10 - 15)

자기 기념비의 운명

　만일 여러분이 편지를 쓰신다면 편지의 맨 마지막에 자기를 뭐라고 쓰십니까? 자식이 부모에게 편지를 쓸 때 흔히 '불효자식 아무개'라고 쓰기도 하고, 혹은 '불초소생 아무개', 그저 자기를 낮추어서 '소자 아무개' 이렇게 쓰기도 합니다. 편지 맨 마지막에 자기를 소개할 때 한 걸음 낮춰서 그렇게 자기표현을 합니다. 미국의 대통령이었던 조지 워싱턴은 이것으로 유명합니다. 편지를 다 쓰고 나서 끝에 '당신의 보잘 것 없고 충직한 하인 조지 워싱턴으로부터' 이렇게 썼습니다. 여러분은 스스로를 어떻게 생각하십니까? 다시 한 번 들어 보십시오. '당신의 보잘것없고 충직한 하인 조지 워싱턴'― 이것이 워싱턴이 생각한 자기 자신이었습니다. 사람들에게 자기를 소개할 때 그렇게 소개하고 있었습니다. 이것이 위대한 사람의 모습입니다.
　C. S. 루이스(C. S. Lewis)는 이렇게 말하고 있습니다. '교만한 사람은 밑을 내려다보는 데 급급한 나머지 위에 계신 분을 보지 못한다.' 교만하면 항상 모든 사람을 밑으로만 보기 때문에 자기 위에 계신 분을 못 보는 그런 고질적인 병에 빠지게 된다는 말입니다.
　하버드 대학의 로널드 A. 하이페츠와 그리고 존 F. 케네디 대학의 마티 린스키 교수의 공저로 나온 「실행의 리더십」이라고 하는 유명한 저서가 있습니다. 그 책에서 리더십에 주의해야 할 유혹 세 가지를 이렇게 말하고 있습니다. '첫째, 한번 권력을 가지면 지도자로 군림하고자 하는 조급한 마음이 생긴다.' 그렇습니다. 우리가 부모로서도 그렇고 선생으로서도 그렇고, 지도력을 가질 때 군림하면 당장 뭐가 되는 것 같아요. 가라 하면 가고, 오라 하면 와요. 이렇게 군림할 때 뭔가 쉽게 이루어지지요. 그러나 우리가 아는 대로 리더십은 'Servant Leadership'입니다. 봉사하는 것이요, 희생하는 것입니다. 사랑과 희생으로 대하려면 결과가 눈에 당장 보이지 않아요. 먼 훗날에나 좋은 결과를 거둔다고 합니다. 그러나 당장은 희생하고 봉사해도 아무 것도 되는 것이 없어요. 오히려 희생하면 나를 무시하고, 모른다고 하면 더 모르는 줄 알고, 할 수 없다고 하면 아예 쓸모없는 사람으로 보려 합니다. 아, 이렇게 평가를 받으니 마음이 아프고, 이걸 견디지 못해서 부득불 군림하려고 합니다. 그래서 가라, 오라, 해라, 마라, 명령을 해버립니다. 그러면 뭔가 잠깐은 될 것 같은데 안 됩니다. 이렇게 하고 나면 돌아서서 그들의 마음이 점점 멀어져 갑니다. 마음을 얻을 수가 없어요.

두 번째 유혹은 존경 받고자 하는 것입니다. 우리는 때때로 물질을 주는 것까지는 쉽게 합니다. 그러나 대가를 요구합니다. 주었으니 뭔가 받아야겠는데 그 중의 하나가 존경입니다. 제가 이번에 여행을 하는 중에 워싱턴에 갔는데 제 제자인 어떤 젊은 목사님하고 같이 차를 타고 가는데, 이렇게 말합니다. "그 북한 사람들 말입니다. 아니, 배고프고 어려운 사람들이 계속 어렵게 얻어먹으면서 왜 또 저렇게 자존심만 내세웁니까?" 자존심이 어쩌고…… 그래서 제가 웬만하면 가만히 있을 것인데, 또 시간도 많지 않고, 또 제자이기도 해서 "김 목사, 지금 한 말 내 앞에서 바로 취소하게." 엄숙하게 말하니까 "예, 일단 취소하겠습니다." "자네 배고파봤나? 사흘 굶어봤나? 배고픈 사람은 자존심밖에 없어. 굶어죽어도 무릎을 꿇고 싶지 않아. 손 내밀고 싶지 않아. 그것이 배고픈 사람의 자존심이야. 배고픈 사람이 가진 게 뭐 있나? 자존심밖에 없어. 이걸 잊어서는 안되지. 자네는 배고파본 일이 없어서 그것이 얼마나 중요하다는 걸 모를 거야." 그랬더니 아주 몇 번 몇 번 맹세하면서 "일생 잊지 않는 교훈을 삼겠습니다" 합니다.

여러분, 우리는 뭔가를 줄 때 그 사람이 나를 존경해주길 바랍니다. 그게 그렇게 되는 것입니까? 그런 대가를 요구하지 마세요. 아예 기대하지 마세요. 그러려거든 주지도 마세요. 좀 깨끗하게 하면 안되겠습니까? 왜 그렇게 너절하고 시시하냐 말입니다. 조그마한 일을 가지고, 그 얼마 안되는 거 가지고 남의 자존심을 사겠다는 것입니까? 그게 존경입니까? 존경이라는 게 얼마나, 얼마나, 얼마나 값비싼 건데 그까짓 몇푼 가지고 되는 겁니까? 여러분, 깊이 생각해 보세요. 존경받고자 하는 마음, 그것이 끼어들면 만사가 뭉개지고 맙니다.

셋째는, 가장 무서운 것으로, 쾌락주의입니다. 일이 안될 때는 그런대로 잘 참고 견디다가도 뭔가 조금 되는 듯하면, 잠재했던 욕망이 솟아오릅니다. 쾌락주의라고 하는 것 이것이 문제입니다. 여러분, 그래서 작은 성공이 미래를 망칩니다. 조그만 성공이 있을 때, 그것 좀 뭔가 좀 됐다고 벌써 어느 사이에 쾌락에 빠지는 것입니다. 다 망가지고 맙니다. 이래서 분명히 말합니다. 로널드는 이것이 리더십의 유혹이라고 말합니다.

유명한 심리학자 폴 투르니에(Paul Tournier)는 「강자와 약자」라고 하는 저서에게 이렇게 표현합니다. '인간의 중대한 문제는 약함의 문제가 아니라 힘의 문제다.' 여러분, 깊이 생각해두세요. 사람이 어렵고 약할 때는 그런대로 사람 같아요. 그러나 어느 사이에 힘을 가지게 되는 순간 바로 거기에 문제가 있어요. 그래서 그는 힘에는 심리학적 힘이 있고, 영적인 힘이 있다고 말합니다. 심리학적 힘이라는 것은 성공을 토대로 한 힘입니다. 돈을 벌었으니 돈이 힘이고, 공부를 했으니 명예가 힘이고, 지식이 힘이고, 완력이 힘입니다만 이 힘이 작용하는 순간 인간성이 무너집니다. 힘이 작용하는 순간 인간관계가 다 망가집니다. 사람들은 이걸 몰라요. 다만 망가진 다음에야 조금 깨달을 수도 있는데 벌써 늦었어요. 힘 중에서 영적인 힘, 희생의 힘, 사랑의 힘만이 창조적 능력을 나타냅니다.

셰익스피어(William Shakespeare)가 36편의 희곡을 썼습니다. 그의 희곡에는 항상 깊이 담고 있는 철학이 있었습니다. 그것이 뭐냐 하면 끝이 좋아야 모든 것이 좋다는 것입니다. All is well that ends well. 끝이 좋아야 모든 것이 좋다, 해피엔드라야 한다. 그건 하나의 큰 작품입니다. 그래서 인생도 끝이 좋아야 됩니다. 어떤 사건이든 끝이 좋아야 좋은 것입니다. 끝이 망가지면 아무것도 아닙니다. 끝, 그 바른 끝을 하나 만들기 위해서 우리는 총력을 기울여야 할 것 아니겠습니까.

오늘 본문 성경에 보면 유명한 사울 왕의 이야기가 있습니다. 이 이야기를 볼 때마다 이 17절 말씀을 우리는 생각하지 않을 수가 없습니다. 17절에 이렇게 기록합니다. "사무엘이 가로되 왕이 스스로 작게 여길 그 때에 이스라엘 지파의 머리가 되지 아니하셨나이까 여호와께서 왕에게 기름을 부어 이스라엘의 왕을 삼으시고……" 스스로 작게 여길 때에 왕을 삼으셨어요. 스스로 교만하게 될 때 버리셨어요. 아말렉과 싸워서 이겼습니다. 그런데 승리는 하나님께서 주신 것입니다. 하나님께서 명령해서 나갔고, 하나님께서 이기게 해서 이겼는데, 이 사람이 큰 실수를 합니다. 역사의 뒤안길로 사라질 초라한 인간이 그 이름을 잠시나마 더 기억하게 하기 위해서, 자기는 예외이고자 하는 마음에서 기념비를 세웁니다. 세상에 기념비처럼 의미 없는 것 없고 또 초라한 짓이 없습니다. 이것은 곧 교만이었습니다. 사울이 교만해집니다. 겸손할 때 왕이 됐고, 교만해질 때 은혜를 잃어버립니다. 하나님의 은혜로 이겼다는 사실을 까맣게 잊어버립니다. 자기의 힘으로 승리한 것같이 생각합니다.

여기 본문에는 어렵게 풀어야 할 신학적 문제가 하나 있습니다. 하나님께서 아무 도성을 쳐라 하실 때, 진멸하라 하실 때 문자대로 진멸해야 됩니다. 여기에는 자비도 어떤 판단도 인간적 지혜나 도덕성도 용납하지 않습니다. 대단히 어려운 얘기입니다. 하나님께서 쳐라 하시면 치는 것입니다. 진멸하라시면 진멸해야 됩니다. 왜? 하나님의 명령이니까. 하나님의 심판하시는 거니까. 하나님께서 심판하시며 나를 도구로 사용하는 것이니까 내게는 이제 자비가 없습니다. 내게는 판단 기회가 없습니다. 쳐라 하시면 쳐야 됩니다. 오늘 성경 말씀을 자세히 읽으면 이게 갈등을 일으킬 것입니다. 보세요. 하나님께서 말씀하십니다. 아말렉을 쳐라. 사울이 나가서 쳤어요. 치되 진멸하라 하셨어요. 깨끗하게 소와 양까지 싹 다 쓸어 버려라, 그런 말씀입니다. 그래서 그 명령대로 갔어요. 이제 다 진멸했어요. 진멸하면서 보니까 소와 양이 보입니다. '아, 이거 아까운 거, 살찐 소가 있네, 이걸 왜 죽이나……' 그래서 쓸만한 것은 살리고 또 자기가 챙겼어요. 이제 하나님께서 말씀하십니다. 사무엘 선지에게 말씀하시기를 저 사람이 나를 거역하고 나를 청종치 않고 내 명령을 어겼느니라. 아, 그래서 사무엘이 사울에게 가서 묻습니다. '어떻게 된 겁니까?' '내가 하나님의 명령대로 다 했습니다. 진멸하라시기에 진멸했습니다.' 자, 사울은 하나님의 명령대로 했다는데 하나님께서 말씀하시기를 저는 나를 거역했다고 하십니다. 왜요? 소와 양을 남겼거든요. 이게 잘못입니다.

여러분 아시는 대로 여리고 성을 진멸할 때에도 같은 말씀을 하셨어요. '자비를 베풀 것이 아니다. 이건 하나님의 심판이요 너희는 심판의 도구로 사용되는 것일 뿐이니까, 사형집행을 하는 것일 뿐이니까 나아가서 진멸하라.' 다 진멸해야 되는데 보세요. 아간이라는 사람이 금덩이와 옷 한 벌 감추었다가 큰 어려움을 당하지 않습니까? 여러분, 이걸 알아야 합니다. 하나님의 명령을 수행함에는 그야말로 전혀 우리의 판단이 있어서는 안됩니다. 가감이 있어선 안돼요. 진멸하라- 그대로 진멸할 것입니다. 하나님의 심판, 하나님의 사역에 내가 도구로 쓰이고 있다는 것입니다.

여러분, 이런 수수께끼가 하나 있지요. 이스라엘 나라가 지금 현재로는 인구 오백만밖에 안되는 조그만 나라입니다. 그런데 3, 4억이 되는 아랍과 대항을 해서 오늘까지도 그 나라를 지켜갑니다. 어찌 생각하면 그 나라는 당장 없어질 것 같은데 그래도 남아 있습니다. 이 사람들은 전쟁에 용맹합니다. 이스라엘은 전쟁에 나갈 때마다 아주 종교적이고 신학적인 전쟁을 합니다. 그래서 전쟁에 나갈 때는 이런 생각입니다. '저건 하나님께서 심판하신다. 하나님께서 나를 통해서 심판하신다.' 그러니까 '꽝' 하고 '할렐루야' 한다고요. 아시겠어요? 이게 다른 것입니다. 거기엔 자비가 없어요. '하나님이 너희를 치신다' 하고 치는 것입니다. 이게 이스라엘 사람들의 전쟁 신학입니다. 여러분, 이걸 우리가 깊이 생각해야 합니다. 우리에게 선택이 없습니다. 하나님의 명령에는 선택이 없습니다. 우리는 종종 하나님의 명령을 수행하는 것에 말이 많고, 따지는 게 많아요. 뭘 중간 중간 재평가를 해가면서…… 이게 문제라는 것입니다. 하나님 앞에 서원했고, 약속했고, 하나님 말씀을 준행하는데 무슨 이의가 그렇게 많아요. 그대로, 그대로 집행을 해야 그게 순종입니다. 거기에, 순종에 자기의 도덕성, 자기의 판단력, 자기의 이성으로 장난을 하면 그것은 하나님의 영을 거역하는 것이 된다는 것입니다. 그것이 오늘 성경이 주는 귀한 교훈입니다.

또 선한 일을 할 때 어떻게 해야 하는가. 이게 선한 일이라고 할 때는 선한 대로 평가된다면 이제는 자기 이름을 내면 안됩니다. 그래 예수님께서 누누이 말씀하십니다. '기도할 때 사람에게 보이려고 하지 마라. 선행을 할 때 사람에게 보이려고 하지 마라.' 여러분, 이걸 깊이 생각합시다. 이것을 벗어나기만 하면 정말 자유롭게 살 수 있습니다. 사람에게 보이려고 하는 것, 그 때문에 사실은 사람이 추해집니다. 못쓰게 됩니다. '사람에게 보이려고 선행을 하지 마라. 오른손이 하는 것 왼손이 모르게 하라.' 그게 무슨 말씀입니까?

북한에 갔더니 북한의 고위층에 있는 분이 그럽니다. "남조선의 기독교인들이 이게 믿음이 있는지 없는지 모르겠어요." "거 왜 그렇습니까?" "아, 그저 약품도 보내오고, 식량도 보내오고, 뭘 좀 주긴 주는데요, 아, 자꾸만 감사장을 달래요. 감사장을 달라고, 뭘 하고, 뭘 하고, 자기 이름을 내겠다고……" 공산당원이 하는 말입니다. "그 성경에 말입니다. 오른손이 하는 거 왼손이 모르게…… 어째서 이 말을 지키지 못하느냐는 거지요."

여러분, 선한 일 하려거든 좀 깨끗하게 하세요. 정말 산뜻하게 싹 잊어버리세요. 그걸 뭘 기억합니까? 기억하려고 그러는 한 그 선행은 무의미해지고 마는 것입니다. 어찌 생각하면 하나님의 영광을 도둑질하는 것입니다. 우리의 마음이 이렇게 깨끗하질 못해요. 깊이 생각해야 될 문제입니다.

또, 기념비를 세웠어요. 내가 싸워서 이겼다— 승전 기념비를 세웠어요. 이건 자기 자랑입니다. 자기 명예를 말하는 것입니다. 교만의 결과요, 불신앙입니다. 자기가 많은 사람들에게 기억되게 하고자 하는 엄청난 실수입니다. 깊이 생각해야 합니다. 사람들이 상을 받게 되는 것, 감사장이니 무슨 상이니, 그것 맹랑한 것입니다. 웬만하면 거절하세요. 주지도 말고 받지도 마세요.

프랑스의 시인 보들레르(Charles Baudelaire)의 유명한 말이 있습니다. '모든 상은 불행을 초래한다. 상이란 인간을 타락시키는 악마의 역사 그 이상도 그 이하도 아니다.' 여러분, 상 받는 거 좋아하지 마세요. 저는 수십 년 목회를 하는 동안 우리가 건축을 많이 하고 그랬지만 건축위원장에게 감사장 하나 준 일이 없어요. 감사패 하나도 준 일이 없어요. 왜? 그거 주고받는 순간 일은 망가지니까요. 그 좋은 수고가 그만 엉망이 되고 말아요. 여러분, 제발 사람에게 보이고 칭찬받으려 하고 감사장 받으려고 하지 마세요. 잊어버리세요. 좀 산뜻하게 살아갈 수 없겠어요? 좀 자유롭게 이런 것에 신경 좀 안쓰고 살면 안되겠습니까?

오늘 사울이 여기서 실수해요. 기념비를 세웠어요. 실수는 했는데 사무엘 선지가 와서 '왜 소와 양의 소리가 나느뇨? 당신은 하나님의 명령을 어겼습니다. 하나님이 책망하고 계십니다. 심판하고 계십니다' 할 때 이 마지막 기회에서 '아이구, 제가 잘못했습니다' 했으면 되는데 변명을 합니다. '백성들이 하나님 앞에 제사 드리기 위해서 이걸 남겼나이다.' 아니, 제사드릴 때는 내 것 가지고 해야지 남의 나라 것 도둑질해다 할 거요? 이거 뭐 하는 짓입니까 도대체가. 변명, 이것이 문제입니다. 그저 웬만하면 한평생 변명 안하고 살아볼 수 없겠습니까?

저는 가끔 이런 때면 제 선친께 감사를 합니다. 어렸을 때 뭘 실수하든가 뭘 하게 되면 이제 책망을 듣지요. 그 때 한마디라도 했다가는 그날은 죽는 것입니다. "변명은 없다." 아, 그랬어요. 정말입니다. 제가 많은 오해를 사도 변명은 없고, 성명서 내고, 뭐 그런 거 절대로 안합니다. 왜? 변명은 신앙적인 일이 아닙니다. 모든것을 하나님께 맡기고 입 다물어. 그리고 기다려보세요.

유명한 로라 슐레징어(Laura C. Schlessinger)의 「인생을 망치게 하는 7가지 변명」이라는 책이 있는데, 이 책에 나오는 얘기입니다. 여러분도 한번 생각해 보세요. 변명이라는 건 이렇게 되는 것입니다. 첫째, '알았어요. 그러나 나도 사람이라고요.' 이건 창조주를 원망하는 거나 마찬가지입니다. 나도 사람이라니, 그러니 어쩌란 말인가요? '나도 사람이라고요.' 못된 말입니다. 둘째, '잘못이라는 것을 나도 잘 알아요. 그러나 잠시 실수를 해서……' 그러니까 잘못 아니란 말입니까? 셋째, '그것이 옳다는 걸 알고 있어요. 그러나 용기가 없어서……' 넷째는 '나야말로 진짜 불쌍한 사람이고 나야말로 피해자라구요.' 다섯째, '나도 한때는 가치관이 서 있는 도덕적 인간이었다고요.' 이게 변명입니다. 여섯째, '그것은 특별한 사람들이나 하는 것이지 나같은 보통 사람이야……' 뭐 마음에는 원이로되 육신이 약해서…… 이따위 변명을 하는 것입니다. 마지막으로 '그저 살다보니 그저 그렇게 됐어요.' 무책임한 것입니다.

　여러분, 변명 없이 무릎을 꿇으면 안되겠습니까? 여러분, 하나님의 최종 심판은 여기에 있습니다. 22절로 23절 너무나도 귀중한 말씀입니다. "사무엘이 가로되 여호와께서 번제와 다른 제사를 그 목소리 순종하는 것을 좋아하심같이 좋아하시겠나이까 순종이 제사보다 낫고 듣는 것이 수양의 기름보다 나으니 이는 거역하는 것은 사술의 죄와 같고 완고한 것은 사신 우상에게 절하는 죄와 같음이라 왕이 여호와의 말씀을 버렸으므로 여호와께서도 왕을 버려 왕이 되지 못하게 하셨나이다." 참 무서운 말씀입니다. 그 뜻이 무엇인가를 깊이 생각해야 합니다. 사울이 하나님을 버렸기 때문에 하나님께서 사울을 버리신 것입니다. 하나님의 시각에서 볼 때 그는 이미 심판을 받았습니다. 참순종이 무엇인지 참믿음이 무엇인지를 생각합시다. 여러분, 기념비를 세우지 맙시다. 생각도 마세요. 그냥 물 흐르듯이 지나가세요. 한때 있다가 지나간 것입니다. 업적에 매이지 마세요. 기념비 꿈도 꾸지 마세요.

　제가 소망교회를 세우고 오늘에 이르렀다고 해서 가는 곳마다 뭐 뭐라고, 요새는 또 대통령을 내신 목사님이라고…… 그러더라고요. 아니올시다. 내가 한 일도 없고, 했다고 생각도 안합니다. 여러분, 다 같이 잊어버립시다. 기념비, 거기에 무서운 함정이 있습니다. 그리고 자유한 가운데 깨끗한 마음으로 주를 섬겨야 하겠습니다. 깨끗한 순종이 있어야 할 것입니다.　△

기탄없이 말하는 사람

저희가 베드로와 요한이 기탄없이 말함을 보고 그 본래 학문 없는 범인으로 알았다가 이상히 여기며 또 그 전에 예수와 함께 있던 줄도 알고 또 병 나은 사람이 그들과 함께 섰는 것을 보고 힐난할 말이 없는지라 명하여 공회에서 나가라 하고 서로 의논하여 가로되 이 사람들을 어떻게 할꼬 저희로 인하여 유명한 표적 나타난 것이 예루살렘에 사는 모든 사람에게 알려졌으니 우리도 부인할 수 없는지라 이것이 민간에 더 퍼지지 못하게 저희를 위협하여 이후에는 이 이름으로 아무 사람에게도 말하지 말게 하자 하고 그들을 불러 경계하여 도무지 예수의 이름으로 말하지도 말고 가르치지도 말라 하니 베드로와 요한이 대답하여 가로되 하나님 앞에서 너희 말 듣는 것이 하나님 말씀 듣는 것보다 옳은가 판단하라 우리는 보고 들은 것을 말하지 아니할 수 없다 하니 관원들이 백성을 인하여 저희를 어떻게 벌할 도리를 찾지 못하고 다시 위협하여 놓아 주었으니 이는 모든 사람이 그 된 일을 보고 하나님께 영광을 돌림이러라 이 표적으로 병 나은 사람은 사십여 세나 되었더라

(사도행전 4 : 13 - 22)

기탄없이 말하는 사람

　어느 교회에 신앙이 좋은 여집사님이 계셨는데 그 여집사님의 소원은 오직 하나 남편을 예수믿게 하는 것입니다. 자녀들도 그런대로 잘 자라고 있고, 또 생활 형편도 괜찮아서 그런대로 살만한데 남편이 예수를 안믿는 것입니다. 뭐 이렇게도 해보고, 저렇게도 해보고, 권면도 해보고, 요샛말로 서비스를 다 해봤는데 이게 안되는 것입니다. 끝내 20년 동안 교회를 같이 나가주지 않는 것입니다. 그러던 차에 어느 주일날 아침 식사를 하는데 느닷없이 "여보." "왜요?" "나 오늘 교회 갈래." 아, 이런 고마울 데가 어디 있나. 이건 기적입니다. 교회에 같이 가겠다고 하는 바람에 너무 감동을 받아서 그저 나름대로 부지런히 화장도 하고, 준비도 하고, 또 남편의 일도 다 치다꺼리를 한 후에 남편을 모시고 교회로 갑니다. 그런데 교회 가는 길에 여집사님의 마음속에 걱정이 생겼습니다. '이 결정적인 운명의 시간에 어느 목사님이 설교하실까? 아, 오늘 설교는 은혜로운 설교를 해줘야 하는데 한 방에 날리는 그런 멋진 설교가 있어야 되는데……' 걱정을 합니다. 또 있습니다. '어떤 본문으로 말씀을 하실까? 어느 성경을 보려나. 남편의 마음을 한 번에 확 잡을 수 있는 귀한 본문, 또 귀한 설교 제목, 이런 것이 있어서 화끈하게 결정적으로 뭔가가 이루어졌으면 좋겠다.' 생각을 하고 갔어요.
　교회 들어가서 주보를 받아 떡 펼쳐 봤어요. 그런데 본문이 창세기 5장 1절 이하. 아, 원 세상에 하필이면 창세기인가? 그래 봤더니 5장 1절은 "아담 자손의 계보가 이러하니라……" 아담은 930세에, 그 누구는 몇 살, 누구는 몇 살, 누구는 몇 살, 누구는 몇 살에 죽으니라…… 이게 본문입니다. '아, 이걸 어떡하면 좋은가? 이 결정적인 시간에. 20년을 기다려서 남편이 나왔는데 왜 설교 본문이 이거냐.' 속이 상했어요. 하나님 앞에 기도했어요. 마음속에 여호수아 1장이 생각이 났어요. "강하고 담대하라." 그래서 담대한 마음을 가지고 간절하게 '어쨌든 제 남편이 감동되게 해 주세요.' 기도합니다. 그런데 아무리 설교를 들어 보아도 자기도 그 날은 은혜 못받았어요. 뭐 별로입니다. 왜 여러분 잘 알잖아요? 교회에 늘 나오지만 공치는 날도 있잖아요. 아주 공쳤어요. 너무 섭섭했어요. '이게 얼마나 중요한 시간인데 내가 20년을 기도해 왔는데 어쩌다 이런가.' 그런데 이상한 것은 남편하고 나오는데 남편이 등록카드를 달라고 하더니 교회에 등록을 하는 것입니다. 아, 이건 또 웬일인가? 아무 말도 할 수 없었지만 집에서 점심 먹으면서 한마디 했어요. "여보, 오늘 말씀에 무슨 은혜를 받았습니까?" 그랬더니 "뭐, 별것도 아니구만. 누구도, 누구도 다 죽었구만" 그렇잖아요? "아, 900세를 살면 어떻고, 800세를 살면 어떤가, 누구, 누구 다 죽었더라. 생각하니 '맞아, 나도 죽어야지.' 그래서 교회 가기로 했어." 이 얼마나 중요한 얘기입니까?

여러분, 관심이 어디에 있습니까? 미안하지만 교회 나오는 사람의 진짜 관심은 둘밖에 없어요. 하나는 죽음이고, 그리고 하나는 죄입니다. 이 두 가지 문제 때문에 교회 나오고, 이 두 가지 문제가 확실하게 해결되는 것은 십자가밖에 없으니까 교회 나오게 되는 것입니다.

참된 용기라는 것에 대해서 일반적으로 생각해 볼 때, 지식이 용기를 준다고 생각합니다. 그래요. 알면 쉽고 모르면 어려워요. 모르면 두렵고, 알면 쉽게 일을 처리할 수 있으니까 용기가 생기는 거지요. 마치 공부를 많이 한 아이는 시험장에 나갈 때 두려움이 없고, 공부 준비가 시원치 않은 학생은 시험장에 들어갈 때마다 도살장에 들어가는 것 같은 기분인 것과 같습니다. 두렵고 떨리고 그런 것 아니겠습니까? 그러면서 생각하기를 '다행히 내가 아는 것이 하나 나왔으면 좋겠다.' 그 생각밖에 없는 것입니다. 지식이 사람에게 용기를 줍니다만 이상한 것은 있어요. 지식이란 하나를 얻으면 두 가지 의심이 생겨요. 거 이상합니다. 갈수록 의심이 많아져요. 그래서 공부를 많이 한 사람들은 대체로 보면 용기가 없어요. 그래서 공부를 많이 한 사람은 잘해야 비서실장 한번 합니다. 사장 한번 하는 사람이 없어요. 왜요? 용기가 없으니까요. 이 생각 저 생각 하다 보니까 아무 일도 할 수가 없어요. 그저 남이 하라는 얘기를 따라서 하는 수밖에요. 의지가 약해집니다.

또하나는 돈이 용기를 준다는 생각입니다. 소유, 글쎄올시다. '장사도 무일푼이면 무안색'이란 말이 있어요. 역시 돈이 있어야 용기가 있어요. 자, 우리가 길거리에 나가서 친구를 만나더라도 만나자마자 내 주머니 생각을 해요. 이 친구하고 점심을 먹을 때, 내가 점심값을 낼 수 있으면 용기가 있어요. "오랜만이구만." 그렇지만 가만히 생각해 보니까 점심값이 없어요. 그러면 "나 바빠." 그러고 가지요. 비겁해지는 것입니다. 이게 돈이 주는 용기라는 것 아니겠습니까. 그거 대단합니다. 그러나 돈이 어디 항상 내 손에 있습니까? 이게 돌고 돌아서 돈이거든요. 그러니 문제지요. 어떤 사람은 스위스 은행에까지 갖다 넣어놨지만 그것도 못찾더라고요. 돈, 그거 믿을 거 못되지요. 소유가 정말 우리에게 용기를 주나? 아닙니다. 소유가 많을수록 용기가 없어요. 그래서 '비자금'이니, '차명'이니 하는 얘기가 있는 것입니다. 돈 때문에 걱정 많이 하는 사람들의 나약해진 인생의 표현입니다.

또 나는 건강이 용기를 준다고 생각하지만 건강은 옷같이 낡아지는 것입니다. 어떤 사람의 건강이든 누가 보장합니까? 점점 쇠약해지지요. 또 명예라는 것, 그것도 부질없는 것입니다. 정말 부질없는 것이 명예입니다. 이것은 용기의 근거가 될 수 없습니다. 또 하나는 업적입니다. 뭔가 만들어 놨다, 실적이 있다, 이거 다 낡은 건물처럼 거추장스러운 것입니다. 저는 서울 안에 있는 교회 건물을 볼 때, 어떤 교회 건물을 보면 빨리 헐어버렸으면 하는 것이 많아요. 대충 지었다가 헐지 그걸 왜 돌로 지어가지고 골치아픈가? 정말입니다. 지금이라도 헐어 버려서 다시 지었으면 좋겠는데 너무 잘 지어놨기 때문에 헐지를 못해요. 우리 인간의 업적이라는 것이 그따위라는 줄만 알고 계세요. 어느 때 가서는 거추장스러워요. 아무것도 아닙니다. 자, 그렇다면 참 용기의 근거가 어디 있습니까?

요즘 서점에 가서 경제, 경영 코너에 간다면 여러분이 책 하나를 볼 수 있습니다. 이 책은 52개월 동안 연속 총 매출 1위. 매출량 1위로 나와 있는 교양서적입니다. 책을 못보더라도 제목이나 한번 들어 봅시다. 「절대긍정」, 이 책이 5년 동안 베스트셀러 넘버 원입니다. 절대긍정. 이 책은 김성환씨라고 하는 사장님이 쓴 책인데, 어려울 때부터 시작해서 오늘까지 그의 살아온 생애의 성공과정과 인생철학을 단적으로 보여줍니다. 그 책에서 이렇게 말합니다. '내가 나를 부정하면 누가 나를 긍정할 것이냐? 내가 나를 믿지 못하면 누가 나를 믿어 줄 것이냐? 내가 세상을 어둡게 보는데 누가 나를 밝게 볼 것이냐?' 그렇습니다. 절대 긍정, 자기 자신에 대하여 긍정할 것이고 자기 과거에 대해서 긍정해요.

여러분, 과거를 어둡게 보지 마세요. 그날이 있어서 오늘이 있는 것입니다. 그거 아주 중요한 것입니다. 그 어두운 과거, 실패했던 과거가 있어서 오늘이 있는 것입니다. 그거 버려서는 안됩니다. 그런고로 오늘을 얻는 자에게는 잃어버린 과거는 없어요. 여러분, 성경 잘 아시잖아요? 요셉이 감옥에 가지 않았다면 총리대신이 됐겠어요? 성경에 있는 모든 인물이 다 그래요. 그 어려운 과거와 그 어려운 고난이 없었다면 그 사람 될 수 없었어요. 그런고로 남 얘기 하지 마세요. '아 그것 불행했다, 나는 왜 이랬던가.' 그렇게 생각하지 마세요. 나 자신으로 봐도 내게 있었던 지난날의 어두운 과거, 그날이 있음으로 오늘이 있다고 긍정적 해석을 내려야 합니다.

어떤 분이 남편 때문에 고생하다가 뭐 어쩌고 어쩌고 해서 그만 남편이 세상을 떠났어요. 그 남편이 사실 속을 많이 썩였어요. 그 다음에 찾아와서 이 말 저 말을 하다가 하는 말이 재미있어요. "살았을 때는 죽었으면 했는데 죽고 나니까 아쉽대요. 아, 그 남편이라도 있었으면 합니다." 그래요. 그래서 제가 이 말 저 말 하다가 마지막에 그랬습니다. "세상에 그저 결혼 못해보고 산 사람도 많은데 한번 해 봤으면 됐지 뭐 그러십니까? 그건 잃어버린 과거가 아닙니다. 그날이 있음으로 오늘의 내가 되었다고 생각할 수 없겠습니까?" 아주 밝은 얼굴로 돌아가는 걸 봤습니다. 여러분, 오늘의 환경을 절대 부정적으로 보지 마세요. 절대 긍정. 뿐만 아니라 미래에 대해서도 마찬가지입니다. 우리 앞에 전개되는 것, 즉각적으로 당장 무슨 변화가 있는 것은 아니더라도 절대 긍정, 밝게 보는 마음이 필요하다, 그러고서야 밝은 미래가 오는 것이다, 이 말입니다.

　현대인은 흔히 지식이나 돈이나 혹은 환경적 여유로 인해서 용기가 오는 줄 알고 있지마는 그렇지 않습니다. 많은 사람들이 분석해 봅니다. 아무리, 아무리 보아도 용기가 없어요. 현대인의 결정적인 약점은 용기가 없다는 것입니다. 옛날보다 그만하면 잘살아요. 아무리 봐도 그만하면 넉넉해요. 그러나 용기는 아니란 말입니다. 옛날엔 그렇게 어려우면서도 용기가 있었는데 어쩌다가 용기, 담력이 사라졌어요.

　상징적인 얘기입니다만 언젠가 한번 책을 보니까 골프 선수들이 골프를 하는데, 골프를 잘 치는 원리가 나와 있습니다. 이게 책 한 권입니다. 요점은 간단해요. 3C라고 돼 있어요. 첫째가 뭐냐 하면 Confidence. 마음이 편안해야 된다. 아, 그거야 물론 그렇지요. 불안하면 안되는 것입니다. 뭐 우승에 연연해서도 안됩니다. 오늘 아침에 부부싸움 한 것도 잊어버리고 마음이 편안해야 됩니다. 역시 심리적 문제입니다. 모든 문제 중에 가장 중요한 것이 심리적인 것입니다. 요새 세계 경제도 심리학적 문제라고 하지 않습니까? 경제가 꼭 나쁜 게 아니에요. 마음씨가 못돼서 그래요. 심리학적 문제입니다. 그런고로 Confidence가 첫째다. 두 번째는 Concentration. 집중해야 한다. 그렇죠. 골프채를 쥔 사람이 딴 생각 해서는 안되겠지요. 그런데 골프채를 쥐고 딴 생각을 많이 한대요. 옆에 있는 캐디를 본대요. 예쁜 아가씨가 떡 보면서 '저렇게도 못하면서 뭣하러 돈 없애고 왔나.' 꼭 그러는 거같대요. 그 아가씨 생각하는 동안 이건 빗나가는 것입니다. 그 순간은 아무 생각도 하지 말고 집중해야 합니다. 공부라는 게 별겁니까? 머리좋다는 게 별것 아닙니다. 집중하면 머리가 좋은 거고 생각이 흩어져서 집중력이 없어지면 머리가 나빠지는 것입니다. 그러니까 모든 일에서 집중하고 지금 생각하는 것 외에 다른 것을 생각지 않는 그런 집중력이 필요합니다. 그래서 Concentration. 이 마지막 말을 제가 하고 싶습니다. Courage. 용기입니다. 그저 우리가 항간에서 쓰는 말로 말합시다. 배짱입니다. 용기가 있어야 됩니다. 용기가 빠지면 되는 게 아무것도 없습니다. 전심을 기울이는 용기, 운명을 다 걸어버리는, 올인하는 용기가 필요한 것입니다. 얼마나 귀중한 상징적 의미가 있는지 모릅니다.

여러분, 기독교인이라는 게 뭡니까? 그리스도인이라는 말을 다른 말로 표현하면 저는 네 가지로 요약된다고 봅니다. 첫째가 예수님으로부터 배우는 사람입니다. 부지런히 예수님에 대해서 공부하는 사람입니다. 둘째는 예수님을 따르는 사람입니다. 공부만 하는 게 아니라 예수님을 따라가는 Discipline, 제자도를 가리키는 것입니다. 그래서 예수님과 함께하며 예수님을 본받으며 예수님의 말씀에 순종하며 깨달아 가는 것입니다. 이것이 그리스도인입니다. 셋째는 중생한 사람입니다. 중생이라는 말은 내가 예수를 얻는 게 아니라 예수님이 내 안에 계셔서 내가 예수께로 가는 것입니다. 내가 예수님처럼 변하는 것입니다. '게네세 아노센!' 이거야말로 창조적 신기원을 말하는 것입니다. 내 경험이나 내 지식과 관계없어요. 전혀 다른 성령으로 말미암아 그리스도의 영이 함께함으로써 얻어지는 중생. 새롭게 태어나는 생을 말합니다. 그래서 내가 그리스도께로 변화되는 것입니다. 로마서 8장에 말씀합니다. 그리스도의 영이 없으면 그리스도의 사람이 아닙니다. 아무리 성경을 알고 많은 성경 지식이 있다 하더라도 그리스도의 영이 그 속에 없다면 그는 크리스천이 아니라- 성경이 말씀하는 진리의 핵심입니다.

넷째, 충만한 사람입니다. '프레레스'-충만하여 넘칩니다. 그래서 그의 진리, 그의 영, 그의 생명력이 나를 지배할 때 내 지식도 내 감정도 내 의지도 다 그에게 사로잡혀 있습니다. 지난날의 생각 이거 소용없어요. 지난날엔 내 의지로 살았지만 이젠 주님께서 내게 주시는 생명력으로 살게 되는 충만함, 여기에는 두려움이 없습니다. 거칠 것이 없습니다. 이것이 그리스도인입니다. 그래서 사도행전 4장 8절에 보면 베드로가 '충만했다' 그랬어요. 베드로가 지금 공회 앞에서 성령이 충만한데 그 충만한 모습을 한번 보십시다.

오늘 본문은 이렇게 평가하고 있습니다. '아그람마타'란 말이 있어요. 헬라말 '그람마'라는 것은 '글'이라는 뜻입니다. '아그람마'라 하면 '문맹'입니다. 아그람마타-예루살렘에 있는 이 고관들이 볼 때는 베드로와 요한, 이 갈릴리에서 온 촌사람들 불학무식한 문맹입니다. 문맹. 글도 모르는 이런 사람으로 취급을 했어요. 불학무식해요. 그러나 어떻습니까? 기탄없이 말해요. 무식한데 말은 잘해요. 아, 분명히 아는 거 없는 것같은데 용기가 대단해요. 그 누구와 비할 수 없는 엄청난 용기, 생명력, 카리스마가 있는 것을 보고 그들이 감동을 하고 두려워합니다.

그 이유가 어디 있는가 하고 물으면 오늘 성경은 몇 가지로 우리에게 말씀해줍니다. 우리가 이렇게 살아야 할 것입니다. 첫째가 '하나님 앞에' 있다고 당당하게 말합니다. 지금 재판을 받는 순간인데도 큰소리칩니다. "하나님 앞에서 너의 말을 들어야 옳으냐 하나님 말씀을 들어야 옳으냐?" 얼마나 중요합니까? 루터가 종교개혁을 할 때 보름스 회의에서 재판받을 때도 그랬다고 합니다. "Oh, God!

Here I stand. 하나님이여, 나 여기 섰습니다." 루터가 서 있던 자리를 가톨릭의 권한이니까 다 없앴지만 그래도 우리 신교인들을 위해서 요만큼 표시를 해놨더라고요. 가서 한번 서보니까 감개무량합니다. 생명이 경각에 달렸습니다. 그래도 그는 말합니다. "주여, 나 여기 섰습니다." 순간순간 하나님 앞에 서 있는 의식입니다. 사람이 아닙니다. 하나님. 사람의 시선이 아니고 하나님의 시선. 사람의 평가가 아니고 하나님의 평가입니다. 이 하나님 의식으로 가득한 사람, 이 사람은 용기가 있는 것입니다. 사람 보고 사는 사람은 비참해집니다. 사람 보고 살 거 아닙니다. 요새 뭐 선거니 뭐니 한다고 꽤나 많이들 애를 씁니다만 그저 말이 조금 적었으면 좋겠습니다. 하나님 앞에서— 거기에 용기의 근본이 있다는 걸 잊지 말아야 되겠습니다.

또 좀더 나아가서 오늘 성경 말씀을 잘 살피면 표적이 있었어요. 하나님께서 나와 함께하신다는 표적이 있었어요. 베드로와 요한이 성전 미문에 올라가다가 앉은뱅이를 봅니다. 나면서부터 앉은뱅이요, 걸어본 적이 없어요. 그 사람이 베드로에게 자기 병과 몸을 고쳐달라고 하지 않았습니다. 그렇게 기도하지도 않았고, 부탁한 것도 아닙니다. 다만 그 사람은 돈 좀 달라고 손을 내밀었어요. 그러나 베드로는 옛날의 베드로가 아닙니다. 돈 달라고 손 내민 앉은뱅이를 향해서 "일어나라." 벌떡 일어납니다. 그 일어나는 순간 어땠을 것 같습니까. 나는 그런 생각을 해요. 베드로가 기절 안한 것이 용해요. 어떻게 기절 안했을까? 아, 그게 있을 수 있는 일입니까? 딱 한마디에 벌떡 일어나요. 자, 좀 미안합니다만 철야기도 했다는 것도 아니고, 금식기도 했다는 것도 아닙니다. 멀쩡한 거지를 향해서 "일어나." 벌떡 일어나요. 표적입니다. 이제 베드로는 생각합니다. '부활하신 예수께서 나와 함께 계시다. 부활하신 예수께서 여기 계시다. 부활하신 예수님의 생명력이 나와 함께 계시다.' 이제 무서울 게 없어요. 담력입니다. 용기입니다. 표적. 표적. 여러분, 어떻습니까? 한 평생을 살면서 표적을 경험하십니까? 운전할 때 표적을 보십니까? 사업할 때 표적을 느끼십니까? 순간순간 하나님께서 위대하신 능력으로 나와 함께하신다는 것을 느끼십니까?

그뿐 아니라 더 중요한 것은 베드로의 입장에서는 Justification이 있었어요. 베드로는 바로 며칠전에 '예수를 모른다'고 한 사람입니다. 비겁하게 도망갔던 사람입니다. 그런데 그 어두운 과거, 그 부끄러웠던 일, 다 덮어 놓고 이 한 사건 속에서 다 이해하고 마는 것입니다. 나같은 죄인, 나같이 비겁한, 나같은 부족한 사람, 주께서는 오늘도 쓰신다, 고용하고 계시다, 주님께서 나와 함께 계시다, 나를 통해 역사하신다, 어떻습니까? 이보다 더 놀라운 일이 어디 있습니까?

저는 가끔 생각을 합니다. 제가 77년에 미국에서 공부를 마치고 돌아왔을 때 갈 데가 없었습니다. 갈 데가 없어서 어느 대학의 학장 일을 좀 보게 됐습니다. 뭐 4년 동안만 좀 임시로 봐달라고 해서 학장 일을 보는데 사실은 그건 제가 할 일이 아니지요. 그런데 어쩌면 그렇게 학장 일을 봤기 때문에 그래서 주일날은 놀고 있지 않습니까? 그래서 교회를 세웁니다. 그저 남의 집 안방에서 시작하고 응접실에서 시작했는데 소망교회를 세우게 됩니다. 아무리 생각해도 저는 그 소망교회를 볼 때마다 또 여기 예수소망교회를 봐도 이건 사람이 하는 일 아닙니다. 누가 이런 자리를 잡겠어요? 누가 이걸 생각이나 하겠어요? 하나님께서 나와 함께 계시다. 나를 통해 위대한 일을 이루신다. 그러기 위해서 나의 모든 허물은 상관없다. 덮어 주셨다. 이러할 때 용기가 생기는 것입니다. 그러고 보니 보세요. 죽음이 두렵지 않아요. 부활하신 예수께서 함께하시는데 죽음이 무슨 문제가 됩니까?

원형극장에서 순교한 사람의 유작이 하나 있는데 하도 재미있어서 가끔 인용을 합니다. '나를 저주하십시오. 당신들이 저주하면 저주할수록 더 사랑하게 될 것입니다. 나에게 침을 뱉으십시오. 나는 사랑의 숨결을 뿜어낼 것입니다. 나를 찌르세요. 나는 사랑한다고 절규할 것입니다. 나를 짐승의 먹이로 던져 버리세요. 나는 사랑의 제물이 될 것입니다. 나를 불태워 주세요. 나는 사랑의 열기로 당신의 증오를 녹여버릴 것입니다.' 이렇게 말하며 죽었습니다. 얼마나 용기 있습니까? 얼마나 위대합니까? 이분들은 명예를 생각지 않습니다. 이분들은 업적도 생각지 않습니다.

성도 여러분, 이제 용기를 점검해 보시기 바랍니다. 내가 무엇 때문에 이렇게 침체되고 우울해지고 소심해지고 민감해졌습니까? 여러분, 내가 왜 이러지요? 다시 원점으로 돌아가서 용기가 없음을 인정합시다. 그리고 부활하신 예수님께 초점을 맞추세요. 그리고 나의 앞에 있는 현실이 표적임을 알고 절대 긍정적 해석을 내리세요. 그런 순간 영원한 세계가 눈앞에 전개됨을 보게 될 것입니다. △

모든 탐심을 물리치라

무리 중에 한 사람이 이르되 선생님 내 형을 명하여 유업을 나와 나누게 하소서 하니 이르시되 이 사람아 누가 나를 너희의 재판장이나 물건 나누는 자로 세웠느냐 하시고 저희에게 이르시되 삼가 모든 탐심을 물리치라 사람의 생명이 그 소유의 넉넉한 데 있지 아니하니라 하시고 또 비유로 저희에게 일러 가라사대 한 부자가 그 밭에 소출이 풍성하매 심중에 생각하여 가로되 내가 곡식 쌓아 둘 곳이 없으니 어찌할꼬 하고 또 가로되 내가 이렇게 하리라 내 곡간을 헐고 더 크게 짓고 내 모든 곡식과 물건을 거기 쌓아 두리라 또 내가 내 영혼에게 이르되 영혼아 여러 해 쓸 물건을 많이 쌓아 두었으니 평안히 쉬고 먹고 마시고 즐거워하자 하리라 하되 하나님은 이르시되 어리석은 자여 오늘 밤에 네 영혼을 도로 찾으리니 그러면 네 예비한 것이 뉘 것이 되겠느냐 하셨으니

(누가복음 12 : 13 - 20)

모든 탐심을 물리치라

프랑스 사람들이 존경하는 인물 중에 삐에르(Abbe Pierre)라고 하는 신부가 있습니다. 전설적인 분입니다. 그는 '엠마우스(Emmaus)'라고 하는 빈궁한 사람들을 돕는 단체를 창설한 사람입니다. 삐에르 신부가 89세 때 그의 비망록을 정리해서 써놓은 「단순한 기쁨」이라고 하는 책이 있습니다. 그 책에 나오는 이야기인데 한번쯤 귀담아 들을만한 상징적 의미가 있습니다.

한 중년 신사가 삐에르 신부를 찾아왔습니다. 그리고 자기 사정을 얘기하면서 자살하겠다고 했습니다. 자살 직전에 이렇게 사제에게 와서 마지막으로 의논을 한 것입니다. 가정 형편도 그렇고, 건강도 절박하고, 상처받은 심령, 사회적 입지, 모든 것을 다 듣고나니 신부님 생각도 마찬가지입니다. "죽게 됐구만. 뭐 죽을 수밖에 없겠구만." 충분히 자살할 이유가 있다고 인정을 해 주었습니다. 그러고 나서 신부님 말씀이 "아직은 안죽었으니까 단 며칠이라도 죽기 전에 나를 좀 도와줄 수 없겠나?" 하고 물었습니다. 죽겠다는 사람을 도와준 게 아니라 자살하겠다는 사람에게 도움을 요청한 것입니다. 지금 이 신부는 집 없는 사람들, 거리를 헤매는 사람들을 위해서 움막집을 지어주는 일을 하고 있었어요. 돈만 모금한 게 아니고 노인인 자기가 직접 집을 짓고 있는 중입니다. 그래서 자기 옆에서 그 하는 일 좀 도와달라고, 뭐 그 후에 죽어도 바쁘지 않은데 도와달라고 말한 것입니다. 이 사내는 그렇게 하겠다고 대답을 했고, 신부님이 집 없는 사람들을 위해서 집 짓는 일을 옆에서 거들며 도와주기 시작했습니다.

결국은 이렇게, 이렇게 도와주다보니 건강도 얻게 되고, 정신도 서게 됐고, 다시 살게 됐어요. 아니, 삶의 보람과 의미도 얻게 됐어요. 바로 이 사람의 간증입니다. 이 말씀에 귀를 기울이세요. "신부님께서 돈이든 집이든 내게 베푸셨다면 나는 다시 자살했을 것입니다. 그러나 이상하게도 나를 도와주지 않고 내게 도움을 청했습니다. 그래서 깨달았습니다. 받으면 죽고, 베풀면 산다는 것을 말입니다."

여러분, 우리는 받기 위해서 애쓰고, 못받았다고 불평하고, 받는 게 적다고 원망이지만 그것 아닙니다. 받으면 죽고, 베풀면 살아요. 아직도 가지고 있어요. 아직도 남은 힘이 있어요. 죽기 전이라고 하더라도 아직도 안죽었어요. 여러분, 환자가 환자를 돕는 것을 아십니까? 병원에 입원해 있는 분들입니다. 걸을 수 있는 사람이 못걷는 사람을 도와요. 밥을 못먹는 사람이 다른 환자를 떠 먹여 줍니다. 환자가 환자를 돕습니다. 도우면서 내가 나의 건강을 찾는 것입니다. 다시 생각합시다. 받으면 죽고, 베풀면 산다, 받으면 죽고, 베풀면 산다…… 계속 받겠다고 몸부림을 치는데 그러면 죽어요. 자살할 수밖에 없어요. 지금 가지고 있는 것 중에서 지금 할 수 있는 것 중에서 다소라도 조금이라도 베풀고, 베푸는 쪽으로 생각을 돌리면 살 수 있다, 그런 말씀입니다.

윌리엄 어빈(Willian B. Irvine) 교수는 「욕망의 발견」이라고 하는 책에서 말합니다. '명성과 재산은 만족이 없다. 끝도 없는 것이고 마지막에는 명성과 재산은 사람을 죽이더라. 부와 명성은 절대로 목적이 될 수 없다. 그것은 의미가 될 수 없다.' 여러분, 내 손에 재물이 있는 동안 의미가 있다고 생각하십니까? 아닙니다. 내 손에서 떠날 때만 의미가 있어요. 저는 교회 목회를 하면서 미안하지만 꽤 많은 보석을 기증받아 팔아서 좋은 일에 썼습니다. 우리 교회의 권사님들 집사님들 이런 분들이 한참 젊었을 때에 보석에 미쳐서 좌우간 백화점을 지나가다가 좋은 보석이 번쩍번쩍하니 그 앞에 서면 발이 딱 붙어서 안떨어진대요. 그거 들여다보느라고 말입니다. 유리창으로 되어 있잖아요. 깨끗한 유리로. 그거 들여다보다가 또 '땅' 하고 부딪쳐서 안경도 깨지고. 아이구…… 자기가 스스로 생각했대요. '미친놈이 따로 없다. 내가 미쳤다.' 자, 이렇게 해놓고는 집에 가서 며칠을 두고 밤마다 남편을 주리튼대요. 그거 사달라고. 그거 사주기 전에는 절대로 나는 당신 사랑할 수가 없다고. 사랑한다면서 그것도 하나 안들어주느냐고 얼마나 졸라대는지 안사주고 못견딘대요. 그래 그걸 사주고, 사주고, 사주고…… 이렇게 해서 모아 놓았는데, 예수를 믿으면서 어느날 은혜를 받고 보니까 그게 원수더랍니다. 그걸 이렇게 저렇게 어디다 갖다 넣어놨는데 가정부가 알 거다, 아, 시어머니가 알고 있을 거다, 아, 딸놈이 알 거다…… 그래 이리 감추고 저리 감추고…… 밖에 나왔다가 들어가자마자 우선 그것부터 뒤져보는 것입니다. 있나 없나? 안녕한가? 이렇게 뒤져보는 것입니다. 이렇게 밖에 나와 다니면서도 그 생각만 하고 있으니, 그게 우상이지요, 우상. 안되겠다 싶어서 몽땅 싸들고 제게 왔어요. "목사님, 이 우상을 없애야 내가 살 거같습니다. 팔아서 적당한 데 쓰세요." 그래서 제가 그걸 팔려고 하니까 그래도 감정을 잘해야 될 거 아닙니까? 그래도 정당한 가격으로 팔아야겠기에 제가 세 곳에서 감정사에게 부탁해서 이게 얼마짜린가 의뢰해 봤더니 대단히 미안하지만 가짜 아닌 게 없어요. 자기는 진짜고 뭐 깨끗하다, 뭐 100% 몇 % 하고 샀는데 이제가서 감정해 보니까 그거 아니더라고요. 그게 다 흠이 있고 티가 있어서 아, 내가 봐도 티가 있더라니까요. 이걸 어쨌든 팔아서 여기저기 좋은 데다가 썼는데요. 생각해 보세요. 이렇게 우상을 딱 제거하고나니까 이제부터 자유롭다고 합니다. 여러분, 내가 가지고 있다는 거, 소유라고 하는 거, 절대 나를 행복하게 못합니다. 그것 가질 때뿐입니다. 어떤 땐 몇 시간, 몇 분간, 혹은 며칠 딱 지나면 아닙니다. 그래서 생각합니다. '명성과 재물은 만족이 없다. 부와 명성은 목적일 수 없다. 목적이 없는 데는 의미가 없다. 의미를 상실하면 살아야 할 이유가 없다.' 여러분, 이제 아시겠습니까?

변호사요 교수였던 켄트 케이스(Kent M. Keith)의 「그래도, Anyway 우리에겐 아직 희망이 있다」라고 하는 유명한 책이 있습니다. 그가 역설적 진리를 말합니다. '부나 권력이나 명예, 이것은 의미가 아니다. 의미는 오직 사랑과 함께 오는 것이요 베푸는 데서만 오는 것이다. 선한 일에는 목적이 분명해야 한다. 그래야 선한 일에 피곤이 없다.' 이렇게 실제적인 교훈을 주고 있습니다.

오늘 본문에 보면 한 사람이 예수님을 찾아왔습니다. 예수님 찾아온 사람 가운데는 많은 사람이 병자요, 가난하고, 어렵고 다 그런 사람들입니다만 오늘 이야기는 아주 특별 케이스입니다. 이 사람은 돈 있는 사람입니다. 가난한 사람도 아니고, 병자도 아닙니다. 예수님께 와서 이상한 요청을 합니다. '형을 명하여 내게 재산을 나누어 주라 하소서.' 이런 부탁을 하게 됩니다. 이건 이스라엘 사람들의 당시 풍속을 조금 알면 이해에 더 도움이 됩니다.

지금의 우리나라와 비슷한 데가 있습니다. 아들이 둘이 있다면,

자 이제 유산을 나눌 때 형은 두 몫을 갖고, 동생은 한 몫을 갖습니다. 한마디로 말하면 형은 2/3, 동생은 1/3, 이렇게 됩니다. 왜냐하면 형이 부모님을 모셔야 되니까. 부모님을 돌아가실 때까지 모셔야 되니까 재산을 좀 많이 갖고, 동생은 조금 갖게 돼 있거든요. 이렇게 돼 있는데 아마 형에게 재산이 돌아갔고, 자기는 동생이라서 1/3만 가졌는데 부모님이 빨리 돌아가셨어요. 일찍 돌아가시고 나니까 자, 이제는 형이 부모님을 모셔야 될 의무가 없지 않습니까? 그러니 동생의 생각은 부모님이 안계시니까 형이 두 몫을 가질 이유가 없어요. '반반 나눕시다.' 이겁니다. 이것 가지고 싸우는데 이게 해결이 납니까? 형은 부모님을 모시든 안모시든 형은 어디까지나 형이니 두 몫을 가져야 한다고 하고, 동생은 그건 어디까지나 부모님을 모시기 위한 의무에서 덤으로 주어졌던 거니까 내놔라— 이래서 지금 싸우는 것입니다. 아무리 봐도 이걸 해결할 것같질 않아요. 어느 재판장도 할 수가 없어요. 아마도 솔로몬의 지혜를 구하면서 이렇게 예수님께 와서 '형에게 명하여 재산 공정하게 나누도록 좀 해주세요' 하고 부탁을 드린 것같습니다. 그런데 예수님의 대답은 의외에 있었습니다. 아주 원칙적인 대답을 하십니다. "탐심을 물리치라." 탐심을 물리치라— 아, 귀한 말씀입니다.

 여러분, 생각해 보셨어요? "생명이 그 소유의 넉넉한 데 있지 아니하니라." 아주 원리적인 말씀입니다. 탐심을 물리치라. 이것이 마음에 평화를 얻을 수 있는 비결이요, 살아갈 수 있는 지혜라고 말씀합니다. 탐심을 물리치라. 탐심이 뭡니까? 여러분, 이거 십계명에 있는 것입니다. 우리가 십계명을 잘 외워가다가도 마지막 계명을 깜빡 잊어버려요. 살인하지 말라, 간음하지 말라, 도적질하지 말라 함은 옳은 말씀이지요. 마지막에 가서 탐심은…… '그건 뭐 죄가 될 것도 없는데.' 그런 생각을 하기가 쉬워요. 그러나 탐심이 나를 죽이고 남을 죽인다는 생각은 못했거든요. 십계명에 보면 탐심이라고 말할 때, 재물만 말하지 않았어요. 이웃의 재물이나, 뭐나, 뭐나, ……이웃의 아내까지도, 라고 말했어요. 남의 마누라 좋아하는 것도 탐심입니다. 결국 이걸 뒤집어 말하면 무슨 말입니까? 내 것으로 만족하라는 것입니다. 내게는 내 것이 중요해요. 이 철학이 중요합니다. 뭐든지 내가 가진 것이 제일입니다. 오늘 가지고 사는 게 제일입니다. 내가 타는 차가 제일이요, 내가 입는 옷이 제일이요, 오늘 내가 이만하면 난 넉넉해요. 죄송합니다. 자식도 내 자식이 제일입니다. 아, 어떤 부모들은 꼭 남의 자식만 좋아하더라고요. 그래서 아이들을 나무라면서도 '너는 왜 남만 못하냐? 아무개만 못하냐?' 합니다. 그게 바로 탐심입니다. 내게 주신 자식이 최고입니다. 내게 주신 이 얼굴 모양이 최고입니다. 그거 너무 불만해하지 마세요. 자, 여기서 생각해 봅시다. '탐심을 물리치라.' 디모데전서 6장 5절에 보면 "지족하는 마음이 있으면 경건에 유익이 있다"그랬어요. 지족한다는 것은 탐심의 반대입니다. 내가 가지고 있는 것 만족하기. 뭐든지 내가 가지고 있는 것이 최고다, 나의 현재 생활이 최고의 은혜다, 하나님의 내게 주신 최고의 작품이다, 내게 주어진 현실, 내 일생은 하나님의 큰 축복이다— 그렇게 생각하면 탐심을 물리칠 수가 있습니다. 그런데 어딘가 모르게 나 자신에게 불만이 많아요. 이것도 불만이고, 저것도 불만입니다. 그렇습니다.

여러분, 사람의 이 두뇌 구조를 보아도, 기억력이 좋은 사람이 통합력이 없어요. 또 머리가 좋다고 생각하는 사람을 가만히 보면 인내력이 없어요. 그것도 하나, 하나씩 좋은 것을 주셨더라고요. 저는 기억력이 없어요. 그래서 제가 미국에서 공부할 때 미국 교수님들한테 농담같은 진담으로 말을 많이 들었어요. '그 기억력 가지고 어떻게 공부하러 왔냐?' 그럽니다. 아, 기억력이 좋질 않아요. 확실히 잘 기억 못하거든요. 그러나 내가 또 논문을 쓰면 또 잘 써요. '넌 그 기억력 가지고 그건 또 어떻게 쓰냐?' 이런 이야기를 많이 들었습니다. 기억력 좋은 사람이 있고, 창의력이 좋은 사람이 있어요. 그것도 하나님께서 다 주시질 않았어요. 너무 잘 아시잖아요. 재주좋은 사람, 아주 머리좋은 사람, 아주 공부 잘하는 사람, 잘해봐야 남의 집 비서나 하지 더이상 출세 못해요. 이걸 알아야 됩니다. 큰일을 하는 사람은 하나같이 약간 멍청한 사람들입니다. 이 사람들이 의지도 있고, 고집도 있고, 그래가지고 뭔가를 만들어내더라고요. 그거 절대 머리 좋은 사람 아닙니다. 내게 주어진 것, 그것이 무엇이든 그것으로 지족하는 마음을 가져야 합니다. 만족합니다. 넘칩니다. 감사합니다.

　며칠전에 출판 기념회가 하나 있었는데 거기서도 그런 말을 했습니다. 가끔 질문을 제게 합니다. 후배들이 꼭 질문을 합니다. "목사님, 한평생 목회하면서 불만이나 유감이 없었습니까? 쉽게 말해서 설교를 하고나서, 설교 끝난 다음에 '아이구, 좀 더 잘 할 수 있었는데 잘못했다, 이렇게 했으면 좋았을 걸, 내가 이 말을 빠뜨렸다, 좀더 잘할 수 있었는데 내가 왜 이렇게 했을까?' 그런 유감이나 불만이 없었습니까?" 이젠 나이가 드니까 이 질문을 많이 받습니다. 저는 언제나 대답합니다. "없습니다. 나는 불만 한 번도 없었습니다. 왜요? 내가 생각했던 것보다 훨씬 잘했으니까. 내 노력했던 것보다 훨씬 잘했으니까. 내 수고했던 것보다 훨씬 잘됐으니까 할말 없지요." 아시겠어요? 제발 자기 자신에 대해서 불만하지 마세요. 그거 죄입니다. 그게 바로 탐심으로 이어집니다. 난 나로서 만족해요. 남의 것 부러워할 거 하나도 없어요. 여러분, 이게 겸손이요, 이게 정직이요, 이것이 믿음입니다.

'탐심을 물리치라. 스스로 만족하라. 스스로 감사하라. 그리고 공짜 좋아하지 마라. 공짜 좋아하지 마라.' 탐심이 있을 때, 내 영혼에 큰 상처가 갑니다. 큰 어려움이 생깁니다. 탐심을 이기고 나면 또 다른 큰 소득이 있습니다. 오늘 성경 말씀에 이 부자의 비유를 말씀하시는데 돈 많은 부자가 생각하기를 "내 영혼아……" 그래요. 이 얼마나 웃기는 소리입니까? '내 영혼아 오랫동안 먹고 마실 게 있으니까 마시고 먹고 즐기자 하되…' 하나님께서는 뒤에서 말씀하시기를 '야, 이놈아 오늘밤 네 영혼을 취하면 그것이 뉘 것이 되겠느냐?' 얼마나 참 난센스입니까? '내 영혼아.' 누가 이 말을 할 수가 있어요.

아주 유명한 얘기가 있지 않습니까? 형제가 있었는데, 형은 부모님을 모시고 있는데 자녀가 적고, 동생은 식구가 많아요. 아이들이 많아요. 그래서 보리밭에서 농사를 하면서 보리밭에 보릿단을 세워놨는데 형님 생각에 '동생들이 아이들 데리고 고생하겠다.' 그래서 밤에 자기 집의 보릿단을 동생의 집의 보릿단으로 옮겨놨어요. 또 동생은 생각하기를 '아, 뭐 나야 그저 애들하고 살면 되지만 부모님을 모시고 사는 형님이 많이 필요할 텐데.' 밤중에 몰래 동생이 보릿단을 형님의 밭에다 옮겨놨어요. 아침에 가보니까 그대로 있어요. 또 그 다음날 또 옮겨 놓는데, 옮겨 놔도 또 그대로 있어요. 이게 웬일인가 해서 가서 지켰어요. 지키다가 둘이 만났어요. 끌어안고 울었어요. 이 얼마나 아름다운 일입니까. 동생은 형을 위하고, 형은 동생을 위하다가 이 사실을 듣고 바로 거기가 하나님의 영광이 있는 곳이다 해서 바로 그 자리에 예루살렘 성전을 세웠다고 합니다. '탐심을 물리치라.' 그것은 베푸는 데 있습니다. 나를 생각하기보다 더 나아가서 남을 생각하는 데 있습니다. 성도 여러분, 나 스스로의 마음을 살펴보십시다. 탐심을 물리치라. 탐심을 물리치는 용기, 지혜가 있어야겠습니다. 사람은 얻었을 때 만족하고, 지킬 때 만족하고, 또 잃었을 때 섭섭하지만 딱 하나 베풀 때만 행복한 것입니다. 거기에 의미가 부여됩니다. 사람은 죽을 때마다 누구나 첫째, '좀더 참을 걸.' '좀더 즐길 걸.' 세 번째 후회가 있습니다. '조금 더 베풀 걸.' 얼마든지 베풀 수 있었는데 좀 더 베풀 걸 — 이것이 임종 직전의 모든 사람이 공통적으로 경험하는 후회입니다. 이 후회, 우리는 하지 맙시다. 삶의 의미는 베푸는 데 있고, 우리 마음속에 자리잡은 탐심을 물리치는 데 있다는 걸 깊이 생각하십시다. 그래서 예수님 말씀하십니다. '탐심을 물리치라. 사람의 생명이, 사람의 삶의 의미가 거기에 있는 게 아니다.' △

저희를 사하여 주옵소서

또 다른 두 행악자도 사형을 받게 되어 예수와 함께 끌려 가니라 해골이라 하는 곳에 이르러 거기서 예수를 십자가에 못박고 두 행악자도 그렇게 하니 하나는 우편에, 하나는 좌편에 있더라 이에 예수께서 가라사대 아버지여 저희를 사하여 주옵소서 자기의 하는 것을 알지 못함이니이다 하시더라 저희가 그의 옷을 나눠 제비 뽑을새 백성은 서서 구경하며 관원들도 비웃어 가로되 저가 남을 구원하였으니 만일 하나님의 택하신 자 그리스도여든 자기도 구원할지어다 하고 군병들도 희롱하면서 나아와 신 포도주를 주며 가로되 네가 만일 유대인의 왕이어든 네가 너를 구원하라 하더라 그의 위에 이는 유대인의 왕이라 쓴 패가 있더라

(누가복음 23 : 32 - 38)

저희를 사하여 주옵소서

　인도의 정신적 지도자였던 간디는 사람에게는 언제나 세 가지의 죄가 있다고 했습니다. 첫째는 공부를 하지 않는 죄입니다. 사람은 공부해야 됩니다. 계속 배워야 되는데 배우는 자세를 잃어버렸을 때 인간됨을 포기한 것이다— 그런고로 공부하지 않는 죄가 큰 죄라고 했습니다. 둘째는 알고도 행치 않는 죄입니다. 공부는 했는데 행동으로 옮기지 않는다면 그 또한 큰 죄가 될 것입니다. 셋째는 가르치지 않는 죄입니다. 내가 알았으면 가르쳐야지요. 또 소중한 진리라면 남과 공유해야 할 것입니다. 가르치지 않는 죄, 그것 또한 큰 죄라고 지적하고 있습니다. 결국 죄 중에서 가장 무서운 죄는 무식이라고 하는 죄입니다. 지식을 거부하는 죄입니다. 구약성경 호세아 4장 6절에 유명한 말씀이 있습니다. "내 백성이 지식이 없으므로 망하는도다……" 지식이 없으므로 망하는도다— 이 얼마나 중요한 이야기입니까. '네가 지식을 버렸으므로 내가 너를 버리겠다'고 했습니다. 지식을 버려서는 안됩니다. 바로 여기에 문제가 있습니다. 잘못된 지식에 매여서 새로운 지식을 거부합니다. 잘못된 생각의 감옥에 갇혀서 새로운 지식에 대하여 전혀 마음의 문을 열지 않습니다. 이보다 더 무서운 죄가 없습니다.

　역사적으로 가장 큰 사건의 장본인인 블라디미르 레닌(Vladimir Ilich Lenin)을 모르는 사람은 없을 것입니다. 그는 구소련 연방을 창건한 광신적인 공산주의자였습니다. 그와 함께 혁명을 일으켰던 동료가 레닌을 이렇게 평가합니다. '레닌은 혁명 외에는 아무것도 생각하지 않는 사람이다. 자나 먹으나 깨나. 꿈도 혁명 꿈을 꾸었다. 혁명이란 부르주아를 없애는 것이다. 부자를 없애는 것이다. 지주와 권력자를 없애고, 지성인을 없애는 것이다.' 그래서 혁명, 혁명, 혁명…… 이것을 한평생 외치면서 살았습니다. 그런데 그는 역사를 전진시킨 것이 아니라 후퇴시켰습니다. 복지사회를 이룬 것이 아니라 백만 명을 숙청하면서까지 혁명을 이루어보겠다고 몸부림을 쳐서 그 넓은 광활한 러시아 땅을 거지의 나라로 만들었습니다. 여러분, 러시아를 한번 여행해 보십시오. 땅이 그렇게 넓을 수가 없습니다. 그렇게 비옥할 수가 없습니다. 그렇게 좋은 여건인데 왜 못사나? 왜 거지가 됐나? 잘못된 공산주의 철학 때문에, 잘못된 지식 때문입니다. 거기에 붙들려 있는 동안 그만 자기도 죽고 많은 사람들을 그토록 비참하게 만든 것입니다. 역사를 되돌려놓은 사람이 되고 말았더라는 이야기입니다. 그러니 바른 지식이라는 것이 얼마나 중요합니까.

요한복음 11장 49절에서 가야바라고 하는 예수님 당시의 대제사장은 이렇게 큰 소리를 칩니다. "너희는 아무것도 모르는구나." 자기는 안다는 이야기입니다. "너희는 아무것도 모르는구나. 한 사람이 죽어서 민족이 편할 수 있다면 죽여라." 이런 생각은 철학적으로 공리주의라고 합니다. '어쨌든 한 사람이 죽어서 온 민족이 편할 수 있다면 그가 의인인지, 죄인인지, 하나님의 아들인지 아닌지는 알 바 아니다. 죽여 버려.' 이것이 가야바의 이론이요, 가야바의 철학입니다. 이 잘못된 지식 때문에 예수 그리스도를 십자가에 못박게 되고, 저도 망하고 나라도 망하게 되었던 것입니다. 가장 불쌍한 것은 진리를 떠나는 것이요, 진리를 모르는 무지함입니다. 사실 알고 보면 이 무지란 하나님의 엄연한 현재적 심판입니다. 현재적 심판−집행은 잠깐 유예되어 있지만, 벌써 정신세계에서 심판이 이루어졌습니다. 그것이 바로 자기고집과 집착으로 나타난 것입니다. 무지, 그것은 하나님의 심판입니다.

여러분, 이런 사람을 어떡하면 좋겠습니까? 이런 사람을 예수님께서는 십자가상에서 용서하십니다. "하나님이여 저들의 죄를 사하시옵소서. 저들이 하는 것을 모르기 때문입니다." 모르기 때문입니다. 무지하기 때문입니다. 하나님이여 용서하소서− 이 기도는 너무나 소중한 기도입니다. 어떤 분은 이렇게 말합니다. 어떤 신학자는 분명하게 이렇게 말합니다. '이 한마디가 없었다면 예수는 그리스도가 아니다.' 그렇습니다. 저는 개인적으로 생각합니다. 좀 외람된 이야기지만, 만일 예수님께서 십자가에서 내려다보시면서 '이놈들, 두고 보자. 심판의 날에 전부 지옥불로 몰아넣을 것이다' 하고 말씀하셨다면 어떻게 되겠습니까? '아니, 세상에 이럴 수 있나. 내가 그렇게 좋은 일을 많이 했는데, 병 고치고, 가르치고, 얼마나 많이 했는데 마지막에 이 꼴이 뭐람.' 세상을 그렇게 탓했다면 어떻게 되겠습니까? '아니, 내가 3년이나 가르쳐놨는데, 이 제자들이란 놈들은 뭐람. 어느 놈 하나 나와 같이 십자가에 죽는 사람이 없다. 도대체 이게 제자들인가?' 예수님께서 만약 이렇게 원망하셨다면 어떻게 될까요? 어느 쪽으로 생각해봐도 이것은 있을 수 없는 일입니다. 예수님께서는 십자가상에서 절박하게 바로 그 모순된 부조리의 십자가를 지시면서 "하나님이여, 저들의 죄를 사하소서. 모르기 때문입니다" 하고 기도하고 계십니다. "저들을 사하소서." 놀라운 말씀입니다.

십자가 밑에 있던 사람들은 어떻습니까? 십자가를 쳐다보면서

'내려오라. 남의 병도 고치고, 죽은 사람도 살리는 사람이 아니냐? 그 능력 많은 사람인데 십자가에서 내려오라. 내려오라. 내려오면 믿겠노라.' 이렇게 조소를 합니다. 비웃습니다. 이 비웃음을 당하시면서도 예수님께서는 침묵하십니다. 여러분, 이 순간의 의미를 알겠습니까? 얼마나 깊은 의미가 있습니까. 죽은 나사로를 살리신 예수님이십니다. 바다를 고요하게 하시던 분입니다. 그 큰 권세와 능력의 메시야에서 그 많은 조소를 들으시면서, '내려오라, 내려오라, 내려오라. 그러면 믿겠노라' 하는 비웃음을 들으시면서도 침묵하셨습니다. 때때로 우리는 억울한 말을 들을 때 꼭 한마디 하고 싶습니다. 침묵하십시오. 우리는 할수없어서 당하는 것이지, 할 수만 있다면 면하려고 할 것입니다. 그러나 또다시 생각합시다. 능력을 제한하고 생각을 고치고, 침묵하십시오. 침묵하십시오.

여러분 「밀양」이라고 하는 영화 보셨습니까? 못보셨다면 이제라도 보십시오. 우리나라에서 만든 아주 소박한 영화입니다마는, 아시아는 물론 세계적으로 유명한 작품이 되어 많은 상을 받았습니다. 그런데 제가 놀라운 것은 그것을 보고와도 무엇을 봤는지 모른다는 것입니다. 여기에 문제가 있습니다. 아주 의미가 있는 것인데요, 그 작품에 나오는 여자 주인공의 이름은 신애입니다. 배우 전도연이 그 역을 합니다. 신애라는 여인의 남편이 시원치 않았습니다. 사실은 못된 남편이었지만, 어쨌든 세상을 떠났습니다. 그리고 아들 하나를 남겼습니다. 그래서 신애라는 여인은 그 아들 하나만은 꼭 바로 키워보고 싶습니다. 그래서 생전 가보지도 못한 곳이지만, 남편의 고향이라서 아이를 데리고 그 낯선 밀양으로 갑니다. 거기 가서 어떻게, 어떻게 살면서 애를 키워보려 합니다. 그 아이 하나에 온 정성을 다합니다. 그런데 이 아이가 유괴를 당했습니다. 서울에서 온 아주머니라서 뭐 돈이나 좀 있는 줄 알고 누가 유괴해서 산으로 끌고 갔다가 죽여버렸습니다. 유일한 소망인 아들이 죽었습니다. 얼마나 비통하겠습니까. 그래 몸부림을 칩니다. 막 미친듯이 몸부림을 칩니다. 마침내 그 유괴범이 잡혔습니다. 지금 감옥에 있습니다. 이 어머니가 그렇게 몸부림을 치던 중에 아는 사람을 통해서 인도를 받아 교회에 나갔습니다. 그런대로 믿음을 얻었습니다. 하나님 말씀을 듣고 기도하며 몸부림을 치면서 마음을 가라앉힙니다. 그러다 마지막에는 여기까지 생각을 했습니다. '용서해야지. 주님께서 나를 용서하셨는데 까짓것 용서해야지. 내가 이런다고 죽은 애가 살아나는 것도 아니고 용서해야지.' 그런 마음을 가지고 많은 사람이 말리지만 끝내 범인을 용서하기 위해 감옥을 찾아갑니다. 용서하려고 찾아갔는데, 딱 면회하는 시간에 그 유괴범이 하는 말입니다. "나는 이 감옥에서 예수를 믿고 이미 죄 사함 받았습니다." 이러고 나옵니다. 그만 화가 났습니다. '내가 용서 안하는데 누가 용서했냐?' 이것입니다. 그렇지 않습니까. 그거 말 되거든요. 내가 원문을 읽을 테니까 잘 들어보세요. "그래요. 내가 그 사람을 용서할 수 없었던 것은 그것이 싫어서라기보다 이미 내가 그러고 싶었어도 그럴 수가 없게 된 때문이었어요. 그 사람은 이미 용서를 받고 있었어요. 나는 새삼스레 그를 용서할 수도 없었고 그럴 필요도 없었지요. 하지만 나보다 누가 먼저 저를 용서합니까? 내가 그를 아직 용서하지 않았는데 누가 나 먼저 저를 용서한단 말이에요? 그의 죄가 나 밖의 누구에게 먼저 용서받을 수가 있어요? 그럴 권리는 주님께도 있을 수가 없어요. 그런데 주님께선 내게서 그를 빼앗아가 버린 거예요. 나는 주님께 그를 용서할 기회마저 빼앗기고 마는 거란 말이에요. 내가 어떻게 다시 그를 용서합니까?" 내가 용서하지 않았는데 누가 저를 용서한단 말입니까. 그가 바라는 것은 이 유괴범이 무릎을 꿇고 "죽을죄를 지었습니다. 잘못했습니다" 하는 말을 듣는 것입니다. 그 말이 듣고 싶었던 것입니다. 그리고 나서 "예수님 이름으로 용서합니다" 하고 싶었던 것입니다. 그런데 내가 용서하기도 전에 벌써 용서받았다고 그러는 것입니다. 여기서 화가 난 것입니다. 그 몸부림을 치는 것은 이루 말도 못합니다.

내가 용서하지 않았는데 누가 용서합니까? 나는 아직 용서하지 않았는데, 또 용서하려고 하는데, 하나님께서 먼저 용서하셨다는 것입니다. 어떻게 받아들여야겠습니까? 여러분, 여기에 큰 갈등이 있고 고민이 있었습니다. 깊이 생각해 보십시오. 오늘 예수님 기도하십니다. 이거 꼭 잊지 마십시오. 이것은 도덕적 용서가 아닙니다. 이것은 신앙적 용서입니다. 저가 나에게 용서를 빌었기에 내가 용서하는 것이 아닙니다. 아니, 용서라고 하는 높은 덕성으로 내가 저를 용서하는 것도 아닙니다. 주님께서 용서하셨기 때문에 나도 용서할 뿐입니다. 도덕적 용서에서 신앙적 용서로 차원을 바꿔야 되는 것입니다. 여러분, 용서를 비는 사람 용서하기는 쉽습니다. 아니, 침묵하는 사람까지도 용서할 수 있을지 모릅니다. 그러나 우리의 용서의 의미가 어디에 있는가를 깊이 생각해야 합니다.

예수님께서는 지금 십자가에서 기도하고 계신 것입니다. 그 자리에서 '내가 너희들을 용서하노라' 말씀하시는 것이 아닙니다. 회개하지 않는 사람을 '내가 용서하노라' 말씀하시는 것이 아닙니다. 하나님께 기도하고 계신 것입니다. '하나님이여, 저들의 죄를 사하시옵소서. 자기들이 하는 것을 모르기 때문입니다.' 기도하고 계십니다. 최고의 사랑은 용서입니다. 구제가 아닙니다. 마음 깊은 곳에서부터의 용서입니다. 그 말은 마음속에 있는 미움, 증오, 원망을 깨끗이 지워버린다는 것입니다. 최고의 사랑은 용서입니다. 그리고 이 용서는 긍휼입니다. 이것은 높은 차원입니다. 높은 차원에서 낮은 자를 향한 긍휼, 사랑, 그것이 바로 하나님 아버지의 사랑입니다.

마태복음 18장 21절에 난센스가 있습니다. 예수님의 말씀을 가만히 듣다보니 '용서하라. 용서하라. 용서하라' 하시거든요. 베드로가 기가막혀 한번 물어보았습니다. '몇 번이나 용서할까요? 한 일곱 번쯤 용서할까요?' 그 이스라엘 사람들로서는 일곱 번이라는 말은 굉장히 중요한 말입니다. '일곱 번 용서할까요?' 그랬더니 예수님 말씀이 '일흔 번씩 일곱 번이라도' 하십니다. 할 말 있습니까? 여러분, 이거 꼭 기억해야 됩니다. 용서가 없이는 자유가 없습니다. 용서 없이는 내 영혼이 깨끗할 수 없습니다. 아니, 하늘나라에 들어갈 수가 없습니다. 예수님께서 분명히 말씀하셨습니다. 용서하지 아니하면 하나님의 자녀가 될 수 없습니다. 천국 문을 들어설 수 없습니다. 깊이 생각해야 합니다.

「벤허」라는 영화를 보면 처음부터 끝까지 벤허가 얼마나 고생을 합니까. 하나의 박애주의자로서 노예로 팔려가 매맞고 이리 끌려 다니고 저리 끌려 다니면서 갖은 고생을 다하면서도 끝까지 대항하지 않습니다. 박애주의자로서 끝까지 참고 견디고 인내합니다. 전혀 아무도 미워하지 않습니다. 오직 인내와 믿음과 사랑으로 승리합니다. 그에게 물었습니다. "어찌 당신은 이렇게 끝까지 그 많은 고생을 하면서 참고 견딥니까?" 그는 딱 한마디 대답을 합니다. "내가 예수님 십자가에 돌아가실 때 그 옆에 있었습니다. 예수님께서 그 모진 고난을 당하시면서 '하나님이여 저들의 죄를 사하소서. 저들이 하는 것을 모르기 때문입니다' 하실 때 그 소리가 내 마음에 들려오는 순간 내 손에서 검이 떠나가는 것을 느꼈습니다. 그 후로 나는 일생 손에 검을 쥐지 않았습니다. 아니, 누구도 미워하지 않았습니다." 이것을 잊지 말아야 합니다. '하나님이여 저들의 죄를 사하소서' 하는 그 순간 그 속에 내가 있음을 잊지 말아야 합니다. 아직 내가 회개 못하고 있습니다. 아니, 회개 못하고 있습니다. 회개할 마음도 없습니다. 그러나 주께서는 우리를 위하여 기도하십니다. '하나님이여, 저들의 죄를 사하소서.' 용서받은 바로 그 속에 내가 있는 것을 알아야 됩니다. 여기에 깊은 신비가 있습니다. 정죄와 심판은 하나님께서 하시는 일입니다. 우리는 누구도 정죄할 권리가 없습니다. 정죄할 자격도 없습니다. 누구도 비판할 수 없습니다. 여러분의 마음속에 다소라도 어려움이, 어두운 그림자가 있습니까? 깊이 반성해보십시오. 용서 못하는 사건이 있습니다. '아니, 이것은 용서할 수가 없다'는 바로 그 마음 때문에 내가 죽어 가고, 내가 병들어 가는 것입니다. 이것을 잊지 말아야 합니다.

    예수님께서는 더 신비로운 말씀을 하십니다. 조금 의역해서 풀이를 한다면 이렇게 될 것입니다. '하나님이여, 저들의 죄를 사하소서. 자기 하는 것을 모르기 때문입니다. 아직도 회개하지 못하고 소리를 지르고 있습니다. 주여, 저들 대신 내가 지금 죽고 있습니다. 속죄 제물로 내가 대신 죽어가고 있습니다. 내가 대신 죽을 것입니다. 하나님이여, 저들을 사하소서.' 이것이 주님의 마음입니다. '하나님이여, 저들의 죄를 사하소서.' 그 소리가 귀에 들려옵니까? 들려오

는 순간 나는 새로운 사람으로, 용서받은 사람으로, 아니 용서하는 사람으로 살아가게 될 것입니다. △

복의 근원이 되리라

아브라함이 가로되 아들아 번제할 어린 양은 하나님이 자기를 위하여 친히 준비하시리라 하고 두 사람이 함께 나아가서 하나님이 그에게 지시하신 곳에 이른지라 이에 아브라함이 그곳에 단을 쌓고 나무를 벌여놓고 그 아들 이삭을 결박하여 단 나무 위에 놓고 손을 내밀어 칼을 잡고 그 아들을 잡으려 하더니 여호와의 사자가 하늘에서부터 그를 불러 가라사대 아브라함아 아브라함아 하시는지라 아브라함이 가로되 내가 여기 있나이다 하매 사자가 가라사대 그 아이에게 네 손을 대지 말라 아무 일도 그에게 하지 말라 네가 네 아들 네 독자라도 내게 아끼지 아니하였으니 내가 이제야 네가 하나님을 경외하는 줄을 아노라 아브라함이 그 땅 이름을 여호와이레라 하였으므로 오늘까지 사람들이 이르기를 여호와의 산에서 준비되리라 하더라 여호와의 사자가 하늘에서부터 두번째 아브라함을 불러 가라사대 여호와께서 이르시기를 내가 나를 가리켜 맹세하노니 네가 이같이 행하여 네 아들 네 독자를 아끼지 아니하였은즉 내가 네게 큰 복을 주고 네 씨로 크게 성하여 하늘의 별과 같고 바닷가의 모래와 같게 하리니 네 씨가 그 대적의 문을 얻으리라 또 네 씨로 말미암아 천하 만민이 복을 얻으리니 이는 네가 나의 말을 준행하였음이니라 하셨다 하니라 이에 아브라함이 그 사환에게로 돌아와서 함께 떠나 브엘세바에 이르러 거기 거하였더라

(창세기 22 : 8 - 19)

복의 근원이 되리라

　성도 여러분, 때때로 우리를 슬프게 하는 그런 말들이 유행어처럼 입버릇처럼 그렇게 뇌까려지고 들려지는 것을 볼 수 있습니다. 모름지기 여러분의 입에서도 이런 말이 나왔을 거라 그렇게 짐작해 봅니다. '무자식 상팔자'라는 말입니다. 무자식 상팔자다- 여러분, 그런 말 한 적 없었습니까? 단 한 번이라도 했다면 그 말한 것 자체에 대해서 깊이 회개해야 할 것입니다. 무엇이 마음에 안들어서, 무엇이 그렇게 속이 상해서 무자식 상팔자라고 그랬습니까? 우리는 수없이 이 말을 듣고 삽니다. 참으로 슬픈 일이 아닐 수 없습니다.
　우리는 정말 극과 극으로, 도대체 헤아릴 수 없는 모순 속에 산다는 것입니다. 산부인과에 가서 한쪽에서는 아이가 생겼다고 낙태수술 해달라고 하고, 한쪽에서는 아이가 생기지 않는다고 어떻게든지 아이를 갖게 해달라고 하고. 한 사람은 아이 얻게 하기 위해서 산부인과에 가고, 또 한쪽에서는 멀쩡한 아이를 지워버려야 되겠다고 와서 이 난리입니다. 상상을 해보세요, 산부인과 의사의 고민을. 극과 극입니다. 이것이 바로 우리 현실, 우리가 사는 세상의 모순의 상징적 모습입니다.
　사람들은 전혀 자녀들로 인해서 얻은바 행복, 아니, 얻고 있는 그 행복을 기억하지 못할 때가 너무나 많습니다. 왜 그런 일이 있잖아요. 자식을 위해서 고생한다, 고생한다, 하지만 그 고생 다 끝나고 나니까 죽더라고요. 왜요? 그 고생하는 바로 거기에 행복도 있었고 삶의 의미도 있었거든요. 그거 끝나니까 나는 살아야 될 이유가 없어지고 말아요. 이렇게 소중한 일인데 우리가 이것을 미처 생각하지 못하고, 아무 생각 없이, 책임 못질 저주스러운 말을 뇌까리며 살아가고 있단 말입니다.

때때로 자녀들이 뜻대로 안된다고 하지요. 내 뜻대로 안돼서 원망하지요. 거 이상하게도 어쩌다가 텔레비전 드라마를 보면 하나같이 이 얘기입니다. 부모가 생각하는 결혼이 있는데, 며느리감과 혹은 사윗감이 있는데, 자녀가 그게 싫대요. 어른들은 '조건'을 생각하지만 젊은 사람들은 'feeling'을 생각합니다. feel. 아무리 조건이 좋아도 가서 옆에 딱 앉으면 뭔가 feel이 와야 되는데 이거 안온다는 것입니다. 이러면 그건 틀렸다는 겁니다. 이게 바로 포스트 모더니즘의 결론입니다. 그러니까 어른들과 젊은 사람들 사이에 이게 해결이 안됩니다. 그게 드라마의 총주제입니다. 가만히 보니 드라마가 그거 빼놓으면 아무것도 없어요. 그걸 보면서 이게 인간의 모습이다, 그거 왜 그래야 되나, 그럴 이유가 하나도 없는데…… 그런 생각을 해봅니다. 어쨌든 원망과 불평, 그리고 모순과 반전, 그것이 바로 우리가 사는 세상이 아닌가 하는 생각을 해봅니다.

여러분, 다시 우리가 성경으로 돌아가서 한 대답을 얻어보십시다. 분명코 대답이 있습니다. 분명코 해결이 있습니다. 자, 이제 옛날 얘기 같지마는 다시 성경으로 돌아가서 아브라함의 가정을 보십시다. 하나님께서 아브라함에게 복을 주실 때에 대략 크게 두 가지를 주셨어요. 하나가 자녀의 복이고, 하나가 땅의 복입니다. '지시할 땅으로 가라, 땅을 주겠다' 하시는 복이 있고, 또하나는 '자녀를 주겠다' 하시는 것입니다. 그래 이걸 해석할 때에 자녀를 주신다는 말은 영원성을 말합니다. 계속 이어지는 거니까요. 땅이라는 것은 그의 권력의 영역을 말합니다. 사람의 삶 속에 있는 그 권력의 영역, 소위 정치적 본능, 정치적 행복이라는 것입니다. 그 속에서 행복을 누려가는 게 사실이거든요.

자, 그래서 이 두 가지 복을 하나님께서 주셨는데 그리고 하시는 말씀이 "복의 근원이 되리라" 하는 것입니다. 창세기 12장에서 분명히 말씀하십니다. 복의 근원이 되리라, 너만 복된 게 아니고 네가 바로 살게 될 때 네가 복의 근원이 되어서 너로 인해서 모든 민족, 모든 사람이 복을 받게 될 것이라고 말씀하십니다. 대단히 중요한 말씀 아니겠습니까? 그러면 이 속에 분명히 해답이 있는 것입니다. 문제는 아브라함의 믿음입니다. 하나님께서 아브라함에게 말씀하시고 믿음 갖기를 원하십니다. 그런데 아브라함이 믿음을 따라 살아가지를 못합니다. 믿는다고 하면서 완전하지 못했어요. 그래서 몇 주일 전에 말씀드린 것처럼 분명히 17장에서 말씀하십니다. '아브라함아, 왜 휘청휘청하느냐? 왜 그렇게 흔들리느냐? 너는 내 앞에서 완전하라. 나는 전능한 하나님이다. 나는 하나님이고 너는 인간이다. 전능한 내가 전능치 못한 너와 함께하고 있다. 너는 내 안에 있다. 그런고로 믿음을 가지고 완전하라.' 이렇게 말씀하십니다.

자, 이 완전함을 따라가려고 할 때 문제가 생깁니다. 그게 바로 기다림입니다. 믿음은 기다림입니다. 여러분, 잘 아시는 대로 믿으면 기다리는 것이 어려운 일이 아닙니다. 왜 기다림이 어려워지는가? 믿음이 흔들리기 때문입니다. 믿음만 확실하다면 10년이면 어떻고, 100년이면 어떻습니까. 믿어! 그리고 기다려요. 그런데 그 믿음과 기다림, 바로 거기에 문제가 있는데 조금 어렵긴 합니다. 기다림, 그저 1년이고 2년이고 거 몇시간이면 어떻습니까만 이게 아니거든요. 25년이거든요.

    나는 텔레비전을 보면서 참 재미있는 얘기라고 생각을 해보았습니다. 우리 잘 아는 이명박 장로님. 대통령 되기 전입니다. 텔레비전에 가정에 대한 얘기가 나왔을 때, 기자가 물어보았어요. 아내 권사님에게 묻기를 "어떻게 이 남자하고 결혼하게 됐습니까?" 그러니까 또 대답이 솔직해요. 그 뭐 생긴 것도 시원치 않고, 돈도 없고 해서, 별로 그렇게 결혼할 마음 없었는데 오빠가 사람이 괜찮으니 결혼하라고 해서 한 두어 번 만났답니다. 그런데 만난 다음에도 별로 마음에 끌리질 않았대요. 그 고민하는 중에 세 번째 만날 때― 이게 아주 재미있는 얘기입니다. 시험을 걸었어요. 어디서 몇시에 만나자고 해놓고는 일부러 2시간 늦게 갔대요. 그리고 생각하기를 '2시간 동안 기다리고 앉았으면 결혼하고 만약 기다리지 못하고 가버렸으면 그만두지. 뭐 정든 것도 없는데.' 이런 생각을 하고 시험을 걸었대요. 정확하게 2시간이 지난 다음에 떡 들어서서 "아이구, 늦어서 미안합니다." 한마디 했대요. 그랬더니 이 장로님 하시는 말씀이 "요새 교통도 그렇고 한데 뭐 그럴 수 있지요, 뭐." 아, 그러더래요. '아이쿠, 이 남자 이거 괜찮은 남자다.' 그래가지고 결혼을 했대요. 그런데 뭐 그렇게 할말도 없는데 얘기 좀 하자고 하더니 차 타라고 그래서 차를 탔더니 어머니 산소에 가서 무덤 앞에 가서 한참 앉아서 기도하고나서 큰 소리로 이리 오라고 해서 권사님을 옆에다 앉혀놓고 무덤을 향해서 그러더랍니다. "어머니, 셋째며느리 왔습니다." 그래서 결혼했대요. 도대체 프러포즈가 뭔지도 모른대요. 뭐, 그렇게 됐다고 그래요. 그러나 한 가지만은 분명해요. 2시간을 기다렸대요, 말없이. 거 괜찮은 남자지요? 요새 이렇게 한번 테스트한다면 합격할 사람 별로 없을 것같아요. 2시간은 고사하고 30분만 늦어도 난리가 터지는데요. 아무 말 없이 2시간을 기다린 것입니다. 그래요. 그렇습니다. 믿음은 기다림이요, 기다림은 믿음이거든요. 그런데 하나님께서 이건 좀 지나치십니다. 25년입니다. '25년을 기다려라.' 아브라함이 이 기다림 속에서 좀 휘청거렸어요. 실수를 좀 합니다.

또한 환경에 흔들렸어요. 땅을 주신다고 했지만 흉년이 들었거든요. 흉년이 들면 먹을 것이 없어요. 그래서 그는 애굽으로 가고 휘청거려요. 이 환경이 우리 믿음을 흔들어놔버립니다. 또하나, 많은 걱정과 두려움이 있어요. 왜요? 여기서 끝이 아니고 '이제 앞으로 어떻게 되려나, 이 상황이 어떻게 더 변하려나' 하는 두려움이 있어요. 여기서 그만 인간적인 지혜를 가지고 아브라함이 실수를 하게 됩니다. 성경 보시는 대로입니다. 조금만 더 기다렸더라면 좋았을 걸. 조금만 더 흔들리지 않았더라면 얼마나 좋았을까? 그런 아쉬움이 있어요.

에드워드 M. 할로웰(Edward M. Hallowell)의 「창조적 단절」이라고 하는 책이 있습니다. 그 책에서 그는 이렇게 말합니다. 첫째, 너무 급하게 서둘러서 기다림을 상실한 끝에 인간은 불행합니다. 조금만 더 기다렸으면 되는데. 여러분, 그렇지 않습니까? 조금만 더 기다리면 되었을 텐데, 너무 급하게 말했어요, 너무 성급히 판단했어요, 너무 머리를 빨리 굴려버렸어요. 조금 더 기다렸어야 하는데. 둘째, 과잉 정보로 인해서 가치관을 잃어버렸어요. 우리가 보는 거, 듣는 거 너무 많아요. 뭐, 이것도 생각하고 저것도 생각하고 너무 생각이 복잡해요. 그러다보니 그만 흔들리게 되는 것입니다. 그리고 셋째, 그보다 더 중요한 것은 걱정과 두려움이 일상화하여 버렸다는 것입니다. '걱정도 팔자'라는 말이 있잖아요. 해 버릇하면 버릇돼요. 그렇지 않습니까? 그래서 조금만 늦어지면 차사고 났나, 또 조금만 늦어지면 죽었나, 조금만 아프면 무슨 죽을병이 걸렸나 생각합니다. 내버려둬도 죽어요. 뭘 그렇게 걱정하십니까? 그럴 거 없는데 이 난리를 치는 것입니다. 거, 그럴 필요가 없습니다.

「버킷 리스트」라고 하는 영화가 있습니다. 요새 상영하는 영화인데 꼭 봐야 될 것같다고 해서 제가 가서 봤어요. 특별한 영화입니다. 두 사람이 병원에 입원했는데 하나는 부자이고 하나는 가난한 사람입니다. 두 사람이 다 6개월 내에 죽기로 돼 있어요. 이렇게 죽게 되니까 생각이 많잖아요. 지난날에 뭘 잘못했고, 뭘 잘못했고, 뭘 잘못했고, 후회가 많아요. 그 돈많은 사람은 자기가 결혼 네 번 해봤지만 다 잘못되었던 것이고, 후회가 많아요. 두 사람이 생각을 합니다. 지나간 거 생각해서 뭐하나? 지나간 건 생각하지 않기로. 그러면 뭘 생각하는가? 이제부터 남은 시간에 뭘 할까? 전에 하고 싶었던 것, 하고 싶어도 못했던 것, 남은 시간에 해버리자. 그 리스트를 딱 써놓고 하나하나 지워가면서 다 해보는 것입니다.

여러분, 한번 생각해 보십시오. 인생 지난날 가지고 뭘 어찌고 어찌고 그러지 말고 이제부터 남은 시간에 내가 뭘 할까? 이게 중요한 것입니다. 이것이 문제의 해답을 주는 것입니다. 여러분, 오늘 본문에 나타난 이 말씀은 결정적 시간이라고 생각합니다. 아브라함 얘기 중에 이 본문은 클라이막스입니다. 도대체 이해가 안되는 말씀이기도 합니다. 22장 1절부터 보면요 "이 일 후에 아브라함을 시험하시려고" 그랬어요. "시험하시려고 그를 부르시되 아브라함아 하시니 그가 가로되 내가 여기에 있나이다 여호와께서 가라사대 네 아들을 네 사랑하는 독자 이삭을 데리고 모리아 산으로 가서 내가 네게 지시하는 산 거기서 그를 번제로 드리라." 사랑하는 독자를 번제로 드리라 – 이거 말 됩니까? 번제라는 것은 제사 중에서도 몽땅 불태워서 드리는 제사입니다. 피 한 방울 없이 몽땅 불태워서 드리는 제사를 번제라고 합니다.

아니, 그 아들 어떻게 얻은 아들입니까? 100세에 얻은 아들입니다. 지금 27살 정도 되어보이는데 아직 장가도 못보냈어요. '27살 난 그 아들을 모리아 산에 데리고 가서 불태워서 드려라.' 이게 하나님의 명령입니다. 이거 하나님 너무 하시는 거 아닙니까? 이건 기다리라는 얘기하고 또 달라요. 뭐 이래라 저래라 하는 얘기가 아닙니다. 도덕적인, 윤리적인 얘기가 아닙니다. 생각해보건대 오히려 반윤리적입니다. 왜? 아들을 죽이라는 거 아닙니까. 게다가 또 있어요. 약속이 틀리잖아요. 불합리하지 않습니까? 이 아들을 통해서 하늘의 별처럼 바다의 모래처럼 자손을 주신다, 복의 근원이 되리라고 하셨는데 그 아들을 죽이라고요? 게다가 살인을 하라고요? 이것은 말이 안되는 것입니다.

여러분, 말 되는 것만 가려가면서 순종하면 순종이 아닙니다. 말 안되는 것을 순종해야지. 도대체가 말이 안되는 것입니다 이것은. 그런데 전설대로 보면 아브라함이 고민을 많이 합니다. '하나님, 이거 아니지 않습니까? 이게 아닌데요. 내가 하나님의 음성을 잘못 들었나요? 어떻게 그럴 수 있습니까? 어떻게 아들을 죽이라는 것입니까? 약속이 틀리지 않습니까?' 고민을 많이 해요. 그리고 마지막 결론을 내립니다. 마치 예수님께서 겟세마네 동산에서 내 뜻대로 마옵시고 아버지의 뜻대로 하시라고 딱 결정을 하는 것과 같은 결론입니다. '하나님, 하나님께서 주신 자녀 하나님께서 달라고 하시는데 드리지요. 하나님께서 주신 자녀, 하나님께서 원하시는데 드릴게요.' 그리고 아들을 데리고 갑니다. 이 사흘길이라는 말이 특별히 또한 중요합니다. 당장 드리라는 게 아니고 사흘길을 갑니다. 가면서 얼마나 고민을 하겠어요, 사흘 동안. 잠을 자겠어요, 밥을 먹겠어요? 사흘 동안. 이 어려운 고비를 넘어서 모리아 산에 갑니다. 지시할 땅에서 제단에다가 자식을 올려놓고 칼을 들어서 내려치는데 바로 그 순간에 하나님의 음성이 들립니다. "아브라함아." 어떤 분은 그래요. 하나님도 급하셨다고 그래요. 그래서 두 번 부르셔요. "아브라함아, 아브라함아, 손대지 마라!" 자 그리고 말씀하십니다. "이제야 네가 나를 경외하는 줄을 알았다." 그리고 오늘 성경 말씀대로 복을 주십니다. 이제 복을 주시는데 이 복이야말로 창세기 12장 처음에 시작했던 복이 이제와서 이루어지는 것입니다. '복의 근원이 되리라'고 여기서 암시하십니다. 앞으로 네 자손 중에서 메시야가 날 것이다— 큰 복이 여기 클라이막스로 주어집니다.

가만히 생각해보세요. 현대인들의 문제가 여기에 있습니다. 자식을 사랑해요. 그런데 그 사랑이 병들었어요. 보세요. 사랑 없이 육체적 욕망에서 자식을 얻는 수가 너무 많아요. 사랑한 일도 없고, 뭐 심지어는 결혼할 마음도 없어요. 어떻게 어떻게 되어가지고 육정이 앞서 행동이 먼저 갔어요. 이미 아이가 생겼습니다. 그 다음에 사랑이 어떻고, 뭐가 어떻고…… 그건 그 다음 얘기입니다. 순서가 바뀌었어요. 생각해보세요. 사랑하고 약속하고 맹세하고 그 다음에 이런 정신적 사랑, 신앙적 사랑, 영적 사랑이 가야 하고 육체가 가야 하는데, 육체가 먼저 가버렸어요. 그 다음에 이걸 정당화하는 것, 이것이 현대인의 생각입니다. 이게 바로 포스트 모더니즘의 결정적 약점입니다. 그래서 전혀 원치 않는 자녀들을 낳기도 하고 이때문에 큰 어려운 범죄를 합니다. 통계에 의하면 1년에 35만 명이 낙태수술을 합니다. 줄잡아서 하루에 1,000명. 하루에 어린아이, 살아 있는 생명을 1,000명씩 죽이고 있어요. 그런데도 이 땅에 하나님께서 복을 주시겠습니까? 멀쩡한 생명이 하루에 천 명씩, 이 땅에서 지금 죽어가고 있어요. 죽이고 있어요. 살인행위를 하고 있는 것입니다. 이게 현실입니다. 왜? 원치 않는 자녀를 가졌기 때문이지요. 또 그런가 하면 자녀를 낳아놓고도, 낳아놓고도 또 후회가 많아요.

좀 미안한 얘기입니다만 제 사랑하는 가까이 지내는 친구가 하나 있는데 막내가 중학교 3학년인데, 또 막내를 낳았어요. 늦둥이를. 그러니까 이게 얼마나 골치가 아파요. 어딜 좀 가려면 저 놈이 자꾸 우니까 저것 때문에 어찌할 수가 없어요. 그때마다 중얼중얼합니다. '저건 괜히 태어나가지고…… 아, 저거 낳지 말아야 되는 건데 그만 실수로 낳아가지고…… 이걸 어떡하나.' 우리가 어디 한번 같이 놀러 간다고 해서 가려는데, 그 아이가 또 문제가 되니까 "난 얘 때문에 못간다"고 그러면서 또 한바탕 불평을 합니다. 안되겠어요. 두 사람 이리 오라고. 딴 방으로 데리고 들어가서 문을 딱 잠그고 제가 한마디 했어요. "그 애가 지금 당신들이 하는 말을 알아듣는다면 얼마나 기가 막히겠소. 나는 세상에 태어나지 말아야 될 것이 태어났다고, 애가 이걸 알아듣는다면 어떻게 될 것같소? 말조심하시오." 하니 벌벌 떱니다. 아, 절대 조심하겠다고. 그 다음부터는 그 말을 안했대요. 그 다음 얼마 후에 날 만나가지고 하는 말이 "목사님, 걔가 우리 집에 없었더라면 살 재미가 없을 뻔했어요. 너무너무 예뻐요." 말조심하세요. 안그렇습니까? 그래서는 키우면서 계속 저주하는 것입니다. 저주하면서 자란 자녀가 어떻게 복을 받겠어요? 어떻게 잘되길 바랍니까? 사랑하고 원하고 간절히 바라고 또 기도하고, 그리고 하나님의 선물로 얻은 자녀여야 한단 말입니다.

유명한 성경이 있습니다. 갈라디아서 4장 28절 이하에 보면 약속의 자녀가 있고 육체의 자녀가 있다 했습니다. '아브라함에게 이삭은 약속의 자녀이고 이스마엘은 육체의 자녀다' 이것입니다. 같은 아브라함의 종자이지만 달라요. 약속의 자녀, 육체의 자녀, 딱 구별해서 사도 바울이 설명합니다. 여러분, 우리가 자녀를 잘못낳아서 잘못키울 때 자기사랑의 연장으로 생각을 해요. 에로스의 연장으로 생각을 해요. 그래서 내 뜻대로 되느니 안되느니 합니다. 하나님이 보내신 하나님의 사람을 내가 봉사하고 있을 뿐입니다. 그래서 기도하고 기도의 응답을 받고 하나님께서 주신 선물로 받습니다. 그리고 감사하며 조심스럽게 그렇게 키워가야 할 것입니다.

여러분, 축복받지 못한 자녀들이 너무도 많아요. 축복받지 못하고 자라는 자녀들이 많아요. 거기에 문제가 있는 것입니다. 여기서 또하나의 중요한 문제가 나타납니다. 때로 사랑을 받는다 하더라도 자녀가 우상이 되고 있어요. 어느 사이에 우상이 되고 있어요. 하나님께서 아브라함을 시험하셨다고 했는데 그 시험은 아마도 바로 이것입니다. 100세에 얻은 자녀이니 얼마나 귀하겠어요? 그 동안에 이거 키우느라고 정신이 없어요. 27년 동안 이거 들여다보고 이거 사랑하고 이거 함께하는 데 그만 온 정신이 다 팔려 어쩌면 하나님 앞에 경배하는 것도 잊어버렸는지 모르겠어요. 하나님께서 결정적인 시간에 물으십니다. '그 아들을 내게 바쳐라.' 여러분, 아시겠어요?

자식이 우상이 되면 안돼요. 자식이 우상이 되는 동안 문제가 생기는 것입니다. 하나님께서 '바쳐라' 그러십니다. 이제 양자택일을 해야 되겠어요. 그런데 오늘 성경을 가만히 보면 아브라함, 또 특별히 그 놀라운 것이 있습니다. 사라, 이삭 다 훌륭해요. 사라의 입장에서는 이 아들 하나밖에 없잖아요. 이 아들을 어떻게 내놓습니까. 그런데 사라가 이걸 양보해요. 이거 대단한 믿음이고요. 또 이삭을 보세요. 27살입니다. 아마 아버지가 뭐 이런 얘기 저런 얘기 하면 이럴 것입니다. '이거 뭐 100세가 넘더니 노망을 했나.' 어떻게 하나님이 자기 아들을 죽이라고 하겠느냐고 대들면 그만입니다. 그런데 안해요. 그대로 따라갑니다.

그리고 전설에 의하면 이렇습니다. 제단을 만들어놓고 아브라함이 이렇게 말합니다. "이삭아" "네" "내가 너를 사랑하는 줄 알지?" "압니다." "내가 하나님 사랑하는 것도 알지?" "압니다." "내가 널 얼마만큼 사랑하니?" "아버지 생명보다도 나를 더 사랑하십니다." "알았어. 고맙다. 내가 너를 사랑하는 줄 알았으면 제단에 올라가라." 이삭이 그 아버지의 명령을 따라서 제단에 올라가서 제물이 됩니다. 그 아버지와 그 아들의 믿음을 생각해보세요. 하나님 앞에 있는 아브라함, 하나님 앞에서 순종하는 이삭, 나는 아무리 생각해봐도 이 아들과 아버지의 이 신의, 믿음, 굉장한 것입니다. 이건 역사상에 다시 있을 수 없는 일입니다. 이 거룩한 사건 앞에서 하나님께서 말씀하십니다. "이제 네가 복의 근원이 되리라."

여러분, 자식이 우상이 되면 결과가 어떻게 되는가를 우리가 잘 알고 있지 않습니까? 신앙 없는 자식 사랑, 아무것도 아닙니다. 아브라함과 이삭, 그리고 사라, 하나님 앞에서 경건하게, 절대적 신앙으로, 여기서 엄청난 역사가 이루어지는 것입니다. 복의 근원이 됩니다. 아브라함은 100세에 얻은 아들을 하나님께 드림으로써 그 아버지의, 그 아들의 믿음이 마침내 하나님의 축복을 받아서 복의 근원이 됩니다. △

행복할 수 없었던 행복

그가 라헬에게 입맞추고 소리내어 울며 그에게 자기가 그의 아비의 생질이요 리브가의 아들됨을 고하였더니 라헬이 달려가서 그 아비에게 고하매 라반이 그 생질 야곱의 소식을 듣고 달려와서 그를 영접하여 안고 입맞추고 자기 집으로 인도하여 들이니 야곱이 자기의 모든 일을 라반에게 고하매 라반이 가로되 너는 참으로 나의 골육이로다 하였더라 야곱이 한 달을 그와 함께 거하더니 라반이 야곱에게 이르되 네가 비록 나의 생질이나 어찌 공으로 내 일만 하겠느냐 무엇이 네 보수겠느냐 내게 고하라 라반이 두 딸이 있으니 형의 이름은 레아요 아우의 이름은 라헬이라 레아는 안력이 부족하고 라헬은 곱고 아리따우니 야곱이 라헬을 연애하므로 대답하되 내가 외삼촌의 작은 딸 라헬을 위하여 외삼촌에게 칠 년을 봉사하리이다 라반이 가로되 그를 네게 주는 것이 타인에게 주는 것보다 나으니 나와 함께 있으라 야곱이 라헬을 위하여 칠 년 동안 라반을 봉사하였으나 그를 연애하는 까닭에 칠 년을 수일 같이 여겼더라
(창세기 29 : 11 - 20)

행복할 수 없었던 행복

　오늘은 어버이주일을 맞아 지극히 개인적인 제 자신의 간증의 말씀을 좀 드리겠습니다. 이 점을 이해하시면 좋겠습니다. 이제 나이가 좀 있고 보니 젊은 목사님들, 후배 젊은 목사님들이 세미나를 하든지, 모임을 가질 때마다 제게 질문을 많이 합니다. 후배로서 선배에게, 또 제자로서 스승에게 질문을 하는데 그 질문 중에 가장 심각하고 또 많이 하는 질문이 두 가지가 있습니다.

　하나는 '목사님 한평생 목회하시면서 목회 50년 동안에 제일 어려웠던 때가 언제입니까? 제일 어려운 문제가 무엇이었습니까? 그걸 어떻게 해결했습니까?' 이게 제일 큰 질문입니다. 그런데 이 문제에 대해서는 제가 몇 주일 전에 대답을 드렸습니다. 그런고로 오늘 다시 말씀을 하지는 않겠습니다. 두 번째 질문이 있습니다. '가장 감격스럽고 잊을 수 없었던 행복한 시간이 언제였습니까? 가장 행복하고 만족스러운 때가 언제였고, 그 일은 무엇이었습니까?'라고 묻습니다. 이제 그 대답을 하려고 합니다. 그것은 첫째, 제 아들이 목사가 된 날입니다. 목사는 자기가 목사일 뿐만 아니라 가능하면 내 자녀들 중에 이 거룩한 성업이 이어지기를 바라는 간절한 마음이 있습니다. 목사는 다 그렇습니다. 그런데 그게 마음대로 되는 게 아닙니다. 제 아들이 목사로 안수받는 날 저는 얼마나 감격하고 얼마나 울었는지 모릅니다. 이것이 제일 기쁜 날이었습니다.

　그러나 또 있습니다. 더 큰 기쁨이 하나 더 있었습니다. 지금 제 아들도 제가 지금 무슨 말을 하는지 모르고 있습니다. 제가 프린스턴 신학교를 나왔는데요. 마침 어제 프린스턴 신학교 총장이 오셔서 점심을 같이 했습니다. 제가 프린스턴을 나오고 해서 바라건대 제 아들도 프린스턴 신학교를 나왔으면 했는데 고맙게도 그렇게 되었습니다. 제가 조직신학을 공부하면서 프린스턴을 나왔는데 제 아들도 조직신학을 공부하면서 프린스턴을 나왔어요. 이 자체가 또한 참으로 행복한 일입니다. 저로서는 자랑스러운 일입니다. 또 프린스턴 신학교의 자랑이라고 그럽니다. 아버지가 나오고 아들이 또 가서 공부하고, 이렇게 된 것입니다.

언제가 한번 학교를 방문했을 때 총장님하고 같이 단둘이서 점심을 하게 됐습니다. 딱 둘이 앉은 자리에서 총장님이 제게 말씀을 합니다. 그분은 살아 있는 사람을 앞에 놓고 '내가 당신을 제일 존경합니다. 당신이 부럽습니다.' 이렇게 말해 본 일이 자기 기억에 별로 없다고 합니다. 그러나 오늘 이 시간 자기가 말하는데 '나는 당신을 최고로 존경하고 당신이 부럽다'고 프린스턴 총장이 나더러 말했습니다. 이렇게 말하니 내가 몸둘 바를 몰라서 "What does it mean?" 그게 무슨 뜻인가, 무슨 말이냐고 물었습니다. 이제 들어보라고. 당신 아들이 이 학교 와서 공부하고 있을 때 어느 때 단둘이서 식사할 때가 있었다고. 그 때에 당신 아들에게 물어보았다고. 당신이 공부하면서 여기서 많은 훌륭한 교수님들도 만나고 또 책을 통해서도 훌륭한 교수님들, 훌륭한 학자들도 만나고, 목사님들도 만나게 되는데 '당신 일생을 통해서 제일 존경하는 신학자가 누구냐'고 물었답니다. 그랬더니 제 아들이 대답하기를 "우리 아버지!" 그러더랍니다. 그만 그 말을 듣자마자 눈물이 팍 쏟아지고 도대체가 더이상 말을 할 수가 없었습니다. 그 말을 들으면서…… 왜요? 내 아들놈은 교회도 안

나갔었는데 어떻게 그래, 그렇던 아들이 신학공부를 하면서 '우리 아버지가 최고다.' 이런 말을 들을 수 있느냐는 것이지요. 그야말로 이런 말을 한 번만 듣고 죽어도 한이 없는데 그 말을 듣고 나는 당신을 잘 모르지만 존경하게 됐다고, 아들로부터 '내가 세상에서 제일 존경하는 것은 우리 아버지입니다.' 이 말을 들을 수 있는 사람이 어디에 있겠느냐고. 그래서 나는 당신을 존경한다, 또 부러워한다고 그렇게 말합니다. 정말입니다. 그 시간이, 아니, 그 날이 내게는 행복의 극치였습니다. 정말 그랬습니다. 이대로 죽어도 한이 없다고 했습니다. 너무도 행복했습니다.

여러분, 깊이 생각해 보세요. 효도라는 게 뭡니까? 효도를 우리가 잘못 생각할 때가 있어요. 효도를 구제 사업으로 압니다. 부모들을 뭐 불쌍히 여기고, 용돈이나 드리고…… 그게 아닙니다. 성경은 말씀합니다. "부모를 주 안에서 공경하라." 공경이라는 표현을 합니다. honor, 공경이라는 말은 높은 뜻을 가지고 있습니다. 이것은 불쌍히 여기는 게 아닙니다. 이것은 구제 봉사가 아닙니다. 이것은 최고의 존경과 신뢰와 자랑을 가지는 것입니다. 그리고 사랑하는 것입니다. 공경입니다. 공경. 요새사람들은 부모를 무슨 구제대상쯤으로 알아요. 공경입니다. 성경은 그렇게 말씀하고 있어요. '부모를 공경하라. 그러면 네가 복을 받으리라. 후손이 복을 받으리라. 장수하리라.' 분명히 약속해주었어요. 공경, 그걸 꼭 잊지 마세요. 순종이 아닙니다. 그냥 효도가 아닙니다. '공경하라.'

아브라함 링컨에 대한 얘기는 너무나 많이 들었습니다만 다시 한 번 말씀 드립니다. 저는 이 이야기를 참 좋아합니다. 아브라함 링컨이 미국의 16대 대통령이 되면서 상원·하원 의원을 방문해서 취임

연설을 합니다. 그런데 상원의원 중의 하나가 귀족이요 돈도 많고 학자인 그런 교만한 사람이 링컨이 연설하는 도중에 딱 멈추고 말합니다. "당신같이 초등학교 몇달 다니다 만 사람이 대통령이 됐다는 거 참으로 부끄러운 일입니다. 뿐만 아니라 당신 아버지가 구두 수선하는 사람인데 구두장이 아들이 대통령이 됐다니…… 이런 부끄러운 일이 어디 있는가. 지금 내가 신고 있는 구두도 당신 아버지가 만들어준 거요." 아, 이런 모욕을 했습니다. 아브라함 링컨은 그대로 선 채로 눈물을 흘리면서 "상원의원, 참으로 고맙습니다. 내가 그동안 너무 바빠서 아버지에 대한 생각을 잠깐 잊어버리고 있었는데 기억나게 해줘서 고맙습니다. 우리 아버지는 구두 수선하던 사람입니다. 나도 어깨너머로 구두 수선을 배웠습니다. 아버지는 성실했고 행복했습니다. 구두 만들고 수선하는 것을 큰 사명으로 여겨서 많은 사람을 위해 봉사하는 마음으로 섬기며 살았습니다. 저도 어깨너머 배운 바가 있으니 상원의원의 구두가 망가지거든 가져오세요. 내가 수리해 드리겠습니다. 저는 아버지를 존경합니다. 아버지로부터 신앙과 성실을 배웠습니다. 아버지가 자랑스럽습니다." 그렇게 말할 때 모두가 숙연해졌습니다. 그리고 미국의 대통령으로 최고의 존경을 받는 어른으로 그렇게 우리의 기억에까지 남아 있습니다. 그는 효자였습니다. 아버지를 자랑했습니다. 아버지를 높였습니다. 아버지를 공경했습니다. 그것이 아브라함 링컨입니다.

갈라디아서 4장 22절 이하에 보면 중요한 신학적 이론이 있습니다. '아브라함에게 두 아들이 있었다. 하나는 육체를 따라 난 아들이다.' 아들은 분명히 아들입니다. '육체를 따라 난 아들, 그는 이스마엘이다. 또하나는 약속으로부터 난 아들이다. 그게 바로 이삭이다.'

아들이라고 다 아들이 아닙니다. 호적상 아들일 수 있지. 그러나 그것이 아들은 아닙니다. 이걸 분명히 알아야 합니다. 신앙과 정신과 가치관과 존경과 신덕이 유산으로 이어질 때 비로소 아들이요 딸이 되는 것입니다.

여러분, 성경에 자세히 기록되지 않았으니 우리가 묵상중에 생각해볼 수 있습니다. 아브라함을 보세요. 아브라함에게 이삭이라는 아들이 있었습니다. 자, 하나밖에 없는 아들인데 하나님께서 말씀하십니다. '이걸 데리고 가서, 모리야 산에 가서 제사를 드려라. 번제를 드려라.' 아이고, 이거 있을 수 있는 일입니까? 많은 고민을 하다가 하나님 말씀이니까 그를 데리고 사흘길을 갑니다. 아들이 물어봅니다. "지금 제사를 드리러 가는데, 여기에 불은 준비했는데, 제물이 없습니다. 어떻게 된 겁니까?" "하나님께서 준비하실 것이다." 그리고 이 아들을 데리고 산에 올라갔어요. 그리고 이제 아들을 잡아서 제사를 드려야겠는데 그 아들이 27살입니다. 어떨 것같아요? 이게 가능한 일입니까? '네가 제물이다.' 이걸 들어먹겠습니까? 아마 그랬을 것입니다. 보통으로 말하면 '이 아버지가 백 세가 넘더니 노망이 들었구만. 하나님께서 그렇게 말씀하실 리가 없지.' 하나님께서는 사람의 생명을 제물로 원하는 바가 없거든요. 또 이 아들을 통해서 하늘의 별처럼 바다의 모래처럼 자손을 주신다고 했는데, 그 약속이 있는데 이제 죽이면 어쩌자는 것입니까. 도대체가 앞뒤가 맞지 않는 일이지요. '아버지, 그건 말이 안되는 겁니다.' 그럴 수 있지요, 어느모로 봐도. 그러나 이삭은 묵묵히 순종합니다.

전설은 이렇게 말합니다. "아들아, 내가 너를 얼마나 사랑하는지 알지?" "압니다." "내가 하나님을 사랑하는 걸 알지?" "압니다."

"얼마나 사랑하느냐?" "아버지 목숨보다 나를 더 사랑하십니다." "그래, 그렇다. 사실이다. 그렇다면 이 제단에 올라가거라." 아들이 그 제단에 올라가 눕습니다. 이것이 이삭입니다. 그 아버지와 그 아들의 생각을 보세요. 여러분, 이거 순종할 아들이 있습니까? 이 말씀 따라 할 수 있는 아버지가 있습니까? 이 아버지와 아들의 그 신뢰와 그 사랑과 그 깊은 관계는 도대체가 어떻게 설명해도 설명할 수가 없는 것입니다. 깊은 의미가 거기에 있어요. 그 아버지에 그 아들입니다.

자, 그런가하면 잘 아시는대로 야곱이라는 사람 보세요. 비록 동생으로 태어났지만 그는 아버지의 축복권을 알고 있습니다. 아버지가 복을 빌어야 되는 것입니다. '아버지가 나를 위해서 복을 빌면 나는 복을 받는다.' 아버지의 축복권을 믿고 애타게 구하더니 그는 동생으로 장자의 복을 받습니다. 여러분, 이것이 효도라고 하는 것입니다. 참으로 불가사의한 일들입니다. 그러나 그건 사실입니다. 신앙 안에서 효라고 하는 것이 가능했습니다.

본문에는 야곱에 대한 이야기가 이어집니다. 창세기 47장을 보면 야곱이 바로 왕 앞에 섰을 때 아주 재미있는 말을 했습니다. '내 나그네 세월이 130년입니다. 내 나이 130세입니다. 그런데 일생을 돌아보니 험악한 세월을 보냈나이다.' 이렇게 고백합니다. 험악한 세월을 보냈습니다 130년 동안. 자, 이제 본문으로 다시 돌아가서 볼 것같으면 너무도 재미있고 깊은 의미의 말씀이 있습니다. 자, 그가 라헬을 사랑했습니다. 라헬이라는 아리따운 여자를 사랑했습니다. 연애를 했다고 돼 있습니다. 그런데 나는 아무리 봐도 이건 정말 눈을 의심할 수밖에 없어요. "7년을 수일같이 지내니라." 얼마나 사랑했으면 그래 7년 동안 목자생활을 하는데 수일처럼 보내더라 합니까. 여러분, 이런 행복 지내봤어요? 아니, 몇시간이라도 지내봤어요? 7년을 수일같이 - 그저 서로 바라보고 쳐다보고 뭐 그 재미에 7년을 이렇게 훌쩍 보냈더라 이 말입니다. 그런데 일이 잘못돼가지고 한 번 더 또 7년. 장가 어렵게 갔습니다. 14년. 14년을 지냈는데 하루같이 지내더라. 수일같이. 얼마나 사랑했으면, 얼마나 뜨겁게 연애했으면 그렇습니까. 좌우간 아무리 봐도 이건 화끈한 연애입니다. 14년을 하루같이 지내고선 장가를 갔어요.

그런데 야곱의 생애를 쭉 훑어보면 야곱은 이 여자 때문에 불행해졌습니다. 아시겠어요? 그녀의 질투심, 그녀의 욕심은 끝도 없습니다. 아무리 야곱이 위로하려고 해도 위로할 길이 없어요. 이 여자 때문에 망가집니다. 그리고 창세기 49장에 가서 보면 기가막힌 장면이 나옵니다. 야곱이 죽을 때 '내 시체를 레아 곁에 묻으라.' 그럽니다. 아내가 둘인데, 보세요. 그렇게 열심히 사랑했던 라헬, 그 질투의 여자는 혼자가 묻힙니다. 야곱은 다시 생각합니다. '레아가 좋았다. 그가 아름다웠다.' 레아 곁에 묻히는 것을 볼 수 있습니다. 야곱은 라헬을 사랑했습니다. 그러나 그의 믿음을 지도하지 못했습니다. 라헬은 우상을 섬겼습니다. 그러나 이걸 막지 못했습니다. 얼마나 불행합니까. 사랑했으나 신앙적인 사랑이 아니었어요. 하나님 앞에서의 사랑이 아니었어요. 우상 섬기는 것을 막지 못했어요. 신앙 안에서 이루어진 가정이 아니었습니다.

그리고 성경을 읽으면서 참 마음아픈 부분이 있답니다. 야곱이 가장 큰 고민을 하고 있을 때 그가 고향에 돌아오면서 얍복 강을 건너려고 할 때에 '다 건너보내고 홀로 남아서 밤새 기도하더라.' 그렇게 나와 있어요. 홀로 남아서. 아들이 열둘이나 있는데 거기에 아들 단 하나라도 좀 같이 있었다고 했으면 얼마나 좋겠어요. 어느 놈 하나도 그 아버지의 마음을 이해하지 못했어요. 홀로 남아서 밤새 기도하더라. 그 말이 가슴을 울립니다. 그는 외로웠어요. 그래서 하는 말입니다. '험악한 세월을 살았습니다.'

여러분, 신앙 없는 자식, 신앙을 잃어버린 가정, 경건을 잃어버리고, 경외를 잃고, 공경을 잃어버린 세대. 이것은 아무 의미가 없는 것입니다. 참행복은 신앙적 가정에 있고, 경건한 유산에 있고, 신앙적 유산에 있는 것입니다. △

거듭남의 비밀

　바리새인 중에 니고데모라 하는 사람이 있으니 유대인의 관원이라 그가 밤에 예수께 와서 가로되 랍비여 우리가 당신은 하나님께로서 오신 선생인 줄 아나이다 하나님이 함께 하시지 아니하시면 당신의 행하시는 이 표적을 아무도라 할 수 없음이니이다 예수께서 대답하여 가라사대 진실로 진실로 네게 이르노니 사람이 거듭나지 아니하면 하나님 나라를 볼 수 없느니라 니고데모가 가로되 사람이 늙으면 어떻게 날 수 있삽나이까 두번째 모태에 들어갔다가 날 수 있삽나이까 예수께서 대답하시되 진실로 진실로 네게 이르노니 사람이 물과 성령으로 나지 아니하면 하나님 나라에 들어갈 수 없느니라 육으로 난 것은 육이요 성령으로 난 것은 영이니 내가 네게 거듭나야 하겠다 하는 말을 기이히 여기지 말라 바람이 임의로 불매 네가 그 소리를 들어도 어디서 오며 어디로 가는지 알지 못하나니 성령으로 난 사람은 다 이러하니라
　　　　　　　　　　(요한복음 3 : 1 - 8)

거듭남의 비밀

　오래전 일입니다. 제가 직접 경험한 것입니다. 차를 몰고 청계천 지나갈 일이 있었습니다. 비가 억수같이 쏟아지는데 앞이 잘 보이지 않을 정도입니다. 차를 운전하고 램프를 돌아 올라갈 때 이제 한 줄로 차가 돌아서 가게 되는데 올라가던 차 하나가 딱 멈추었습니다. 그러니까 줄줄이 뒤로 수십 대의 차가 그대로 섰습니다. 비는 쏟아집니다. 그 차는 움직이질 않습니다. 고장이 났나, 어떻게 됐나, 뒤에서 가만히 있습니까? 그 비 오는데 문을 열고 어떻게 된 거냐고 소리치고, 아 그런데도 그 차는 꿈쩍도 안합니다. 또 사람들이 조급하니까, 그 차가 가야만 우리도 갈 수 있으니까 우산을 들고 나가서 차에 가까이 가서 보네트를 열고 자기들이 고쳐보겠다고 합니다. 저마다 선생입니다. 저마다, 뭐 한마디씩 뭐 어쩌고 어쩌고 그래요. 그런데 웃기는 것이 그 차 주인은 뒤에서 구경만 하는 것입니다. 빙그레 웃고 있어요. 아, 이런 세상에. 나도 그걸 보니 너무 딱해요. 알고 보니 기름이 떨어졌어요. 아, 그러니까 오죽이나 한마디씩 하겠습니까? 뭐 서로가 다 정신나간 사람이라고 하면서 기름이 떨어진 걸 이렇게 다니면 어떻게 되느냐고, 도대체 정신이 있느냐고들 한마디씩 다 합니다. 그런데 이 사람 대단한 사람입니다. 빙그레 웃으면서 하는 말이 "그 가솔린 게이지가 고장이 났거든요" 합니다. 기름을 가리켜주는 계기판이 고장이 나서 지금 기름이 얼마 남았는지 몰랐다는 것입니다. 그래서 여기서 이렇게 큰 어려움을 겪게 됩니다.
　아무리 차가 좋아도 기름 없이 달릴 수 없고요, 아무리 기름이 좋다 한들 그것이 얼마나 남았는지 그것을 알 수 있는 계기판이 고장이 나면 이 또한 문제입니다. 여러분, 가만히 생각해 보세요. 항해하는 배가 있는데 배 안에 있는 나침반이 고장이 나면 어떻게 되는지 아십니까? 우리는 잘 모르고 있습니다만 저는 배에 탈 때마다 선장실에 가서 그걸 한 번씩 봅니다. 거기에 커다란 나침반이 한 가운데에 놓여 있습니다. 이거 아주 중요한 것입니다. 이것이 한번 고장이 났다 하는 날이면 이 배는 아무리 좋은 배라도 제 길을 갈 수가 없습니다.

여러분, 우리 사람으로 말해봅시다. 양심이라고 하는 나침반이 고장이 나면 그거 어떻게 되겠습니까? 그거 정신없는 거 아닙니까? 참 유감스러운 것은 이렇게 균형을 잃은 정신병 환자가 점점 더 많아진다는 것입니다. 정도의 차이가 있을 뿐이지 지금 제정신 없는 사람 많아요. 어떻게 저럴 수 있을까? 어떻게 사람이 저럴 수 있을까?…… 좀더 엄격히 말하면 육체적으로 사람이지만 정신적으로는 사람이 아닌 것입니다. 그거 어떻게 되겠습니까? 참으로 답답한 일입니다.

여러분, 우리는 흔히 병이라고 합니다만 병과 장애는 같은 게 아닙니다. 장애가 있고, 병이 있습니다. 병은 disease라고 하고, 장애는 disorder라고 합니다. 병이라는 것은 지금 발전하는 중에 있는 것입니다. 이게 더 나빠져서 죽을 수도 있고, 그런가하면 또 나을 수도 있어요. 자연적으로 나을 수도 있고. 이게 진행 중에 있어요. 그걸 병이라고 합니다. 장애라는 것은 진행이 멎은 상태입니다. 이것은 이제 더 고칠 수 있다고 생각을 못해요. 이게 장애라는 것입니다. 우리가 잘 아는 바대로 시각장애자, 청각장애자, 지체장애자 등 장애자가 있습니다. 특별히 정신에 장애가 생기면 참으로 안타까워요. 이걸 어떻게 평을 해야 됩니까? 어떻게 생각해야 됩니까? 더 심각한 것은 인격장애자 혹은 성격장애자라고 하는 것입니다. personality disorder, character disorder. 성격과 그 마음가짐에 장애가 있는 것입니다. 병이 아닙니다. 고치지 못합니다. 이미 멎었어요. 기대할 수가 없어요. 이것은 기다려볼 것도 없는 것입니다. 그대로 살다 그대로 갈 것입니다. 자, 이렇게 볼 때 이 얼마나 기가막힌 얘기입니까? 바로 이게 난치병이라는 것이고 스스로 병을 인정하지 않을 뿐더러 장애라고 하는 상태 자체에 대해서 이미 익숙해지고 있어요. 그러니 본인은 그것이 괜찮다고 생각합니다. 이래서 세상이 어렵습니다. 여러분, 인간관계가 이래서 어려운 거 아닙니까?

　심리학자들이 공통적으로 말하는 인격적 장애에 대해서 한번 생각해 볼까요? 이건 자각증상이 없습니다. 자기도 지금 어디까지 와 있는지 모르고 있습니다. 아니, 자기는 정상이라고 생각합니다. 이런 정신적 장애를 통틀어서 말하면 다섯 가지로 분류한다고 합니다. 여러분도 스스로 한번 자가진단해 보세요. 혹 나도 정신적인 부분에서 장애를 가지고 살고 있지 않은지 말입니다. 첫째가 편협적 인격 장애라는 것입니다. 의심하는 것입니다. 시기, 질투하는 것입니다. 그래서 성을 내기도 합니다. 여러분, 의심이라고 하는 것, 참 무서운 것입니다. 제가 결혼 주례를 많이 합니다. 어제도 결혼 주례를 했습니다. 결혼 주례를 할 때마다 제가 꼭 한마디 하는 말이 있습니다. 아무리 지금 환상 중에 있어서 정신을 못차린다 해도 주례사의 이 말 한마디는 꼭 기억해줬으면 하는 간절한 마음에서 말입니다. 그게 뭐냐하면 '의심하지 말라' 이것입니다. 의처증, 의부증, 이거 못고치는 병입니다. 이건 장애입니다. 이것 참 무서운 것입니다. 그런데 이걸 모르고 있는 것입니다. 왜? 장애까지 건너왔기 때문입니다.

사람은 의심이 체질입니다. 좀 든든히 믿어주면 안돼요? 그래서 제가 결혼주례 할 때마다 꼭 그 말을 해요. "남편이 저녁에 늦게 들어오더라도 왜 늦었느냐 묻지 마라." 꼭 그런 얘길 해요. 뭐 기왕 늦었는데 늦으면 '늦는가보다.' 아, 안들어오면 그저 '바쁜가보다.' 그러지, 뭘 그렇게 의심을 하고 안달을 하는가. 그런다고 뭐 달라지는 게 있나요. 그냥 그렇거니 해두면 안되겠나요. 그래서 제가 늘 얘기합니다만, 언젠가 여행을 할 때 그때 너무 집에다 자주 전화 걸지 마세요. 그냥, 그냥 일 보세요. 왜요? 전화가 버릇되면, 전화가 안오면 불안하거든요. 그래서 저는 해외여행을 해도 딱 한 번밖에 전화를 안해요. "잘 도착했습니다. 아무 때쯤 갈 겁니다. 끝." 하면 그만입니다. 내버려두세요. 왜? 여러분, 아침저녁으로 전화걸어 보세요. 전화 안오면 어떻게 돼요? 안달을 해요. 몸부림을 치게 돼요. 그냥 그렇거니 하고, 신문에 안나면 살았거니 하고 사는 것입니다. 그렇게 하면 안되겠어요? 믿어. 믿으세요. 내가 여기서 안믿으면 어떻게 할 것입니까? 어떡하겠다는 얘기입니까. 뭐 쓸데없는 병이라니까요. 이거 병이지요, 의심이라는 게. 시기, 질투, 의심. 여러분, 놀라운 것은 예수께서 십자가에 못박혀서 돌아가셨는데 가야바가 예수님을 십자가에 못박은 이유가 시기 질투라는 것입니다. 예수님을 죽인 죄의 그 근본을 살펴보면 시기 질투라니까요. 아, 시기 질투 이거 무서운 병인데 이 장애까지 가서 이걸 모르고 있어요. 의심은 병입니다. 분명히 알아야 합니다. 이게 체질이 되면 구제불능입니다.

또한 정신분열증이라는 게 있어요. 이건 허무한 마음, 멍청해지는 것이고, 고집이 생기는 것입니다. 고집하는 사람은 반드시 고독해집니다. 고집과 고독은 같이 갑니다. 이런 정신 분열성 장애가 있고. 세 번째로, 연극성 장애가 있어요. 이것은 과장하는 것입니다. 환상에 사로잡혀 있어요. 꿈에 삽니다. 그래서 자기가 우상이 되고 교만합니다. 자기는 특별한 사람인 줄로 착각을 해요. 이것도 병입니다. 여러분 스스로 생각해 보세요. 화장대 앞에 너무 오래 앉아 있으면 그것도 병입니다. 어떤 분이 아주 예쁜 여자하고 사는 사람이 있어요. 그래서 제가 "자네는 참 복도 많네." 그랬더니 "목사님, 천만에 말씀입니다. 매일 화장대 앞에 2시간 이상 앉아 있습니다. 저 사람하고 살기가 얼마나 힘든지 아십니까?" 아, 그러고 보니까 그런 것 같아요. 여러분, 이게 다 허상이라는 것입니다. 아무리 주위발라도 소용없네요. 왜 그 생각을 못할까? 대충 살아 두세요 그냥. 사람 앞에 나타내려고, 뭐 좀 예쁘다는 소리 좀 들으면 어떻고 안들으면 어떻습니까. 까짓것, 그러면 안되겠습니까? 이런 연극성 체질이 있어요.

또하나, 경계성이라는 것입니다. 피해망상증입니다. 이것은 자폐증으로 발전합니다. 자폐환자. 여러분 잘 모르실 겁니다. 제가 이걸 전문적으로 하는 박사님을 만나서 며칠 전에 얘기해봤는데 아주 무섭습니다. 자폐증이 되면 말을 못해요. 딱 벙어리가 되는 것입니다. 이걸 치료하게 될 때 또 말이 안나오는 것입니다. 몇 달씩 몇 년씩 말을 못하고 그런 일들이 생겨요. 아이들에게만 있는 게 아닙니다. 어른들까지 다 그렇습니다. 자폐증. 또한 히스테리 성이라는 게 있습니다. 이건 과민반응이요 만사를 부정적으로 봅니다. 그리고 파괴적입니다. 자, 다섯 가지만 잠깐 설명했습니다. 보세요, 이런 것들이 전부 병입니다. 병이 발전해서 이제는 장애가 돼버렸어요. 그 말이 뭐냐하면 이게 병인 줄 모른다는 것입니다. 내가 지금 얼마나 심각한지를 스스로 몰라요. 아, 이건 참 큰일입니다. 그런 가운데 오히려 자기가 정상이고 다른 사람이 비정상인 양 착각하고 살아요. 그래서 세상을 비판하며 삽니다. 이게 바로 현실이더라 그 말입니다. 너무너무 많아요. 너무 어려워요.

여러분, 좀 우스운 얘기 같지만 실제적인 것입니다. 제가 소망교회에서 목회하고 있을 때, 마지막 몇 년 동안은, '디모데회'라는 모임을 하나 만들어가지고 꼭 집사님 세 분이 여기 앞자리에 앉았어요. 왜? 설교하는 동안에 누가 칼 들고 나올까봐 그렇습니다. 심각합니다. 실제 부산에서도 있었고, 서울에서도 몇 건 있었어요. 저기에 앉았다가, 목사님 설교할 때 무슨 말 하면 자기가 가책이 되어서 '목사님이 날 보고 저 말 하는구나, 누가 고자질을 했나……' 아, 이래가지고 앙심을 품고 나와서 목사님을 쿡 찔러서 죽였어요. 자, 이런 정신적 장애를 어떡하면 좋겠어요? 그리고 거기까진 가지 않았더라도, 제게도 그런 일이 많아요. 새벽기도 마치고 사무실에 가서 앉았으면, 땡그렁하고 문을 열어요. 누가 오셨나 하고 보면, 아, 큰 소리로 해댑니다. "목사님, 왜 내 비밀을 말합니까? 누가 고자질했습니까?" 그리고 대드는데요, 이건 못말리는 것입니다. 어떡하면 좋겠어요? 이런 피해의식, 피해망상의식을 말입니다. 그래서 그런 일 당하면 안되겠기 때문에 세 사람씩 당번으로 여기 앞에 와서 앉아서 지킨 것입니다.

자, 이거 보세요. 우리가 다 말씀을 들을 때 '이거 내게 주시는 말씀이다' 하고 감사하게 받고 회개할 생각을 해야지, 이걸 반항하고 '누가 고자질했냐' 해서 목사님에게 와서 대드는 이걸 어떡하면 좋겠어요? 이런 일이 보통 많은 게 아닙니다. 하기야 사무실에까지 오지 않아서 그렇지 다 비슷비슷해요. 내게 주시는 말씀인 줄로 알았으면 그대로 무릎을 꿇고 회개하고 받아들여야지, 이걸 이렇게 반응하면 어떻게 되겠어요.

오늘 성경 말씀은 아무 때 읽어봐도 참 특별한 말씀입니다. 저는 읽을 때마다 이런 생각을 합니다. '참 사람, 사람 달라지기 어렵다' 생각을 합니다. 여기에 니고데모라는 사람이 있습니다. 니고데모라는 사람은 최고의 지성인이요, 종교인이요, 권력자이기도 합니다. 그런데 이 사람이 예수님 앞에 나왔다가 갈릴리 청년, 30대의 청년에게 아주 큰 망신을 하는 이야기가 여기 있어요.

10절 말씀을 읽어보면 "예수께서 가라사대 너는 이스라엘의 선생으로서 이러한 일을 알지 못하느냐." 직선적으로 망신을 주십니다. '이스라엘의 선생이 되어가지고 그래 중생이라는 말의 뜻도 몰라?' 그렇게 망신을 주신 것입니다. 무엇을 말씀하시는 것입니까? 니고데모 같은 사람도 영생 문제에 대해서는 생각이 제로 선상에 있었다는 것입니다. 아무것도 몰랐다는 얘기입니다. 이걸 우리가 알아야 합니다. 생명 문제라는 것이 그래요. 공부 많이 한다고 사람 되는 거 봤습니까? 여러분, 많이 보잖아요. 우리나라 사람 중에 앞에 나서는 사람들 다 아시는 대로 다 잘난 사람들이지요. 그 배경을 보면, 공부 많이 했어요. 많은 지식을 가지고 있어요. 그러나 하는 짓을 보면 학교도 못다닌 거같아요. 아니, 인간도 아니지요. 어디 그렇게까지 될 수가 있어요? 결론은 뭡니까? '공부 많이 해서 사람 되는 건 아니다.' 공부 많이 한다고 사람 되는 거 아닙니다. 제발 이거 잊지 마세요. 공부 많이 하면 좋은 사람 되고, 공부 많이 하면 착해지고, 공부 많이 하면 될 줄로 생각하는 것, 그게 잘못입니다. 아닙니다. 절대 그렇지 않아요. 돈이 많아진다고 달라지는 게 아닙니다. 생활이 어려우면 악해지고, 생활이 부해지면 선해지는 줄 아세요? 그건 공산당의 마음입니다. 아닙니다. 그건 칼 마르크스가 잘못 생각했던 것입니다. 환경적 여건이나 물질적 조건에 의해서 사람이 달라지는 게 아니더라고요. 집이 좋다고 되는 게 아니고, 공부를 많이 했다고 되는 게 아니고, 사회적 지위가 있다고 되는 거 아닙니다. 니고데모와의 사건에서 그걸 생각하게 됩니다.

저는 생각하다 가끔 웃는 얘기가 하나 있어요. 저희 교인이 제게 가르쳐 준 겁니다. 자기 친구래요. 바로 가까운 친구랍니다. 모 병원의 의과대학의 교수입니다. 그 사람이 '담배가 몸에 해롭다. 담배를 피우면 폐암 발생 확률이 25배가 높다. 절대 담배는 피우면 안 된다' 하는 내용의 책을 썼어요. 그 책을 쓰면서 담배를 피웠어요. 그 책 다 쓰고나서 폐암으로 죽었어요. 이게 지식이라는 것입니다. 자기는 알고 남에게 말하면서 어떻고 어떻고 하면서 저는 담배피우고 있는 것입니다. 이걸 알아야 돼요. 그러니까 아는 건 언제 아느냐? 죽으면서 알아요. '담배는 해롭다⋯⋯' 그러고 죽어요. 이게 얼마나 미련한 꼴입니까? 사람의 지식이라는 게 이 정도입니다. 이 정도의 의미를 가지고 있어요. 그러니까 공부를 많이 하고, 뭐 사회적 지위가 있고, 환경이 좋고, 돈이 있고, 뭐 그걸로 지위가 생기고 뭐 그러면 달라질 줄로 착각하지 마세요. 높고 낮은 지위 할 것 없어요. 우리 인간의 방법으로 절대 사람이 달라지지 않습니다. 이걸 깊이 생각해야 합니다.

니고데모, 이 사람은 최고의 종교인이요 지성인이요. 또 그리고 도덕성을 갖춘 사람입니다. 경건한 생활을 하고 특별히 바리새인입니다. 그러나 영생의 문제에 있어서는 지각이 제로 선상에 있었더라고요. '이 사람아, 이스라엘 선생이 돼서 이것도 몰라?' 그렇습니다. 몰랐어요, 정말로. 그리고 얼마나 어리석은 애길 합니까? "중생해야 하느니라." 그랬더니 "사람이 늙으면 어떻게 다시 나올 수 있습니까?" 아니, 그러면 젊으면 나오나요? 아니, 한번 나온 사람이 다시 들어갔다 나올 겁니까? 이렇게 말귀를 못알아들으니 말입니다. 생명 문제에 관해서는 사람의 지식으로 알 수 있는 게 아니더라고요. 자, '거듭나야 한다.' 이것은 거듭난 사람만이 아는 것입니다. 몸은 이성과 정신의 지배를 받아야 합니다. 우리의 육체적 본능은 정신의 지배를 받아야 합니다. 합리적으로 자제력을 가져야 합니다. 그래서 먹고 싶은 음식도 안먹을 수 있고, 자고 싶지 않을 때도 자고, 또 자고 싶더라도 깨고, 이게 다 무엇으로 합니까? 정신이 몸을 지배해야 되는 것입니다. 본능을 지배해야 돼요. 그런가하면 정신은 영의 지배를 받아야 돼요. 영력이 그를 지배해야 돼요. 이걸 잊지 말아야 합니다.

마틴 루터 킹(Martin Luther King, Jr) 목사님의 유명한 말이 있어요. "하나님과 연결되지 않는 노력은 허무의 한계를 벗어나지 못한다. 하나님과 연결되지 않는 인생은 밝은 새벽이 없다. 하나님 없이 사는 것은 주연배우가 없는 연극과 같은 것이다." 그렇습니다. 깊이 생각해야 합니다. 하나님 없는 사람, 그건 아무것도 아닙니다. 또 영은 성령의 지배를 받아야 합니다. 다시 말합니다. 몸은 정신의 지배를 받고, 정신은 영의 지배를 받고, 영은 성령의 지배를 받아서 온전한 인격을 이루는 것입니다. 여기서부터 인간이 되는 것입니다.

큰 진리의 말씀이 있습니다. 베드로가 예수님과 3년을 같이 살았습니다. 배우고 보고 듣고 같이 여행을 하고. 그렇지 않습니까? 베드로가 예수님과 3년을 같이 살았지만 아직도 그는 자연인이었어요. 아직도 그는 달라진 게 없었어요. 끝까지 이스라엘의 소망과 세속적 욕망에 매여 있었어요. 예수님 십자가에 돌아가신 다음에 성령을 받아서 비로소 새사람이 됩니다. 더 나아가서는 성령받은 후에 사도행전 3장에 아주 드라마틱한 장면이 있습니다. 성전에 올라가다가 앉은뱅이를 봅니다. 손을 내밀고 돈을 달라고 그럽니다. 자, 이 구제를 요구하는 이 사람을 딱 내려다보면서 성령이 말씀합니다. '너 왜 그냥 지나가느냐?' 이게 다른 것입니다. 성경에는 자세히 말씀하지 않았습니다만, 분명히 늘 보던 사람입니다. 장애자입니다. 나면서부터 앉은뱅이고 걸어본 적이 없어요. 거기에 앉아 있는 사람입니다. 항상. 그러나 오늘은 달라요. 성령이 말씀합니다. '왜 그냥 지나가느냐?' 그러자 그 앞에 서서 "은과 금은 내게 없거니와 내게 있는 이것으로 네게 준다. 일어나라." 벌떡 일어났어요. 깜짝 놀랐어요. 성령이 감동하시고, 성령이 알게 하시고, 성령이 강하게 역사할 때 주의 영이 나를 사로잡아서 주의 영의 능력이 나타나는 걸 봅니다. 그 속에서 베드로가 깨닫습니다. 아마도 이랬을 것입니다. '오, 하나님 감사합니다. 나같은 예수를 모른다고 한 사람, 제자같지 못한 제자, 못된 사람을 아직도 버리시지 않았습니까?' 그는 죄의 용서받음을 알고 과거를 다 씻어주심도 알고 특별히 지금 나를 통해 역사하시는 성령의 역사를 보면서 마지막 결단을 했을 것입니다. '이대로 죽어도 좋다. 내가 주님을 위해 죽을 것이다.' 이게 바로 성령의 역사입니다. 그래서 곤란을 당할 때마다 감격하며 살았습니다.

여러분, 깊이 생각해야 합니다. 하나님의 나라는 중생한 자만이 알 수 있고, 볼 수 있고, 들어갈 수 있습니다. 그런데 이 성령의 역사는 의식 이전의 일입니다. 이건 공부해서 얻는 게 아닙니다. 이건 체험의 세계입니다. 그래서 예수님 말씀하십니다. '바람이 임의로 불매 어디서 왔다 어디로 가는지 본인이 모른다. 성령으로 난 사람은 다 그와 같으니라.' 이거 무슨 말씀입니까? 프뉴마, 프뉴마티라고 하는 말은 바람입니다. 바람이 성령입니다. 바람이 임의로 불어요. 그쪽에서 임의로 역사하시는 것입니다. 그가 친히 역사하셔서 내 안에 와서, 나를 주관해서 주의 뜻을 이루는 것입니다. 바람이 임의로 불매 – 신비로운 것입니다. 신비로운 것. 여러분, 성령의 역사에 마음을 열고 성령의 역사에 귀를 기울이고 성령의 역사에 순종하세요. 순종하는 순간 뜨거워집니다. 확실해집니다. 하늘나라가 보입니다. 그리고 그 영광도 보입니다. 그렇게 신비로운 것입니다.

'네가 중생해야겠다는 말을 이상하게 여기지 마라. 이것이 성령의 세계요. 생명의 세계'라고 주님께서 니고데모에게 말씀하십니다. 이 성령께서 오늘도 우리 안에 있다는 걸 잊지 마세요. 우리 안에 함께한다는 걸 잊지 마세요. 이 은혜에 의지하고 우리가 주님 앞에 갈 것입니다. △

작은 자보다 더 작은 자

이 복음을 위하여 그의 능력이 역사하시는 대로 내게 주신 하나님의 은혜의 선물을 따라 내가 일군이 되었노라 모든 성도 중에 지극히 작은 자보다 더 작은 나에게 이 은혜를 주신 것은 측량할 수 없는 그리스도의 풍성을 이방인에게 전하게 하시고 영원부터 만물을 창조하신 하나님 속에 감취었던 비밀의 경륜이 어떠한 것을 드러내게 하려 하심이라 이는 이제 교회로 말미암아 하늘에서 정사와 권세들에게 하나님의 각종 지혜를 알게 하려 하심이니 곧 영원부터 우리 주 그리스도 예수 안에서 예정하신 뜻대로 하신 것이라 우리가 그 안에서 그를 믿음으로 말미암아 담대함과 하나님께 당당히 나아감을 얻느니라 그러므로 너희에게 구하노니 너희를 위한 나의 여러 환난에 대하여 낙심치 말라 이는 너희의 영광이니라

(에베소서 3 : 7 - 13)

작은 자보다 더 작은 자

살아 있는 순교자라 불리는 리처드 범브란트(Richard Wurmbrand) 목사님이 쓰신 「승리하는 신앙」이라고 하는 책 속에 나오는 아주 재미있고 또 의미심장한 이야기가 하나 있습니다. 한 이스라엘 랍비가 유대교인에게 물어보았습니다. "길에서 돈이 많이 든 지갑을 주웠다면 그대는 어떻게 하겠는가?" 그는 대답했습니다. "솔직히 말해서 저는 아이도 많고 몹시 가난해서 그저 하나님께서 내게 주신 선물로 알고 감사히 가지겠습니다." 이렇게 대답을 했습니다. 랍비가 말하기를 "그대는 도둑놈이오." 그랬습니다. 또 두 번째 사람에게 물어보았습니다. 똑같은 질문입니다. "길에서 돈이 많이 들어 있는 지갑을 하나 발견했다면 그대는 어떻게 하겠는가?" "저는요. 아, 그야 물론이지요. 돈 임자를 찾아서 돌려주겠습니다." 랍비가 빙그레 웃으면서 말했습니다. "그대는 바보로구만." 세 번째 사람에게 똑같은 질문을 했습니다. "돈이 많이 든 지갑을 길에서 하나 얻었다면 그대는 어떻게 하겠는가?" 그는 말했습니다. "저는 돈을 주인에게 돌려주어야 한다는 것을 잘 알고 있습니다. 동시에 제가 얼마나 연약한 인간인 것도 잘 알고 있습니다. 어떻게 해야 될지는 그 때 가봐야 알겠습니다. 모든것이 하나님의 은총에 달려 있습니다. 하나님께서 내게 은혜 주시는대로 하겠지요." 랍비가 흡족한 얼굴로 말했습니다. "그대 말이 옳도다."

여러분, 조그마한 행동에도 하나님의 은혜가 있습니다. 조그마한 판단에도 하나님의 은혜가 있습니다. 내가 미리 뭘 안다, 뭐 어떻게 한다, 나는 이렇다 저렇다 해 봐야 다 오만한 소리입니다. 그저 다른 사람 죄짓거든 나도 짓는 줄 알고, 다른 사람 넘어졌으면 나도 넘어지는 것입니다. 나는 아니라고? 그거 건방진 소리입니다. 그 현장에 들어가면 별사람 따로 없습니다. 그저, 그저 무사했다면 그것도 은혜일 뿐입니다. 오직 은혜일 뿐입니다.

여러분, 자기 자신을 어떻게 평가해야 하겠습니까? 내가 나를 아는 사람입니까, 모르는 사람입니까? 할 수 있습니까, 할 수 없습니까? 용기가 있습니까, 없습니까? 알고보면 이 모두가 다 하나님의 은혜일 뿐입니다. 여러분, 무사히 시험을 빠져나왔습니까? 그것도 은혜입니다. 넘어졌다 일어났습니까? 그것도 은혜입니다. 아니, 깊은 죄에 빠졌다가 지금 다시 돌아왔습니까? 그것도 은혜입니다. 그래서 유명한 아우구스티누스는 말합니다. 사람은 죄를 지어도 은혜 가운데서 죄를 짓는다고요. 생각해 보세요. 죄짓는 순간에 하나님께서 벼락을 치시면 우리가 살아남겠습니까? 그 죄를 짓고 지금 살아 있다는 것만도, 이것도 은혜라는 말씀입니다. 은혜가 아니면 그 무엇이겠습니까?

심리학자 새들러(William Sadler)의 「From Loneliness to Anomie」라고 하는 유명한 저서가 있습니다. '현대인에게는 심각한 병이 있는데 그것은 종합해서 딱 하나다. 고독이라고 하는 병이다. 우주적 차원에서 고독하다. 이 고독을 인정하지 않으므로 고독하다.' 여러분, 사람은 실존적으로 고독합니다. 날 때 고독하고, 살 때 고독하고, 죽을 때 혼자 죽습니다. 근본적으로 고독합니다. 그런고로 아무도 나를 위로하지 못합니다. 돈보따리, 사업, 명예, 아무 소용 없는 것입니다. 부질없는 것입니다. 그런고로 창조주 하나님을 만날 때까지는 누구도 고독에서 벗어날 수 없습니다. 이걸 우리가 알아야 합니다.

또한 문화적 차원의 고독이 있다는 것입니다. 급격한 변화 속에 삽니다. 급격한 가치변화 속에 삽니다. 그런고로 우리는 따라갈 수가 없어요. 그래 고독합니다. 얼마전에 그런 일이 있었어요. 결혼 주례를 하게 됐는데 신랑이 "목사님, 결혼식 할 때 보니까 신랑이 앞에 가 서 있고 신부를 아버지가 데리고 들어오는데, 전 그걸 볼 때마다 영 마음에 안들어요. 아니, 어쩌다가 생전 처음 보는 여자라면 몰라도 실컷 데리고 다니다가 이제와서 뭘 새삼스럽게 아버지가 안내합니까. 제가 데리고 들어가면 안되겠습니까?" 하고 묻기에 아, 그러라고 그랬어요. 어제도 제가 저녁에 결혼식 주례를 했는데요. 아, 그저 "신랑 신부 동시입장!" 그러니까 아주 보기가 좋더라구요. 시대 많이 변했습니다. 그것만이 아닙니다. 한 40이 된 노총각을 결혼식 주례하고 나서, 신혼여행을 갈 때 제가 어깨를 두드리면서 한마디 했습니다. "많이 늦었다. 허니문 베이비라도 좋으니까 쌍둥이를 낳아라." 그랬지. 했더니 이 신랑이 내 귀에 대고 한마디 하는 말이 "목사님, 과히 걱정하지 마세요. 벌써 하나 들어 있습니다." 그래요. 아, 난 참 세상 살다보니 별소리 다 들어요. 그 옛날에 제가 인천에서 목회할 때 장로님의 아들이 추월해서 결혼한 지 다섯 달만에 아들을 낳았거든요. 좌우간 이 장로님이 창피하다고 고개를 못들어요. 이렇게 부끄러울 수가 없다고. 그런데 시대가 변했습니다. 자, 어떻습니까? 이렇게 같이 따라가지 못하면 고독할 수밖에요. 문화적 고독이 오는 것입니다.

또한 사회적 차원의 고독이 있습니다. 소속이 바뀝니다. 몰인정할 정도로 소속이 바뀝니다. 그저 우리가 애써 하는 사업도 경영학자의 말에 의하면 4년 이상 가는 사업이 없답니다. 무슨 일을 하더라도 4년 후에는 바꿀 생각을 해야 됩니다. 내가 하나 맡아가지고 자자손손이 뭐 오랫동안 하리라고 꿈도 꾸지 마세요. 그러면 살아남지 못합니다. 계속적으로 자기변화를 일으켜야 하고, 자기발전을 해야 합니다. 그러니 얼마나 힘듭니까? 그래 고독한 것입니다.

그 다음에는 인간관계가 고독해졌습니다. 자꾸만 소외당합니다. 어른들이 아들딸 다 장가시집 보내고 어쩌다가 고독해서 밤에 아들한테 전화걸었다가 아주 혼나는 사람이 있어요. 별 할말도 없으면서 이 밤중에 왜 전화 걸어가지고 사람을 잠 깨우느냐고. "아, 이거 미안하다" 하고 수화기를 놓고 생각하니 '세상에 이거, 내가 이러자고 아이들을 키웠나' 싶은 것입니다. 고독하지요. 인간관계가 점점 그렇습니다. 여러분, 동상이몽이라고 하지만 정말 같이 잔다고 내 사람이 아닙니다. 꿈은 따로 꾸니까요. 고독합니다. 인간 존재가 고독이라는 사건과 함께 점점 작아지고 있습니다. 무능하고 무용해지고 있습니다. 그러나 성경은 이렇게 말씀합니다. 하나님은 이렇게 말씀하십니다. '교만한 자를 물리치시고 겸손한 자에게 은혜를 주신다.' 작아지는 게 잘못되는 게 아닙니다. 그것이 정상입니다. 진작 작아졌어야 되는 것입니다. 작아져야 할 때 작아졌으면 아무 문제도 없습니다. 이걸 알아야 됩니다.

라디오 드라마를 보니 전에 못듣던 말이 나옵니다. 부부싸움을 하는데 한참 하다가 남편이 이 싸움을 멈출 생각으로 "미안합니다. 미안하오. 미안하오" 하더니 하는 말이 "나같이 못난 남편을 오늘까지 데리고 살아주니 고맙소" 그러더라고요. 그거 못듣던 말이지요. 그래서 싸움이 끝나고 제자리로 돌아가더라고요. '나같이 형편없는 인간을 오늘까지 데리고 살아주니 고맙다' 이 말입니다. 많이 겸손해 졌습니다. 요새 남편들 많이 작아졌어요, 아주. 제대로 작아진 사람은 편안하고 작아지는 걸 못참는 사람은 이것을 못견딥니다. 자존심 부러지는 소리가 나서 못견디는 것입니다. 깊이 생각해야 합니다.

    구약성경에 보면 사울 왕에게 이렇게 사무엘이 말씀합니다. '왕이 스스로 작게 여길 때 하나님께서 이스라엘의 임금을 삼았습니다. 오늘 스스로 크게 생각하기 때문에 왕위를 제하십니다.' 그래요. 스스로 작게 여길 때 하나님께서는 그를 크게 만들어 왕을 삼았고, 스스로 자기가 자기를 크게 여길 때 그를 버렸다는 말씀입니다. 마태복음 18장 4절에 보면 '어린아이와 같이 자기를 낮추는 이가 천국에서는 크다' 하십니다. 어린아이와 같이 자기를 낮춘다— 어린아이들은 자기를 스스로 작게 여깁니다. 어린아이는 부모가 없이는 자기가 없다고 생각합니다. 그게 제일입니다. 어딜 가나 부모의 손만 잡고 가면 만족합니다. 어디로 가는지 모릅니다. 알 바도 아닙니다. 왜요? 스스로 자기를 작게 평가하고 있기 때문입니다. 은혜란 크게 됨에 있는 게 아니라 스스로 작아짐에 있다는 것을 한번 생각해야 합니다. 하나님의 은혜는 내가 부자 되고, 건강하게 되고, 출세하고, 높아지고, 커지고 하는 것이 아니고, 복음적 은혜라는 것은 반대로 나를 작게 만드는 것입니다.

    예수님 비유로 하신 말씀 중에 참 중요한 말씀이 하나 있지 않습니까. '부자가 천국에 들어가기가 약대가 바늘귀로 들어가기보다 어렵다.' 그거 좀 아무래도 과장된 말씀같지 않아요? 이렇게 말씀을 하십니다. 그러니까 제자들이 여쭈어봅니다. '그러면 어찌 그게 가능하겠습니까? 어떻게 낙타가 바늘귀로 들어가겠습니까? 그건 말이 안되지 않습니까? 불가능하다는 말 아닙니까?' 그런데 예수님의 대답이 걸작입니다. '하나님께서는 가능하시다.' 이게 무슨 말씀입니까? '하나님께서는 가능하시다.'

우스운 얘기지만 어린아이들이 저희들끼리 하는 말 중에 이런 수수께끼가 있어요. "여기에 코끼리가 있는데 이 코끼리가 냉장고 속에 들어가겠냐?" 하고 물으면 우리 어른들로서는 말도 안되지요. 못들어가지요. 그런데 아이들은 간단해요. "냉장고를 코끼리보다 더 크게 만들면 되죠." "마술을 걸어서 코끼리를 조그맣게 만들면 되지요." 아이들은 상상 속에 해답을 다 가지고 있어요. 이 논리에 의하면 하나님께서 낙타를, 작게, 작게, 작게, 작게 만들어서 바늘귀로 쏙 들어갈 만큼 작게 만드신단 말씀입니다. 그러면 들어가는 것입니다. '하나님께서는 하신다.' 아, 기가막힌 말씀입니다. 하나님께서는 사람을 작게 만드십니다. 아주 작게. 어느 정도? 바늘귀로 들어갈 만큼. 여러분, 얼마나 작아졌습니까? 작아져가는 길에 대하여 슬퍼하지 마세요. 당연히 있을 일이 있는 것입니다. 이것만이 은혜입니다. 그래서 말입니다. 때로는 실패를 통하여, 시련을 통하여, 배신을 통하여, 질병을 통하여ㅡ 이 많은 사건들이 뭘 말합니까? 우리를 작게 만드는 것입니다.

우리는 지금 참으로 엄청난 소식을 듣고 있습니다. 10만 명의 사상자가 난 지진이 있어요. 사람들이 집을 짓고, 뭘 만들고, 뭘 만들고, 뭘 만들고 한다고 하지만 한바탕 흔들어놓으니까 아무것도 아니지요? 일본 고베 지진이 있을 때, 바로 그 한 달 전에 제가 고베에 교육자 세미나를 인도하러 갔었습니다. 그런데 고베에서 구경을 하다가 고층건물들을 보고 "지진이 많은 나라에 이렇게 높게 하면 되겠는가" 하니까 아무 문제 없다고 합니다. 내진성을 감안해서 만들었으니까 아무 걱정 없다고 말하더라고요. 그래서 제가 "그래요?" 그러고 말았지요. 아, 그 다음에 돌아왔는데 '꽝' 했거든요. 그래서 교회에서 헌금을 해서 보내고 했는데 그 후에 마침 고베에 또 갈 일이 있었어요. "아, 내진성이 있어 괜찮다며?" 그랬더니 그들 대답이 재미있어요. 전에는 지진이 좌우로 흔들었대요. 그런데 이번 지진은 아래위로 흔들었다나요. 글쎄 이걸 누가 막아요? 누가! 내진성은 무슨 쓸데없는 소리! 하나님께서 흔드시는데 남아날 게 무엇입니까. 그렇다면 그런 줄 알지. 뭘 피하겠다고. 작아져야 돼요. 흔들면 갑니다. 그 마음으로 살아야지. 피하긴 어디로 피해요. 피할 곳도 없는 것입니다.

　여러분, 생각합시다. 바울은 원래 그 이름 자체에서 문제가 있습니다. 본래의 이름은 사울입니다. 언제부터인가 바울이 돼버렸어요. 파울로스. 파울로스라는 말은 고대 라틴어에 있어서 '작다'는 뜻입니다. 바울이 키가 작았대요. 사 척밖에 안됐다니까요. 해서 어렸을 때부터 아마 요거 작다고 그래서 별명으로 쪼그만 놈이라고 바울이라고 불렀던 것같아요. 파울로스, 파울로스 했는데, 본래 이름은 사울입니다. 이스라엘의 1대 왕 사울 왕의 이름을 받은 것입니다. 사울인데도 어느 사이에 바울이 자기 자신이 자기를 바울이라고 불러버려요. 그래서 그의 편지 가운데 보면 '파울로스 아포스톨로스 크리스투 예수.' 예수 그리스도의 종 사도 바울. 자기 이름을 절대로 사울이라고 부르지 않아요. 바울. 남들이 별명으로 업신여기면서 부르던 이름을 자기 이름으로 받아들이게 됩니다. 그것이 바울입니다. 작게, 작게 여깁니다. 작아지면 어떤 결과가 옵니까. 여러분, 이거 잊지 마세요. 작아지면 하나님께서 작게 만들어서 최소한으로 '작은 자보다 더 작은 자'가 되게 하셔서, 이제는 평안해집니다. 왜? 모든것이 은혜니까요. 작아지면 어떻게 됩니까? 혹 실수를 합니까? 당연하게 여깁니다. 나같은 사람이 실수하는 거 있을 수 있는 일이지. 여러분 혹시 집안에서 부부싸움을 하다가 화가 나서 그냥 뭐 아주 엄청난 욕설을 한 일이 있습니까? 하고나서 생각해 보니 '어떻게 내 입에서 이런 말이 나왔나? 내 속에 어떻게 이런 말이 있었던가' 하고 가슴을 칩니까? 그럴 것 없네요. 본래 그랬으니까. 이게 작은 자입니다. 나는 본래 이런 사람이야. 이상할 것 없어. 어떻게 당신이 그럴 수 있느냐? 그럴 수 있는 게 당연하지. 실수가 당연한 것입니다. 이것을 당연히 받아들일 때 평안한 것입니다.

폴 틸리히(Paul Tillich)의 유명한 말이 있어요. '신앙이란 하나님의 용납하심을 내가 용납하는 것이다.' 하나님이 용납하셨다는 사실을 내가 수용하는 것입니다. '그럼에도 불구하고 하나님은 나를 사랑하신다.' 그것을 내가 수용하는 것입니다. 그것이 바로 믿음이라는 것입니다. 여러분, 그 유명한 심리학자 프로이트의 심리학에는 'super ego and true ego'란 말이 있습니다. Ego란 말은 '나 자신'이라는 말입니다. 그래서 super ego, 이 초자아가 자기에게 있고 자기가 생각하는 실제 true ego가 있는데, 진짜 나와 가상적으로 생각하는 초자아와의 사이에 있는 갭이 멀면 멀수록 고민이 많다는 것입니다. 아시겠어요? 그러니까 항상 true ego. 진짜 나 자신을 내가 나 자신으로 수용해야 해요. 그러면 아무 문제가 없어요. 그럴 수 있어요. 충분히 그럴 수 있어요. 이걸 잊지 말아야 합니다. 이렇게 받아들이면 될 것입니다. 다른 사람 실수하면 나도 실수해요. 다른 사람 넘어지면 나도 넘어져요. 사도 바울은 말씀합니다. '나는 만삭되지 못하여 난 자와 같다.' 이건 아주 무서운 욕입니다. 일곱 달만에 났다는 것입니다. '만삭되지 못하여 난 자같이 미련한 사람이다.' 스스로 생각합니다. '죄인의 괴수다.' 인정합니다. 사도행전에 보면 그가 아덴에서 선교에 실패합니다. 그러고나서 고린도로 가서 마음이 약해져서 그 뒤에 편지할 때 하는 말이 '내가 너희 가운데 있을 때에 심히 두려워하였노라. 두려워하며 떨었노라.' 나약했던 자기 자신을 그대로 고백하고 있습니다. 그리고 에베소로 옮겨와서 지금 하는 말씀입니다. 성숙한 사도의식을 가졌습니다. 그게 바로 작아진 것입니다. 그런고로 고민이 없습니다. 많은 실수가 있고 그 동안에 나약함이 있었으나 그거 당연한 것이다, 그건 본래적인 것이다, 받아들이게 됩니다.

노자(老子)의 말에 이런 말이 있습니다. '사람에게는 3가지가 중요하다. 하나는 온순함이요, 하나는 근면함이요, 하나는 겸손이다. 그런데 사람이 온순해지면 담대해지고 근면해지면 자유로워지고 겸손하면 지도자가 된다.' 얼마나 작으냐? 저는 오래전에 아브라함 링컨의 기록을 보았지만, 너무 재미있어서 항상 생각을 합니다. 그가 최전선에서 전쟁을 할 때 참모총장과 의견이 맞질 않았어요. 이번 작전을 하느냐 마느냐 할 때, 많이 토론을 하다가 아브라함 링컨이 고집을 부려서 자기 마음대로 해버렸어요. 대통령이니까. 그랬는데 작전에 실패했어요. 완전히 실패한 다음에 아, 이거 지금 큰일났거든요. 그래서 링컨이 참모총장에게 편지를 보냈어요. 그 때는 전화가 없으니까 메모지에다가 'I am sorry. Abraham Lincoln'이라고 딱 써서 사인을 해서 비서에게 전달하라고 주었습니다. 비서가 가지고 가서 참모총장에 보였는데 참모총장이 딱 보더니 "That's ridiculous guy." 그러는 것입니다. '이 멍청한 녀석'이라고 소리를 질러요, 대통령을 두고. 아, 비서가 깜짝 놀랐어요. 그래 지금 돌아왔어요. 돌아와서 "갖다줬나?" "갖다줬습니다." "읽는 거 봤나?" "예, 봤습니다." "뭐라고 하던가?" 거짓말할 수 없잖아요. 한참 쩔쩔 매다가 "멍청한 녀석이라고 하던데요." 그러니까 링컨이 껄껄 웃으면서 하는 말이 "그 사람, 사람 볼 줄 아누만." 그러더래요. 얼마나 멋이 있습니까? 아, 멍청한 녀석 보고 멍청하다는데 뭐가 잘못입니까. 그걸 왜 인정하질 않는 것입니까. 인정하는 게 작아진 것입니다. 작아질 때는 모든것이 은혜가 된답니다. 사는 것이 은혜요, 구원받은 것이 은혜요, 또 주변 사람들이 다 고마워져요. 나는 작고 저들은 다 커요. 다 훌륭해요. 그러니 행복할 수밖에요.

욥은 많은 시련 속에서 작아졌습니다. 아주 작아졌을 때 하는 말입니다. 욥기 23장 10절에서 "나의 가는 길을 오직 그가 아시나니 그가 나를 단련하신 후에는 내가 정금같이 나오리라." '나는 모릅니다. 앞으로도 어떻게 될지 모릅니다. 나의 가는 길을 당신만이 아십니다' 하는 아주 작아지는 모습을 볼 수 있어요. 모든 약함은 내가 할 수 있다는 데서부터 오는 것입니다. 다시 말하면 교만에서 오는 것입니다. 모든 두려움은 스스로 크게 여겼기 때문입니다. 모든 원망은 아직도 자기 자신을 크게 여길 때 오는 것입니다. 작아지고, 작아지고, 또 작아지면 원망할 건 아무것도 없습니다. 이 모습 이대로 감사할 뿐입니다. 오직 '은혜', 오직 '감사'. 그러한 실제적인 기적이 다가오는 것입니다. △

천국에 사는 사람들

그 때에 귀신들려 눈멀고 벙어리 된 자를 데리고 왔거늘 예수께서 고쳐 주시매 그 벙어리가 말하며 보게 된지라 무리가 다 놀라 가로되 이는 다윗의 자손이 아니냐 하니 바리새인들은 듣고 가로되 이가 귀신의 왕 바알세불을 힘입지 않고는 귀신을 쫓아내지 못하느니라 하거늘 예수께서 저희 생각을 아시고 가라사대 스스로 분쟁하는 나라마다 황폐하여질 것이요 스스로 분쟁하는 동네나 집마다 서지 못하리라 사단이 만일 사단을 쫓아내면 스스로 분쟁하는 것이니 그리하고야 저의 나라가 어떻게 서겠느냐 또 내가 바알세불을 힘입어 귀신을 쫓아내면 너희 아들들은 누구를 힘입어 쫓아내느냐 그러므로 저희가 너희 재판관이 되리라 그러나 내가 하나님의 성령을 힘입어 귀신을 쫓아내는 것이면 하나님의 나라가 이미 너희에게 임하였느니라 사람이 먼저 강한 자를 결박하지 않고야 어떻게 그 강한 자의 집에 들어가 그 세간을 늑탈하겠느냐 결박한 후에야 그 집을 늑탈하리라

(마태복음 12 : 22 - 29)

천국에 사는 사람들

스튜어드 에이버리 골드(Stuart Avery Gold) 교수님이 쓴 「핑」이라고 하는 책은 베스트셀러로서 오랫동안 많은 사람들에게 읽힌 유명한 책입니다. 저는 그 제목이 특별해서 쉽게 기억합니다. 「핑」이라는 책입니다. 그는 그 책에서 인생에 있어서 가장 중요한 것은 'intensional life'라고 딱 한마디로 정의합니다. intensional life, '의도적 삶'이라는 것입니다. 이건 자기 자신의 삶의 상태를 말하는 것이고 어쩌면 그 영혼의 상태를 말하는 것입니다. 이렇게 몇 가지로 요약해서 말합니다.

첫째, 자기 자신이 어디를 향하고 있는지 목적과 목표가 있는 생을 살아야 한다는 것입니다. 다시 말해서 어디로 가는지도 모르고, 또 생각해본 일도 없고, 그저 배고프니 먹고, 졸리니 자고, 먹어야겠으니 일하고…… 이렇게 사는 것은 사람다운 삶이 아니다, 왜 이 일을 해야 하나? 왜 살아야 하나? 그리고 나는 지금 어디로 가고 있는가? 여기에 대답하는 확실한 intensional life, 의도적인 생을 살아야 할 것이다 합니다.

둘째, 우연에 의해서가 아니라 선택에 의해서 살아야 합니다. 우연에 밀려 살고, 흔히 말하는 대로 팔자라는 것에 끌려서 그냥 살아간다면 안될 것입니다. 먼저 끌려가 놓고 뒷수습하며 사는 것, 그런 생은 바로 사는 것이 아니다. 제가 언젠가 드라마를 보니까 한 남자가 전철에서 우연히 만난 여자와 그날 아무 생각 없이 하룻밤을 잤어요. 그런데 또 공교롭게 또 임신이 됐어요. 생각하면 전혀 결혼

할 상대가 아닙니다. 서로가 그런 처지인데도 불구하고 이것이 결혼해야 한다는 이유가 되었고, 그렇게 생각해가면서 생을 꾸려가는 것입니다. '도대체가 내가 이렇게 돼서는 안되는데' 생각하지만, 이미 사건은 났습니다. 우연이라고 하는 것입니다. 우연에 따라 살아서는 안됩니다. 선택적으로, 그것도 자유한 가운데서 특별히 육체적인 욕망이나 어떤 세속적인 욕망 아닌 아주 깨끗한 양심에 의해서 스스로 판단하며 선택하고 책임지며 사는, 그렇게 산 것만 내가 산 것이라는 말입니다. 이렇게 살지 못한 생은 얼마를 살았든지 그건 사람으로 사는 게 아니라는 말입니다.

또 나는 가슴을 열고 자기에게 일어난 일들을 긍정적으로 받아들이는 의미있는 생을 말합니다. 끌려가며 사는 게 아니라 이제는 주어진 생 속에서 다시 스스로 선택하는 것입니다. 내가 선택하고, 그리고 가슴을 열고 이 사건을 영접을 하고 수용을 하여 의미를 새로이 창조하고 감사하며 살아가는 삶이어야 인간다운 생이 될 것이라고 말하고 있습니다.

여러분, 예수를 믿는다는 것은 무엇입니까? 그저 성경 찬송을 들고 교회 왔다갔다 하면 되는 것입니까? 또 예수믿는다고 하는 것이 도대체 무엇을 의미하는 것입니까? 여기에도 다시 의도적 삶이 확증돼야 된다고 생각합니다. 예수를 믿는 것은 예수님이 곧 길과 진리와 생명이 되시기 때문입니다. 내 길, 내 진리, 나의 생명임을 믿고 예수님과 함께 사는 것입니다. 그의 뜻에 따르며 사는 것입니다. 아니, 그의 뜻을 즐기며 그의 뜻을 환영하며 살고, 그의 뜻을 배우며 그 행복 속에 살아가는 것입니다. 다시 말하면 길과 진리 되신 예수님께 이끌리어 살고, 그와 함께 살아가는 것입니다. 이것이 그리스도인의 모습입니다.

예수님께서 말씀하신 복음의 첫번째 메시지는 "회개하라 하나님의 나라가 가까웠느니라." 그것입니다. 예수님의 메시지의 시작도 끝도 하나님의 나라입니다. 그걸 우리가 알아야 합니다. 하나님의 나라, 그 천국에 초점을 맞추고 계십니다. 그의 교훈, 그의 삶 전체가 하나님의 나라에 초점을 맞춘 그런 생이었단 말입니다. 우리는 예수를 믿는다고 하면서 하나님의 나라에 대한 많은 오해를 가지고 살아갑니다. 하나님의 나라, 그의 능력은 믿습니다. 그 승리도 믿습니다. 그러나 하나님 나라의 시간을 믿지 못합니다. 예수는 믿어도 예수님의 삶의 방법은 맘에 안들고, 하나님을 믿어도 하나님께서 정한 시간이 마음에 안들어요. 내가 정한 시간이 아니라, 왜 하나님께서는 자기의 뜻대로 주실까 하는 것입니다.

성경 전체가 말씀하는 것이 뭡니까? 아브라함이 하나님 믿을 때도 하나님의 능력을 믿었어요. 아들을 주신다는 걸 믿었어요. 그러나 그 방법과 그 타이밍이 마음에 안들어요. 25년이나 지나서, 백 세가 다 되어갈 때, 비로소 내년 이 때에 아들을 준다 하십니다. 하나님께서 정하신 그 시간이 마음에 안들어요. 이래서 아브라함이 큰 고통을 당하게 됩니다. 그러나 아브라함의 믿음은 하나님의 방법과 하나님의 타이밍을 수용하는 것이었습니다. 그것이 아브라함의 믿음이었습니다.

대체로 많은 분들은 하나님의 나라가 아닌 내 나라를 생각하며 살아갑니다. 하나님의 뜻이 아닌 내 뜻을 생각합니다. 기도를 열심히 합니다. 철야하고 금식하고 뭐 몸부림을 칩니다만 가만히 보면 억지를 쓰는 것입니다. 하나님의 뜻을 내가 받아들이는 게 아니라 하나님께서 내 뜻을 받아주길 바라는 것입니다. 그래 몸부림을 치는 것입니다. 그러나 여러분 잘 아시는 대로 예수님의 기도는 달라요. 그 절박한 시간에 십자가가 앞에 있는데도 "내 뜻대로 마옵시고 아버지의 뜻대로"— 이것이 예수님의 방법이고 예수님께서 사신 길인데 우리는 어쩌면 꼭 거꾸로 합니다. 하나님의 뜻대로 말고 내 뜻대로, 하나님 좀 정해놓은 게 있더라도 이제쯤은 생각을 좀 바꾸세요, 내 편을 들어주세요, 내 소원을 들어주세요, 내가 생각한 시간에 내가 생각한 방법대로 해달라고 몸부림을 치는 것입니다. 나는 제일 우스운 것이 큰 소리로 소리소리 지르고 나서 "아멘" 그러고 가버리는 것입니다. 하나님께서 들어주시려고 해도 말씀하실 시간이 없어요. 제멋대로입니다. 제멋대로. 가만히 보면 '참 못됐다. 자식으로 치면 아주 못된 자식이다.' 그런 생각이 듭니다. 저거, 자기 소원만 얘기하고 들어달라고 소리지르곤 '꼭 주실 줄로 믿습니다. 아멘.' 그러고 그냥 가버려요. 아버지께서 말씀하실 시간이 없어요. 뭐 이해하려고 들지도 않아요. 자, 이걸 놓고 생각해봅시다. 이게 예수믿는 것입니까, 안믿는 것입니까? 그러니까 교회 다닌다고 다니는 게 아니고 믿는다고 믿는 게 아닙니다.

하나님의 나라를 수용해야 합니다. 그런데 하나님의 나라에 대해서도 많은 오해가 있습니다. Messianic expectation— 메시야 대망 사상, 그걸 중심으로 삼고 계속 기다리는 것입니다. 그래서 마침내 이런 얘기까지 있어요. '무한히 기다리는 거다. 무한히 미래적으로 기다리는 하나님의 나라, 그것이 신앙이 아니겠느냐?' 이런 맹랑한 소리가 있어요. 어쨌든 부지런히 기다리는 그런 유(類)의 신앙이 있고, 또 어떤 사람은 자기가 하나님의 나라를 건설해보겠다고 합니다. 이 모양 저 모양으로 자선사업을 통해, 구제사업을 통해, 착한 일을 통해, 정의와 평화를 위해서 뭘 해보겠다고 '자유·평등·정의' 해 가면서 애를 써요. 심지어는 혁명까지 해 가면서. 그래서 하나님의 나라를 이 땅에다가 이루어 보겠다고 합니다. 그건 전적으로 하나님의 나라에 대한 오해입니다. 그건 예수님의 방법도 아니고 성경적 진리도 아닙니다. 하나님의 나라를 나의 생활을 통해서 건설해나 가겠다고 하는 것은 참 좋은 것같으나 이것은 잘못된 것입니다.

　하나님의 나라에 대한 바른 이해는 '하나님의 나라가 임한다'는 것입니다. 그래서 주기도문에 보면 '……나라이 임하옵시며 뜻이 하늘에서 이룬 것같이 땅에서도 이루어지이다……' 'Thy kingdom come.' come-임하는 것입니다. 하나님의 나라는 임하는 것입니다. 그 임하는 것은 내가 건설하는 게 아니고 하늘로부터 임하는 것이고, 오시는 것입니다. 그럼 믿음이란 뭐냐? 임하는 하나님의 나라를 영접하는 것입니다. 그래서 '영접하는 자 곧 그 이름을 믿는 자에게 하나님의 자녀 된 권세를 주신다'고 했어요. 이걸 꼭 기억해야 됩니다. 하나님의 나라는 임하는 것입니다. 임하는 것을 우리가 가슴을 열고 내 뜻을 버리고 영접하는 것입니다. 영접하는 것. 그런데, 이스라엘 사람들은 하나님 나라를 영접하지 못합니다. 또 예수님의 제자들만 하더라도 그래요. 사도행전 1장 6절에도 나타납니다만 끈질기게 예수님이 메시야인 줄 알고, 하나님의 나라가 임할 줄 기대하다가 예수님께서 십자가에 죽으시게 되니까 실망했다가 예수님께서 부활하시니까 또 따라가서 엎드리면서 '이스라엘 나라를 회복하심이 이때입니까?' 합니다. 참 끈질기고 어찌 생각하면 고집도 많고 되게 미련한 사람들입니다. 아직도 하나님의 나라에 대해서는 오해가 풀리지 않았어요. 그들은 세속적인 하나님의 나라, 불의한 권세가 물러가고 천지개벽이 되면서 새로운 세상이 '꽝'하고 임하기를 바라고 있어요. 예수로 말미암아서. 그러나 기대했던 그런 하나님의 나라는 아니었어요. 큰 오해를 가지고 있었어요. 그렇다면 우리가 깊이 생각해야 합니다.

오늘 본문의 핵심적인 말씀은 그런 얘기입니다. 여기에 보니 하나님의 나라에 대해서 말씀하십니다. "내가 하나님의 성령을 힘입어 귀신을 쫓아내는 것이면 하나님의 나라가 이미 너희에게 임하였느니라." Already has come. '이미 임하였느니라' 하고 말씀하십니다. 여기서 몇 가지를 생각해야 됩니다. 가장 중요한 점은 하나님의 나라는 그리스도와 함께 임하는 것입니다. 베들레헴에 오실 때부터 시작해서 하나님의 나라는 그리스도와 함께 임했습니다. '그리스도와 함께 임하는 것이다.' 둘째, 그리스도의 사역과 그 선교를 통해서 복음이 널리널리 전파되면서 하나님의 나라가 확장되어가는 것입니다. 그리고 거기서 끝나는 게 아니고 이제 십자가를 거쳐서 예수님의 재림을 통해서 하나님의 나라가 완성되는 것입니다. 다시 말하면 그리스도로 말미암아 임하고 믿는 사람과 선교를 통해서 확장되고. 그러나 여기서 다 완성되는 게 아니고 하나님의 나라가 이제 예수의 재림과 함께 완성되는 것입니다. 여기서 결정적으로 꼭 기억해야 될 것이 무엇인가 하면 이것은 인격적이라는 것입니다. 물리적인 것이 아닙니다. 환경적인 것이 아닙니다. 물론 정치적인 것도 아닙니다. 점진적입니다. '꽝' 하고 임하는 게 아니라 천천히, 조용히 이루어집니다. 그래 예수님은 비유로 말씀하십니다. '하나님의 나라는 마치 겨자씨와 같다. 씨를 뿌리는 것과 같다.' 들에다가 씨를 뿌릴 때 딱 뿌리고 나서 돌아설 때 보면 아무것도 없는 것 같아요. 그러나 조용히 생명의 역사가 나타나서 며칠 후에 가보면 싹이 나고, 며칠 후에 가보면 열매가 있는 것입니다. 점진적입니다. 생명적 점진성, 점점 자라서 역사하고 그리고 마지막에 거두어들인다, 이것이 하나님의 나라의 완성이다— 예수님께서는 이렇게 비유적으로 자세히 설명해 주셔서 하나님의 나라는 인격적이고, 생명적인 점진성을 가지고 있다고 가르치십니다. 이걸 꼭 기억해야 합니다. 우리는 내게서 이루어지고, 가시적으로 이루어지고, 물질적으로 정치적으로 이루어지길 바랍니다. 예수님의 나라는 그런 것이 아니었다는 것을 잊지 말아야 합니다.

그런데 이 거룩한 역사를 이룸에 있어서 기적이라는 사건이 있어요. 기적. 오늘 본문에도 보니까 귀신들린 사람이 있었습니다. 예수님께서 한 말씀 하셨더니 귀신이 나갔어요. 자, 이제 여기서 생각해야 합니다. 귀신에게 붙들려 있을 때는 이건 귀신의 나라요 이건 마귀의 나라입니다. 그런데 예수님께서 딱 만나시는 순간에 귀신이 싹 나가고 성령이 임해서 이 사람이 성령 안에서 새사람이 돼요. 밝은 얼굴이 돼요. 바로 이 순간, 어두움이 물러가고 빛이 왔고, 사단의 역사가 물러가고 하나님의 나라가 임한 것입니다. 이 작은 사건을 통해서 예수님께서는 전체적인 하나님의 나라를 설명하고 계십니다. '하나님의 나라가 여기 있다 저기 있다 못하느니 너희 안에 있느니라.' '엔토스 휴몬' 너희 안에, 지금 여기에 있다. 어떻게? 바로 이 사건을 보라. 사단에게 사로잡혔던 사람이 사단이 물러가면서 깨끗해지는 모습을 보라. 하나님의 나라가 여기 이미 임하였느니라. 우리가 여기에서 오해를 많이 한답니다. '여기 있다 저기 있다 못하니 너희 안에 있느니라' 하니까, 돌려가지고 유식하게 말합니다. '심중 천국. 심중 천국, 마음에 하나님의 나라가 있다.' 이런 생각을 하기 쉬운데 그건 그런 뜻이 아닙니다. 헬라원문에 그렇지 않습니다. '엔토스 휴몬'이라는 말은 복수적 의미로 영어로 말하면 'among you'입니다. 그런데 그게 단수가 아니고 복수입니다. 지금 이 자리에, 예수님과 제자들과의 관계에 있습니다. 바로 여기에 있다는 그런 뜻입니다. '이런 관계 속에 있다'는 것을 말합니다. 예수님과의 관계 속에 있음을 시사하는 말씀입니다. 대단히 귀중한 말씀입니다. '엔토스 휴몬 바실레이아 투 데우.'

 자, 그런데 여기서 우리가 꼭 알아야 할 것은 귀신의 지배하에 있던 사람이 거기서 벗어나며 그리스도의 생명력을 받아들입니다. 어떤 사람은 변변치 않은 것 가지고도 큰 감동을 받더라고요. 제가 어느 큰 회사에 가서 전도 강연을 한번 했어요. 안믿는 사람들을 모아놓고 강연을 합니다. 그 회사 사장님이 소망교회 집사님입니다. 사장님이 모이라고 하니까 직원들이 다 모인 것입니다. 한 2,000명 모아놓고 강연을 해달라고 하는데, 설교하거나 찬송을 부르지 않고 그냥 강연을 하는 전도 강연입니다. 그런데 그 사장님이 나를 소개하는데 그 소개하는 말이 걸작입니다. 나는 그걸 잊을 수가 없어요. 이렇게 소개했습니다. "이 분은 위대한 분입니다. 내가 담배를 못끊어서 하루에 세 갑씩 피웠는데 담배 끊는 학교에 가서 일주일 동안 고생을 하고 끊고 왔다가도 또 피우고, 또 피우고, 세 번 갔다 왔는데도 못끊었어요. 도저히 끊을 수가 없었어요. 그런데 이 목사님의 설교, 8월 15일 그 예배에서 나오는 설교 한마디를 듣고 그 말씀이 마음에 쑥 들어오더니 아 어느 시간에 담배 생각이 싹 없어졌어요.

그래 내가 지금 담배를 안피우게 됐는데 그만큼 위대한 분입니다." 아, 그러더라고요. 우린 잘 모르지만 사실 그렇습니다. 그 담배도 어지간히 끊기 어려운가 봐요. 담배에 노예가 된 사람, 질투심에 노예가 된 사람, 물질에 노예가 된 사람, 게으름에 노예가 된 사람, 욕심에 노예가 된 사람. 그거 정말 비참해요. 자유함이 없어요. 이런 악마의 역사가 싹 물러가고 밝은 마음이 되지요. 그리스도의 마음이 되고 성령 안에서 새로운 생명으로 솟아나요. 그럴 때에 예수님께서 말씀하십니다. '하나님의 나라가 여기 임하였느니라. 이미 여기에 임하였느니라.' 하나님의 나라가 임하는 건 기적입니다. 역시 인간의 노력이 아니고 인간의 의지와 지식이 아닙니다. 기적입니다.

유명한 철학자 파스칼은 아주 명담을 했습니다. '기적이 없다면 예수를 믿지 아니하여도 죄가 되지 아니한다.' 그럴 겁니다. 기적입니다. 기적. 유명한 얘기가 있지요. 우찌무라 간조(內村鑑三)라고 하는 일본의 유명한 종교인이 있는데 그 분이 청년들을 모아놓고 성경공부를 시켰어요. 성경공부를 한 두어 시간 시키고 나가는데 대학생 하나가 가까이 오더니 "선생님, 아 그 성경공부 하는 건 좋지만 귀신을 쫓아내느니 부활이 있느니, 병자가 낫느니 뭐 그런 허황된 얘기는 도무지 이성으로 이해가 안됐는데 그거 싹 빼고 성경공부 하면 안되겠습니까?" 그러니까 우찌무라 간조가 "그래? 그래. 그거 싹 빼고 나면 딱 두 장만 남지. 성경책 첫 장과 뒷장. 성경엔 온통 기적이야. 기적."

여러분, 이 기적을 수용해야 합니다. 천국은 기적을 근거로 나타나요. 사람의 일이 아니고 하나님의 역사이니까 말입니다. 깊이 생각해야 합니다. 존 뉴턴(John Newton)이라고 하는 유명한 부흥사가 있지요. 존 뉴턴은 본래 노예 상인이었습니다. 그 분이 예수를 믿고 전도자가 되고, 39세로부터 82세까지 열심히 복음을 전한 사람인데 그의 유명한 말이 있습니다. 여러분도 다 들어보았을 것입니다. 그분은 천국 지향적으로 살았어요. 천국에 가면 깜짝 놀랄 일이 3가지가 있대요. 첫째는 꼭 와야 할 사람이 없더랍니다. 그 사람은 꼭 올 줄 알았는데 가보니까 없습니다. 또 한 사람은 저 사람은 절대로 천국에 못갈 줄 알았는데 가보니까 거기 와 있더래요. 이보다 더 놀라운 것은 가보니까 어찌 나같은 죄인이 여기 왔을까? 내가 천국에 간 것에 깜짝 놀라게 될 거라고. 그는 철저하게 천국 지향적으로 살았고 천국 지향적으로 복음을 전한 사람입니다. 하나님의 나라가 여기 계심을 믿고 하나님의 나라가 여기 임함을 믿고 그리스도와 함께 하나님의 뜻이 이루어지면서 인격적으로 조용조용히 지금 확장되어 갑니다. 그 속에 내가 살고 있습니다. 그래서 평안합니다. 영원한 하나님의 나라를 바라보며 주님 재림하는 그 시간을 바라보면서 오늘을 살아갑니다. 이것이 하나님 나라에 사는 사람의 모습입니다. △

기도로 승리한 신앙인

다리오가 자기의 심원대로 방백 일백 이십 명을 세워 전국을 통치하게 하고 또 그들 위에 총리 셋을 두었으니 다니엘이 그 중에 하나이라 이는 방백들로 총리에게 자기의 직무를 보고하게 하여 왕에게 손해가 없게 하려 함이었더라 다니엘은 마음이 민첩하여 총리들과 방백들 위에 뛰어나므로 왕이 그를 세워 전국을 다스리게 하고자 한지라 이에 총리들과 방백들이 국사에 대하여 다니엘을 고소할 틈을 얻고자 하였으나 능히 아무 틈, 아무 허물을 얻지 못하였으니 이는 그가 충성되어 아무 그릇함도 없고 아무 허물도 없음이었더라 그 사람들이 가로되 이 다니엘은 그 하나님의 율법에 대하여 그 틈을 얻지 못하면 그를 고소할 수 없으리라 하고 이에 총리들과 방백들이 모여 …… 이에 다리오 왕이 조서에 어인을 찍어 금령을 내니라 다니엘이 이 조서에 어인이 찍힌 것을 알고도 자기 집에 돌아가서는 그 방의 예루살렘으로 향하여 열린 창에서 전에 행하던 대로 하루 세 번씩 무릎을 꿇고 기도하며 그 하나님께 감사하였더라

(다니엘 6 : 1 - 10)

기도로 승리한 신앙인

　리더십 분야에서 최고의 권위자로 2,500만부가 팔린「성공하는 사람들의 7가지 습관」이라고 하는 책의 저자인 스티븐 코비(Steven Covey) 박사가 근자에 쓴「원칙 중심의 리더십(Principle Centered Leadership)」이라고 하는 책이 있습니다. 지도자가 꼭 필요하고 지도력이 간절하게 요구되는 오늘날과 같은 때에 한번쯤 꼭 읽어볼만한 아주 중요한 교본이라고 생각합니다. 이「Principle Centered Leadership」에서 그는 지도력의 3가지 유형을 말하고 있습니다.
　첫째, 강압적 지도력입니다. 추종자로 하여금 두려워 떨면서 따라오게 하는 그런 지도력, 하나의 폭군적이기도 하고 제왕 같은 그러한 지도력을 말합니다. 힘과 권력으로 밀어붙이는 일시적 통제를 의미합니다. 물리적으로 보면 가능하나 인격적으로 가능하지 않고, 그저 기업적으로는 가능하나 사회적으로 가능하지 못합니다. 그것이 오늘의 고민입니다. 옛날에는 이것이 통했습니다. 밀어붙이는 일은 아마도 이제는 안됩니다. 뭐 다른 데에는 고사하고 우리 가정에서도 안통합니다.
　둘째, 어떤 혜택이나 이익을 미끼로 하는 일시적 지도력입니다. 소위 intensive 지도력입니다. 잘하면 상주고, 잘못하면 감봉하고, 더 잘못하면 퇴직시키고…… 뭐 이런 얘기입니다. 사람의 진을 마르게 합니다. 그런 지도력이 있습니다. 아마도 이런 것이 적당하게 통하는 때가 있었습니다. 공정한 듯하지만 기능적일 수밖에 없고, 인격적이지 아니하기 때문에 창의력을 아주 다 고갈시키고 맙니다. 참으로 될 것같은데 안되는 게 이것입니다. 참 그거 문제입니다. 심지어는 교회에서까지도 이런 일이 있는데, 부목사님들 여전도사님들을 많이 두고 시작해서, 다 구역을 맡긴 다음에 그 구역을 부흥시키면 월급을 올려주고 구역이 조금 떨어지면 감봉하고 3번 감봉하면 퇴직시키는 것입니다. 이래서 교역자들이 얼굴이 노래가지고 교인들을 찾아다니면서 아주 구걸하고 사정을 하는 것입니다. 이거 될 듯하지만 안되는 것입니다. 이렇게 소위 intensive라는 것을 내걸어서 사람을 끌고 나가보겠다, 능력을 이용해 보겠다는 이런 방법도 한 세대 갔습니다.

셋째는 지도자를 믿고 성취목표를 스스로 선택하게 하는 것입니다. 지도자가 세운 목표가 옳고 정당하기 때문에 누가 뭐라고 안해도 모두가 스스로 선택해서 나아가는 원칙 중심의 지도력입니다. 그런데 지도자는 자기나름의 길을 갑니다. 뒤돌아볼 것도 없고 남의 눈치 볼 것도 없습니다. 그리하면 그가 세운 목표와 그가 가진 인격을 따라서 다 같이 따라갑니다. 꼭 말을 해야 되는 게 아니고 뭐 지시를 해야 될 것도 없습니다. 같은 목적, 같은 방향, 같은 원칙을 향해서 함께 갑니다. 이것이 바로 진정한 의미에서의 지도자입니다. 마치 물 흐르듯이 의연히 갑니다. 다함께 행복하게 또 자기의 능력을 다 기울이면서 같은 길을 만들어가는 것입니다.

한 사람 이야기를 더하고 싶습니다. 폴 G. 스톨츠(Paul G Stoltz) 박사의 '역경지수'라고 하는 유행어가 있습니다. AQ라고 그럽니다. 요새 뭐 IQ, EQ, GQ 하다가 근자에 AQ라고 하는 말이 있습니다. Adversity Quotient라고 하는 말입니다. 'Turning Obstacles into Opportunity'라고 하는 명제를 걸고 있습니다. 사람은 역경을 만나게 되면 본색이 드러납니다. 그의 인격과 믿음이 나타납니다. 어려운 일을 당할 때 어떻게 되느냐 하면 세 가지의 유형이 있는데, 첫째는 Quitter, 포기 형입니다. '아이고, 힘든데 포기하지 뭐, 집어치워, 할 것 없어'라고 합니다. 둘째, Camper, 현상유지 형입니다. '이런 때는 현상유지가 좋아, 기다려.' 통계에 의하면 60~70%가 이런 대기 형이라는 것입니다. 현상유지 형. '어려울 때는 기다리는 거다. 지금 바람이 불지 않으면 바람 불 때를 기다리는 거다. 그때에 가서 항해할 것이다.' 하는 이런 대기 형입니다. 또 다른 하나는 Climber 유형입니다. 이건 기어 올라가는 것입니다. 자, 보세요. 산이 있어서 올라가면 이젠 내려가는 것은 거저먹기입니다. 너무 쉬워지는 것입니다. 올라갑니다. 역경을 기어 올라가서 역경을 오히려 기회로 삼는 것입니다. 새로운 기회로 삼습니다.

　이스라엘 사람들은 전통적으로 그들이 가진 철학, 잠언처럼 여기는 철학이 있습니다. 매우 단순합니다. '앞이 막혔느냐? 뒤를 보라. 뒤가 막혔느냐? 옆을 보라. 옆도 막혔느냐? 위를 보라.' 앞뒤가 다 막혔으면 이제는 위를 보아야 합니다. 이스라엘 사람들이 애굽을 나와서 홍해 앞에 섰습니다. 홍해가 가로막혔습니다. 뒤에는 애굽 군대가 따라옵니다. 양쪽에는 절벽이 있습니다. 흔히 말하는 독 안의 쥐. 문자 그대로 독 안의 쥐입니다. 어떡하면 좋겠어요? 아우성을 칩니다. 모두가 원망합니다. 모세를 원망하고, 하나님을 원망하고, 출애굽 자체를 원망하게 됩니다. 그런데 그 원망을 하면서도 위트가 있더라고요. '애굽에 매장지가 없어서 우리를 데려다 여기서 죽이느냐?' 우스운 말입니다. 그렇지 않습니까? 그런데 바로 이 시간에 하나님의 음성은 들려옵니다. '하나님의 하시는 일을 보라. 홍해

를 건너라.' 말씀하십니다. '조용하라. 내가 하나님됨을 알지어다.'

여러분, 하나님이 하시는 일, 지금의 이 역경을 통해서 하나님께서 하시는 일, 그것을 읽을 줄 알고 해득할 줄 알고 따르고 이용할 줄 알아야 합니다. 하나님께서 주시는 기회, 이것을 받아들여야 합니다. 하나님께서 주시는 기회는 순경이 아닙니다. 역경입니다. 꽉 막히는 것입니다. 이제는 위를 봐야 합니다. 그 홍해 가에 서 있는 이스라엘 사람들에 대한 전설이 있는데, 그 이야기가 마음에 들어서 가끔 말씀을 드립니다. 우리 성경에 보면 하나님의 명령을 받고 모세가 지팡이를 들어서 홍해를 딱 치고서 쫙 갈라져서 건너갔다고 되어 있지만, 제가 읽은 책에서 보니까 전설에는 그렇게 돼 있질 않아요. 딱 쳤는데 홍해가 갈라지지 않았대요. 그러니까 모두가 걱정이 되어서 아우성을 치고 할 때 여호수아가 옆에서 소리를 지릅니다. "모세여, 치고 건너가라 했는데 왜 서 있습니까?" 그래서 물속으로 텀벙하고 들어갔더니 쫙 갈라지더래요. 그게 마음에 들어요. 말씀을 행동으로 옮길 때에 기적이 나타나는 것이지 기적이 나타난 다음에 행동하는 게 아닙니다. 순서가 틀려요. 치고 건너가라 그랬어요. 그러면 건너가야지요. 그 다음에 기적이 있었어요. 그 전설의 이야기가 너무나도 마음에 듭니다.

오늘 성경을 보면 지금 다니엘이라는 사람은 함정에 빠졌습니다. 아주 꼼짝 못하게 올무에 걸렸습니다. 조금 전에 읽은 말씀으로 충분합니다. 딜레마에 빠졌어요. 다니엘은 최선을 다하여 살아왔습니다. 최선의 길을 살아왔습니다. The best way로 살았습니다. 그런데 왜 이런 일이 생겨야 합니까? 생각하면 어이없는 일 아닙니까? 그렇게 정결하게, 그렇게 진실하게 살았습니다. 보세요, 유대사람으로 바벨론 포수 때 노예로 끌려온 소년입니다. 끌려와서 노예로부터 시작해서 남의 나라의 총리가 될 때까지 여러분 상상해 보세요. 얼마나 수고했겠나? 얼마나 진실했겠나? 얼마나 충성됐겠나? 얼마나 최선을 다하여 살았기에 노예로 끌려갔던 사람이 남의 나라의 총리가 될 수 있는 것입니까. 난 여기까지가 정말 존경스럽습니다. 얼마나, 얼마나 존경스럽습니까? 노예로 끌려갔던 사람이 남의 나라에서 총리가 됐다는 것은 그만큼 정직하게 진실하게 충성되게 살았다는 것입니다.

그런데 이거 웬일입니까? 올무에 걸렸습니다. 옛날이나 오늘이나 그 모든 것 뒤에는 질투가 있습니다. 그래서 모든 문제는 정치 문제요, 정치 문제는 경제문제요, 경제 문제는 심리학적 문제라고 그럽니다. 전부가 질투입니다. 질투. 그것이 문제라고요. 그런 심리학적 문제가 거기 깔려 있어요. 오늘 말씀에 보니 120명의 방백을 세우고 또 총리 세 사람을 세웠는데, 이 다리오 왕이 그 세 사람 중에 한 사람 다니엘을 더 높여서 요샛말로 말하면 총리 중의 총리로 만들려고 한 것입니다. 이렇게 할 때 그 못된 사람들이 질투했어요. '이걸 꺾어버려야겠다.' 그런데 아무리 흠을 잡으려고 해도 흠이 없습니다. 너무 정직하고 너무 충성되기 때문에 흠이 없어요. 그래 저들끼리 의논을 했는데 이런 쪽으로 또 머리가 잘 돌아가요. '이건 유대사람이기 때문에 종교적 문제로 올무를 걸지 않으면 절대로 이 사람을 제거하지 못할 것이다.' 해서 나름대로 계책을 꾸며가지고 이 다리오 왕 앞에 나가서 아첨을 합니다. "만세수 하시옵소서." 그렇게 말해 놓고 '이제부터 30일 안에 왕 외에 어느 누구에게든지, 사람에게든, 신에게든, 무엇을 구하는 자가 있으면 사자 굴에 넣어서 죽여 버립시다.' 왕 외에는 아무도 없습니다 이 나라에는. 그런고로 뭐 신이건 사람이건 누구에게든지 뭘 구하는 사람은 사자 굴에 넣어서 죽여 버린다고. '이런 엄한 법령을 하나 만듭시다.'

그런데 문제는 다리오 왕입니다. 이 멍청한 사람이 자기를 높여 준다는 말에 기분이 좋아가지고 그 건의에 어인을 찍어 버렸어요. 변경할 수 없는 어인을 찍어서 법령을 만들어 공포해 버렸습니다. 바로 다니엘이 걸려들었습니다. 그런데 여러분 아시는 대로 그가 여전히 하나님 앞에 규례를 따라 기도하고 있었어요. 그런고로 이건 기도한 죄입니다. 하나님 앞에 기도한 죄로 이제 사자 굴에 들어가게 됩니다. 아마 다리오 왕이 '아차' 했을 것입니다. '아, 이거 다니엘을 잡으려고 한 일인데 이걸 몰랐구나' 했지만 이미 때는 늦었어요. 이 다니엘을 사자 굴에 처넣게 됩니다. 자, 이제 오늘 이 문제를 앞에 놓고 이런 사건이 있을 때 다니엘이 어떻게 행동했는가를 봅시다. 그는 기도했어요. 아무도 원망하지 않았어요. 다리오 왕한테 찾아들어가서 '왜 이런 일이 있어야 합니까?' 항의하지 않았어요. 누구도 원망하지 않았어요. 기도했어요.

제가 개인적으로 존경하는 목사님 세 분이 있는데 그 중의 한 분입니다. 제가 인천 제일교회에서 부목사로 있다가 원목이 되고, 그 원목이셨던 분이 은퇴하셨어요. 그 은퇴하신 원로목사님을 제가 11년 동안 모시고 목회를 하고 나왔던 일이 있습니다. 이기혁 목사님, 특별한 분입니다. 기도하시는 분입니다. 지금 새문안교회에 있는 이수영 목사님의 할아버지 되시는 분인데. 자, 조그마한 교회 사무실에 모여서 앉아 있을 때 신문 배달하는 사람이 "신문이오!" 하고 던져주면 모두가 신문을 다 하나씩 들고 신문을 봅니다. 아, 신문에 있는 이런저런 사건들, 여러분 아시는 대로 신문에 뭐 좋은 얘기가 있습니까. 다 끔찍한 이야기, 사고 이야기, 지진이 나고, 살인 사건이 있고…… 신문에 난 사건으로 서로 이야기하고 어수선합니다. 이 목사님은 아무 말씀도 안하십니다. 가만히 앉았다가 신문을 이렇게 거둬가지고 말아 쥐고 문밖으로 나가요. 그래 어디 가시나 해서 제가 몰래 따라가 봤어요. 예배당으로 들어가요. 본당으로 딱 들어가서 강대상 앞에 무릎을 꿇고 앉아서 신문을 쫙 펴놓고 "하나님, 어찌 이런 일이 있습니까?" 하고 눈물흘려 기도하는 걸 봤습니다. 여러 번 보았습니다. 그래서 '이기혁 목사님' 하면 제가 고개를 숙입니다.

여러분, 뭘 어쩌고 어쩌고 수선떨지 말고 고개를 숙이세요. '하나님 어찌하여 이런 일이 있어야 합니까?' 지금 기도할 시간입니다. 그 외에 다른 길은 없어요. 성명서 그런 것 좋아 안해요. 그 무슨 대회로 모이고 뭘 하고 하는 거 그것 마음에 안들어요. 그것은 성서적 방법이 아닙니다. 다니엘의 방법은 이렇습니다. 하나님 앞에 나가서 기도합니다. 그런데 여기에 보니 '전례 대로'라고 돼 있어요. 전에도 기도했어요. 습관입니다. 기도가 습관입니다. 아브라함 링컨 (Abraham Lincoln) 대통령은 백악관에 기도실을 만들어 놓고 종종 어려운 일이 있으면 들어가서 기도를 합니다. 아무리 바쁜 일이 있어도 그래요. 밖에 각료들이 다 줄서서 기다려요. 기도 끝날 때까지 누구도 노크를 하지 못했습니다. 기도 다 끝난 다음에 나와서 일을 처리했어요. 기도의 사람이었어요. 여러분, 전례 대로, 습관 대로 기도해야 돼요. 특별히 예루살렘 쪽을 향한 창문을 열어 놓고 하나님의 성전을 마음에 흠모하면서 성전을 향하여 기도했습니다. 하나님을 향하여 기도하는 상징적 의미가 됩니다. 특별히 공개적으로 기도했어요. 숨어서 몰래…… 그런 얘기가 아닙니다. 이 기도함으로 인해서 오는 모든 책임은 내가 지는 것입니다. 공개적으로 기도했어요. 그래서 그대로 끌려가서 사자 굴에 던져지게 되지 않습니까.

오늘 본문에 우리들 마음을 뜨겁게 하는 본문은 이것입니다. 그렇게 기도하는데 "그 하나님께 감사하였더라." 그 감사가 무슨 감사일까? 정말 궁금합니다. 사자 굴에 들어가게 될 바로 이 시간을 놓고 '감사하였더라.' 대표적인 기도가 구약에 몇 번 있는데 하나가 창세기에 나오는 야곱의 기도입니다. 벧엘에서 기도할 때 그는 아주 야곱다운 기도를 합니다. 조건부 기도입니다. '나로 평안히 고향에 돌아오게 해주시면 십일조를 바치겠습니다.' 역시 야곱 같은 기도입니다. 조건부의 기도입니다. '~해주시면, …… 하겠습니다.' 이런 기도입니다. 그런가하면 욥기 1장에서 보면 욥은 하나님이 주셨던 자녀들 10남매가 한꺼번에 죽었어요. 재산이 다 날아갔어요. 비참해졌어요. 그 때에 그는 하나님 앞에 기도합니다. '주신 자도 하나님이시요 거두신 자도 하나님이십니다.' 감히 감사하고 하나님을 찬송합니다. 그는 현재는 너무 괴롭지만, 이미 주셨던 바를, 과거에 받은 은혜를 감사했어요. 그러나 오늘 다니엘은 지금 무슨 기도를 하는 것입니까? 여기에는 깊은 의미와 당당하고 신령한 용기가 있습니다. 정직한 사람으로 하나님의 사람으로 기도의 사람으로 갑니다. 이렇게 끝납니다. 하나님, 감사합니다. 하나님 영광 받으시옵소서.

본문 10절에서 우리가 보지 않습니까. 다니엘이 이 조서에 어인이 찍힌 것을 알고도 자기집에 돌아가서는 그 방에 예루살렘으로 향하여 열린 창에서 전에 행하던 대로 하루 세 번씩 무릎을 꿇고 기도하며 그 하나님께 감사하였더라― 참 놀랍고 위대한 기도입니다. 다니엘은 비굴하지 않았습니다. 아니, 포기하지 않았습니다. 하나님을 원망하지도 않았습니다. 다리오 왕의 어리석고 멍청한 짓을 비판하지도 않았습니다. 누구에게 가서 하소연하지도 않았습니다. 그 상황을 전혀 원망하지 않고 오히려 기도하고 찬양하고 감사했습니다. 하나님, 영광을 받으시옵소서. 그는 사자 굴에 던져집니다.

이제 제가 읽을 테니 조용히 묵상하시길 바랍니다. 6장 19절로 20절 말씀입니다. "이튿날에 왕이 새벽에 일어나 급히 사자 굴로 가서 다니엘의 든 굴에 가까이 이르러는 슬피 소리질러 다니엘에게 물어 가로되 사시는 하나님의 종 다니엘아 너의 항상 섬기는 네 하나님이 사자에게서 너를 구원하시기에 능하셨느냐." 다니엘이 사자 굴에서 걸어 나옵니다. 이것으로써 하나님은 영광을 받으셨고 위대한 역사는 이루어졌습니다. 여러분, 위대한 역사는 역경을 통해 이루어집니다. 뿐만 아니라 역경을 어떻게 감수하느냐가 문제입니다. 역경을 기어올라야 됩니다. 그럴 때 하나님의 능력이 나타나는 것입니다. 그야말로 역전의 기회가 옵니다. 여러분, 오늘도 우리는 이 세대를 보면서 기도하고, 감사하고 바로 거기에서부터 문제를 풀어가는, 역경 이후에 주시는 역전의 기회를 얻는 신앙인의 패러다임으로 살아가야 할 것입니다. △

이것이 우리의 자랑이라

리가 세상에서 특별히 너희에게 대하여 하나님의 거룩함과 진실함으로써 하되 육체의 지혜로 하지 아니하고 하나님의 은혜로 행함은 우리 양심의 증거하는 바니 이것이 우리의 자랑이라 오직 너희가 읽고 아는 것 외에 우리가 다른 것을 쓰지 아니하노니 너희가 끝까지 알기를 내가 바라는 것은 너희가 대강 우리를 아는 것같이 우리 주 예수의 날에 너희가 우리의 자랑이 되고 우리가 너희의 자랑이 되는 것이라

(고린도후서 1 : 12 - 14)

이것이 우리의 자랑이라

　러시아의 사실주의 문학을 대표하는 니콜라이 고골리(Nikolai Vasilievich Go'gol)이 쓴 작품 중에「외투」라고 하는 단편소설이 있습니다. 아주 유명한 단편소설입니다. 이 작품 속에 나오는 주인공은 아카키에비치 마쉬 마치킨이라고 하는 사람인데 관청의 말단 직원으로 한평생을 살았습니다. 사람들이 그에게 묻기를 당신의 소원이 무엇입니까, 외길 인생을 이렇게 살면서 인생의 목표가 무엇입니까, 물으면 그는 주저하지 않고 대답합니다. "내 인생의 목표는 아주 좋은 고급 외투를 하나 갖는 것입니다." 어렸을 때 어떤 사건으로 인해서 이렇게 외투를 좋아하게 됐는지 알 수가 없습니다만 이 사람에게는 좋은 외투 한 벌 그것이 생의 목적이 됐습니다. 이 목표를 달성하기 위해서 일평생 말단 관직으로 있으면서 돈을 저축했습니다. 드디어 80루블이라고 하는 거금을 주고 꿈에 그리던 외투를 샀습니다. 외투를 사서 입게 되었을 때, 이제 또 다른 소원이 생겼습니다. 그것은 바로 이 외투를 자랑하고 싶은 것입니다. 한평생 모은 돈으로 생의 목적을 달성했기에 이걸 자랑하고 싶었어요. 아주 펄펄 뛰면서 이 옷을 입고 온 거리를 휘젓고 다녔습니다. 콧노래를 부르며 거리를 돌아다녔습니다. 그러다가 어느 골목에 들어섰을 때 강도를 만났습니다. 강도는 무자비하게 때리고 그를 피투성이로 만들고, 외투를 벗겨 빼앗아 도망을 쳐버렸습니다. 이제 그는 간신히 생명은 지켰지만 그의 성공을 강탈당했습니다. 행복을 강탈당했습니다. 생의 목적을 잃어버렸습니다. 살아야 할 이유를 깡그리 잃어버렸습니다. 그리고 신음하며 고생하다가, 시름시름 앓다가 죽었습니다. 페테르부르그의 추운 겨울이 되면 이 노인의 유령이 나타나서 슬픈 울음소리를 내며 거리를 돌아다닌다고 합니다.

여러분, 이 짧은 이야기 속에서 무엇을 생각하게 됩니까? 내가 세운 목적은 무엇입니까? 내가 그렇게 소중하게 여기는 건 도대체 무엇이었습니까? 그것이 허무한 건 아닌가요? 그 외투 한 벌 같은 하찮은 것이 내 자랑의 목적이 되고 있지는 않습니까? 그 자랑이라는 것이 도대체 얼마짜리 자랑이냐입니다. 참으로, 참으로 안타까운 일입니다. 가끔 가슴의 금배지를 그렇게 소중하게 여기는 사람들이 있습니다. 제가 인천에 있을 때 어느 국회의원을 오래 지낸 분의 장례식에 갔는데 내 일생 그런 장례식은 처음 봤습니다. 조객이 두 사람밖에 없습니다. 금배지가 그렇게 생의 목적이 될만한 것입니까? 오매불망 그렇게 소원할만한 것이 되는가 말입니다. 강탈당하지 않았습니까? 아니, 허탈감에 빠지지 않았습니까? 여러분, 오십 세가 넘었거든 이 이야기를 진지하게 들어야 할 것입니다.

헬라의 철학자 플라톤은 「폴리테이아」라고 하는 그의 명저에서 그 옛날 벌써 이렇게 말하고 있습니다. '삶의 형식이 네 가지가 있다.' 첫째는 욕망적인 삶입니다. 그저 먹고, 입고, 쓰고…… 욕망을 충족하기 위해서 몸부림치다 가는 그런 불쌍한 사람이 있습니다. 둘째는 이기적인 삶입니다. 소유와 획득만을 위해서 사는 삶입니다. 많이 가져 보아도 가져지는 게 아니지 않습니까? 그게 내 이름으로 기록이 됐다고 내 것도 아닙니다. 소유에 급급하며 사는 극단적인 이기주의, 이 소유 때문에 자기 외에는 아무것도 모르고 그렇게 살아가는 불행한 사람이 있습니다. 셋째는 정치적으로 지배욕을 가진 삶입니다. 많은 사람으로부터 인정을 받고자 하는 욕망의 삶입니다. 넷째는 관조적인 삶입니다. 참된 지식에 도달하고자 사색하고 사색에서 얻은 것을 조금이나마 실천하며 살고 나름대로 삶의 의미를 추구하며 사는 그런 삶입니다.

종교개혁자 칼뱅(John Calvin)은 그의 저서「기독교강요」에서 '인생의 삶, 특별히 그리스도인의 삶이란 복잡할 거 없다, 딱 두 가지로 간단하게 요약할 수 있다'고 말했어요. 첫째는 자기 부정적인 삶입니다. 예수님께서도 말씀하시기를 예수님의 제자가 되려거든 자기를 부인하고, 자기 십자가를 지고, 나를 좇을 것이라 하셨습니다. 삼 단계로 말씀하십니다. 이것은 몇백 번, 몇천 번이라도 다시 되뇌어봐야 됩니다. 자기를 부인하고, 자기 십자가를 지고, 예수님을 따를 것입니다. 소극적 의미에서는 자기 부정이 필요합니다. 자기보다 남을 낮게 여겨야 한다는 것을 누가 모릅니까? 그러나 자기를 부정하지 못하면 남을 사랑할 수가 없어요. 나를 부인하지 않고는 남을 긍정할 수가 없어요. 요새 많은 가정들이 파괴됩니다. 자세히 들어보면 똑같은 얘기입니다. 상황도 결론도 똑같습니다. 자기를 부정하지 못함으로 사랑하지 못합니다. 사랑하고 싶은 마음도 있고, 사랑해야 된다는 걸 누가 모릅니까만 자기 존재를 부정하지 못하기 때문에 남을 사랑할 수 없어요. 자기를 부정하지 아니하고는 하나님을 긍정할 수 없어요. 자기 사랑에 꽉 매여서 노예가 되어 있는 순간 하나님을 사랑할 수가 없어요. 그 많은 날 교회에 나와도 '정말 저 사람 예수 믿는 사람인가' 싶어요. 왜? 자기 부정을 못했어요. 오히려 교회에 나와서 자기 존재를 인정받겠다고 목에 힘줘요. 그게 또 인정이 안될 때 섭섭하다고 목사까지 괴롭혀요. 아, 그거 힘들어요. 그 많은 날 예수 믿었는데 아직도 자기 부정을 하지 못해서 허우적거리는 모습을 보면 '이거 어떡하면 좋을까' 생각을 합니다. 자기 부정의 삶, 여기서 이웃을 긍정하고 하나님을 긍정할 수가 있게 됩니다.

둘째는 순례적 삶이라고 말합니다. 이 세상은 종착지가 아닙니다. 아무리 아름다워도 버려야 하고, 아무리 좋은 것이라도 떠나야 합니다. 여러분, 그렇게 애지중지하지만 그게 아닙니다. 제가 한의사 한 분을 만났습니다. 제가 어디가 좀 불편해서 찾아가봤더니요 아주 철학적으로 제게 말합니다. 82세 된 그런 한의사인데 날 보고 그래요. "목사님, 70이 넘었으면 어디가 좀 아프면 그런가보다 하지, 뭘 찾아왔습니까?" 그렇잖아요? 내가 허리가 좀 아파서 갔더니 아, 그래요. 뭐 잘 고쳐주긴 했어요. 그런데 그 양반이 앉아가지고 1시간 동안 나한테 설교를 하더라고요. "그렇거니 하고 살아야지. 이제 중고차인데 그게 고장 안나게 생겼어요? 그래, 한 70년 동안 데리고 다녔으면 이젠 어쩌면 버릴 때도 됐는데 '그렇거니' 하고 삽시다." 그래요. 이거 참 그 말이 마음에 들어요. 그거 정말 그래요. "어디 좀 아프거든 그저 그렇거니 하지, 화다닥 놀라고 난리치지 말고, 그러다가 또 갈 때 되면 가야지 그렇지 않느냐" 합니다. 이 세상은 삶의 종착지가 아닙니다. 지나가는 나그네의 길 같습니다. 그러나 나그네와 순례자는 다릅니다. 나그네는 그냥 구름처럼 왔다가 구름처럼 갑니다. 그러나 순례자는 목적지가 있습니다. 그 목적지를 향해서 하루하루의 삶을 순례합니다. 목적지로 향하는 과정입니다. 하루를 살든 한 시간을 살든 내가 가는 뚜렷한 목적지가 있어요. 그 목적지를 향해서 한 걸음 한 걸음 가고 있는 것입니다. 완성의 세계로, 영생의 세계로 가고 있는 순례자의 길, 그것이 신앙생활이라고 말합니다.

여러분, 오늘 본문에서 보면 사도 바울의 마음에는 숨어 있는 것이 있습니다. 바울은 순례자로서 신령한 Pride가 있었어요. 프라이드가요. '프라이드' 하면 꼭 생각나는 얘기가 하나 있습니다. '63년에 처음 프린스턴대학에 가서 공부하고 있을 때입니다. 프린스턴대학에서 공부하는 사람들이 열심히 하거든요. 정말 새벽 1시까지 불 끄는 기숙사 방이 없어요. 정말 열심히 절간에 온 것처럼 조용히 열심히 공부하더라고요. 그 학교에는 당시에 여학생이 없었어요. 남자만 있는 학교입니다. 그런데 금요일날 저녁이 되면 여학생이 버스 수십 대로 옵니다. 여자대학에서 대학생들 불러다놓고 아, 이거 파티를 합니다. 초저녁부터 좌우간 시끄럽기 시작하면 저희는 공부할 수가 없어요. 너무 시끄러워서. 아, 그러니까 우리는 할수없이 남들 구경이나 했지요. 그랬는데 11시가 딱 되면 그 여학생들을 다시 버스로 전부 태워서 보냅니다. 그러면 그 여학생들이 그 남학생들하고 몇 시간 지내고나서 아쉬워서 전화번호를 좀 달라, 뭐 이름을 좀 달라, 연락처가 어떻게 되는지…… 사정을 합니다. 그런데 남자들이 안줘요. 아, 오늘 놀았으면 됐지 뭐, 그러고 안주더라고요. 한 여학생이 울먹울먹하면서 좀 다시 만날 수 없겠느냐고 하니까 그 때 남학생이 대답하는 걸 내가 들었어요. '프린스터니안 프라이드'― 그럽니다. 프린스턴에서 공부하는 사람의 자존심이 있다 이것입니다. 가끔 생각이 납니다.

적어도 순례자의 프라이드, 하늘나라를 바라보고 사는 사람의 자존심이 있지. 이게 뭘 하는 짓입니까. 여러분, 자존심 좀 세우고 살아야 됩니다. 시시하게 살아서는 안됩니다. 그까짓거 가지고 구설수에 올라서야 됩니까? 사도 바울은 "나의 자랑으로"라고 말씀하니다. 나의 자랑으로. 그는 그리스도인으로서의 자랑을 말씀합니다. 이 고린도서에 보면 자랑이라는 말이 수없이 나옵니다. 자랑, 여러 곳에 나옵니다.

　사도 바울은 말씀합니다. '이 자랑이 나의 행복이요, 나의 용기요, 나의 인내요, 나의 건강이요, 내 마음의 평안입니다.' 그렇습니다. 자랑이 있어야 살지. 자랑이 온통 망가져 버렸어요. 고개를 들고 다닐 수가 없게 돼버렸어요. 난 그런 이야기를 소망교회에서 목회할 때 직접 들었습니다. 아버지가 그만 어쩌다가 많은 실수를 했어요. 그래 감옥에 몇 번 들락날락했어요. 돈은 많습니다. 아들이 막 대드는데 "나는 아버지 아들이 됐기 때문에 장가도 못갑니다. 창피해서. 누구 아들이라는 말을 내가 할 수가 없으니까요." 아, 이러고 대드니 아버지가 "야, 너 좀 편안하게 잘살라고 내가 돈을 좀 모은 건데……" 하면 아들이 막 공격을 해요. "차라리 가난한 게 좋지 않습니까? 좀 떳떳해야지 이게 뭡니까." 그래요. 아버지가 꼼짝못하고 눈물 흘리는 걸 봤습니다. 여러분, 참자랑을 가지고 살아야지요. 이 숨겨진 자랑, 교만하지 아니한 자랑, 이게 자존심이라는 것입니다. 이것 없이는 살 수가 없어요. 사도 바울은 말씀합니다. "그리스도의 날에……" 아주 멋있습니다. 이 세상에서가 아닙니다. '그리스도의 날에, 주님 앞에 갔을 때 너희는 나의 자랑이 되고, 나는 너희의 자랑이 되리라.' 사실은 고린도교회가 어지간히 사도 바울을 괴롭혔거든요. 그런데도 당당하게 말씀합니다. '그 날에 가서는 너희가 나로부터 예수믿었다는 걸 자랑하게 될 것이다. 나 때문에 천당에 왔다고 자랑하게 될 것이다. 나 또한 너희들을 생각하며 그리스도 앞에서 자랑할 것이다. 이 분들이 나의 면류관이라고. 그리스도의 날에 너희는 나의 자랑이 되고 나는 너희의 자랑이 되리라.' 거기다가 마음의 닻을 내려놓고 거기다가 깃발을 세워 놓고 오늘을 사는 것입니다. 프라이드가 있는 생을 살았어요. 아주 멀리멀리에 있을, 그러나 그리스도의 날에…… 아주 확실한 것입니다. 이건 궁극적인 것입니다. 이건 사람 앞에서 받는 자랑이나 영광이나 칭찬하고는 달라요. 뭐 그런 인간적인 감사패 같은 거하고는 달라요.

미안합니다만 여기저기 관계되어 있기 때문에 감사패를 받을 때가 있습니다. 어제도 하나 받았는데, 그런 거 받을 때 참 마음이 아픕니다. 이걸 왜 나에게 줄까, 이건 어디다 갖다놓으라고, 불쏘시개로도 못쓰고 말이야. 정말 이건 쓸데없는 것입니다. 감사패, 그거 정말 요샌 더구나 돌로 만들고 크리스탈로 만들어대는데, 이게 보통 문제가 아닙니다. 사도 바울에게는 하나님과 자신만이 아는 자랑이었습니다. 하나님과 나만이 아는 비밀한 이런 자랑을 가지고 살았어요.

매슬로우(Abraham Maslow)의 유명한 욕구위계설(Maslow's motivational hierarchy)이라는 학설이 있지요. 사람의 욕구는 생리적 욕구, 안전의 욕구, 소속의 욕구, 존중함의 욕구, 자기실현의 욕구, 이런 것입니다. 그런데 이건 심리학적인 것입니다. 그 위에 영원을 지향하는 영생에 대한 욕구가 있는 것입니다. 사도 바울은 말씀합니다. 그의 편지에서 "내 자랑을 빼앗기지 아니하리라" 말씀합니다. 고린도전서 9장 15절에 보면 "누구든지 내 자랑하는 것을 헛된 데로 돌리지 못하게 하리라" 합니다. 나의 자랑만은 절대로 건드리지 마라, 자랑을 절대로 헛된 데로 돌리지 못하게 그렇게 살 거라고 말씀합니다. 그래 뭘 자랑으로 삼았는가 보십시다.

첫째는 '거룩함'입니다. 거룩하게 사는 것. 거룩함이란 구별되었다는 것입니다. 세상과 구별되고, 세속과 구별되고, 속된 것과 구별되었습니다. 깨끗하고 거룩하게 산 것. 이것이 그의 자랑이었어요. 거룩하게 마음을 둔 프라이드. 추잡하게 살지 않았어요. 이것이 그의 자랑이었어요. 또한 '진실함'이 자랑이었어요. 가난한 건 죄가 아닙니다. 진실하지 못한 것이 죄입니다. 공부 못하는 건 죄가 아닙니다. 게으른 게 죄지요. 정직하게 진실하게만 살면 분명히 길은 있습니다. 진실에 대한 자랑. 비록 가난해도 적어도 진실하게 정직하게 신앙적으로 거룩하게 사는 자랑입니다. 나아가 사도 바울은 셋째로 '은혜로 행하는 것'이 자랑이다 합니다. 오직 하나님의 은혜에 감사하며 살았고 모든것을 은혜로 받아들였고 더 나아가서는 보상을 바라지 않고, 대가를 바라지 않고, 상급 바라지 않고, 칭찬 바라지 않고, 알아주길 바라지 않고 오직 하나님의 은혜, 이것도 은혜고 저것도 은혜다 하는 그 마음으로 오직 은혜로 산 것, 내 자랑이다.

여러분, 그 뭐 알아주길 바라고 인정해 주길 바라고 칭찬해 주길 바라고 합니까. 이거 사실 초라하고 추한 것입니다. 그거 내 인격이 아주 쪼그라드는 것입니다. 깨끗하게, 오직 은혜로, 모든것을 은혜로 받아들이고 아무 대가도 보상도 바라지 않고 의연히 하나님의 은혜에 보답하는 길로만 갑니다. 그 은혜에 감사하는 길로만 살아갔어요. 감옥에 가서도 하나님을 찬송했어요. 풍랑을 만나도 하나님께 감사했어요. 어떤 지경에서도 오직 은혜로 행했습니다. 이것이 내 자랑이다— 이렇게 말씀합니다. 여러분, 이 얼마나 소중한 고백입니까? 얼마나 훌륭한 자존심입니까?

일껏 자랑처럼 여긴 것 이제는 부끄럽게 여길 때가 됐습니다.

쓸모없는 것, 쓸데없는 것, 그야말로 하찮은 것, 거기다 마음을 두고 한평생을 산 것, 이제는 저 소설에 나오는 외투처럼 툭툭 털어버려야 할 것입니다. 그 외투 때문에 이 사람은 죽었어요. 헛된 자랑 때문에 내 손해 본 게 얼마나 많습니까? 다 헐어버리고 다시 시작합시다. 거룩함과 진실과 오직 은혜, 내 자존심을 다시 세워가는 신령한 생활이 되어야 할 것입니다. "그리스도의 날에 너희는 나의 자랑이 되고 나는 너희의 자랑이 되리라." 거기다 마음을 두고 늘 사모하면서 빙그레 웃으면서 만족하게 살아갈 수 있기를 바랍니다. △

한 수난자의 회개

   욥이 여호와께 대답하여 가로되 주께서는 무소불능하시오며 무슨 경영이든지 못 이루실 것이 없는 줄 아오니 무지한 말로 이치를 가리우는 자가 누구니이까 내가 스스로 깨달을 수 없는 일을 말하였고 스스로 알 수 없고 헤아리기 어려운 일을 말하였나이다 내가 말하겠사오니 주여 들으시고 내가 주께 묻겠사오니 주여 내게 알게 하옵소서 내가 주께 대하여 귀로 듣기만 하였삽더니 이제는 눈으로 주를 뵈옵나이다 그러므로 내가 스스로 한하고 티끌과 재 가운데서 회개하나이다

               (욥기 42 : 1 - 6)

한 수난자의 회개

　제너럴 일렉트로닉 사의 회장이었던 잭 웰치(John Frances Welch Jr.)라고 하는 세계적으로 유명한 CEO가 있습니다. 그의 저서는 너무나도 많이 알려져 있습니다. 「끝없는 도전과 용기」라고 하는 책은 많은 사람에게 큰 용기를 주었습니다. 그는 이 책에서 인생을 살아가는 데 중요한 태도에 대해서 간결하게 설명하고 있습니다. '성공이라는 것은 얼마나 거창하게 예측을 잘하느냐에 달려 있는 것이 아니고 오히려 수시로 직면하는 변화들에 대하여 얼마나 빠르게 대처하느냐에 좌우되는 것이다.'

　무릇 고통이라는 것은 단지 예측하지 못한 변화일 뿐입니다. 고통이라는 사건이 따로 있는 게 아닙니다. 내가 예측하지 못했던 사건, 그것이 바로 고통이라는 말로 바뀌는 것이고, 문제는 그 고통에 내가 어떻게 대처하느냐 하는 것입니다. 고통은 예측하지 못한 변화일 뿐만 아니라 나의 변화를 요구하고 있습니다. 내가 함께 변할 수 있다면, 넉넉하게 이 변화를 감당할 수 있다면 결코 고통은 고통될 수가 없습니다. 또한 자기 자신에 대하여 진실하고 타인에 대하여 끝까지 정직할 수 있다면 그것이 바로 성공의 기회가 될 것입니다. 그리고 고통에 대해서, 불가능하다고 생각되는 것을 통해서 스스로의 가능성을 창조해 나가는 것입니다. 우리가 견딜 수 없을 만큼 큰 사건에 직면합니다만 대체로 큰 성공은 바로 이런 사건 앞에서 이루어집니다. 순탄한 가운데 이루어지는 게 아닙니다. 역경 속에서 이루어지는 것입니다.

아주 오래전 얘기입니다만 기억에 생생합니다. 어떤 사업가가 여기서 사업을 잘 하시는 분인데 상당한 돈을 투자하면서 러시아로 사업을 확장하고 있었습니다. 늘 러시아에 왔다갔다 합니다. 내가 만나서 물었습니다. "러시아가 경제적으로나 정치적으로나 지금 매우 혼란한데 왜 거기 가서 돈을 벌겠다는 거요?" 그런데 그의 대답은 아주 충격을 주었습니다. "무슨 말씀입니까? 질서가 다 잡힌 데서는 돈을 못법니다. 혼란한 가운데서 큰돈을 버는 겁니다." 그 말은 일리가 있었습니다. 깊이 생각할 문제입니다.

이외수라고 하는 분이 쓰신 「그대에게 던지는 사랑의 그물」이라고 하는 아주 재미있는 책이 있습니다. 그 책에서 이렇게 말합니다. '험난한 길을 선택한 인간은 길을 가면서 자신의 욕망을 버리는 즐거움을 느끼며 산다.' 그래요. 원치 않는 사건에 계속 부딪힐 때마다 우리는 잘못된 욕망을 계속 버려야 돼요. 잘못된 욕망을 버리는 즐거움, 이걸 모른다면 길은 없는 것입니다. 또한 '평탄한 길을 선택한 인간은 길을 가면서 자신의 욕망을 채우는 기쁨에 산다.' 순탄한 길을 살아온 사람은 대개 이런 형입니다. 그런데 여기서 '전자의 사람은 갈수록 너그러워지고 후자의 사람은 갈수록 사람이 옹졸해진다.' 깊이 생각할 교훈이라고 생각합니다.

여러분, 고난이라고 하면 적어도 성경에서는 고난의 교본적 사건이 욥의 이야기입니다. 욥기는 고난의 서사시입니다. 원래가 기록이 시(詩) 조로 돼 있습니다. 욥은 전혀 예측하지 못했던 큰 고통을 당합니다. 여기서 고통의 위계설을 말하기도 합니다. 자세히 보세요. 여러분이 당할 수 있는 고통이 여러 가지 있는데, 그 고난의 성격을 가만히 분석해 보면 거기도 위계가 있어요. 재산이 아무리 중요하다 중요하다 해도 모든 고난 중에 제일 작은 고난이 돈으로 인한 고난입니다. 욥이 큰 부자였어요. 동방의 일등가는 부자였는데 맨처음 당한 고난이 재산을 홀랑 잃어버리는 것입니다. 하루아침에 거지가 됩니다. 재산, 그렇게 애써서 모은 재산이 다 떠나버리고 맙니다. 이것이 제1단계 고난입니다. 다시 생각합시다. 이건 1단계 고난이라니까요. 고난 중에 제일 작은 것입니다.

두 번째 당한 고난이 가정입니다. 10남매나 되는 자식이 한꺼번에 죽어 버립니다. 아내는 남편을 저주하고 집을 떠나버립니다. 홀로 남았습니다. 가정을 잃어버린다고 하는 아픔, 이것은 재산에 비교할 수가 없습니다. 그러나 이보다 더 큰 것이 있습니다. 그것은 바로 건강을 잃어버리는 것입니다. 재산이 대수겠습니까. 뭐니뭐니해도 내 건강 잃어버리는 것, 그거 어려운 것입니다. 그래서 욥은 온몸에 창기가 나서 구더기가 나올 정도로 썩은 냄새가 나고, 너무 가려워서 긁고 잿더미에 뒹구는 비참한 신세가 됐습니다. 건강을 잃어버린다- 이것이 제3단계의 고통입니다. 그러나 인간은 인간이기에 이보다 더 어려운 고통이 있습니다. 그것이 바로 명예를 잃어버리는 것입니다. 모든 사람이 손가락질합니다. 아, 저 사람 저주받았다, 합니다. 하나님 섬기는 사람이 저주받았다고 합니다. 명예, 이것은 그보다 더 큰 고통이라고 생각합니다. 그보다 더 어려웠던 것은 하나님 앞에서 의(義)를 잃어버린 것입니다. 하나님께서 내 의를 인정하지 않는구나- 하나님 앞에 내세울 의가 없습니다. 마치 저주받는 것처럼 이 고통이 가장 어려운 최고의 고통일 것입니다.

욥은 이런 어려운 고통을 계속 당합니다. 힘에 지나친 고통을 당합니다. 나아가서는 삶 자체를 부정하고 자기의 생일을 저주합니다. 왜 어머니가 나를 낳았던고, 왜 내게 젖을 먹였던고, 차라리 낳지 않았으면 좋았을 것인데ㅡ 생 자체를 부정합니다. 뿐만 아니라 친구들이 찾아와서 그를 위로한다고 말하는데, 참으로 받아들이기 어려운 말입니다. 4장 7절에 보면, '잘 생각해 봐라. 하나님이 살아계시는데 죄없이 망한 자가 있더냐.' 은근히 사람을 죽입니다. '죄없이 망한 자가 있더냐. 잘 생각해 봐라. 깊이 숨은 죄가 있는 것같다.' 참 어렵습니다. 여러분, 고난당한다고 다 저주받은 게 아니잖아요. 또 고난당하지 않는다고 그가 의인인 것도 아니잖아요. 그러나 사람들은 돈벌면 축복이라 하고 돈 잃어버리면 저주받았다고 그래요. 건강하면 축복이라 그러고 병들면 하나님께로부터 버림받았다고 그렇게 생각을 해요. 그렇게 비판을 해요. 그렇게 보고 있어요. 동시에 자신도 그렇게 느껴요. 이 고통이 가장 어려운 고통이었단 말입니다.

자, 그런데 이런 어려운 고통이 다 지났습니다. 이 고통을 잘 견뎠습니다. 하나님께서 귀히 보실 만큼 잘 참고 견디고 견뎠습니다. 이제 책의 끝에 가서 42장에 보면, 하나님께서 욥에게 큰 복을 주셨습니다. 과거보다 배나 되는 복을 영육간에 주셨습니다. 그때가서 성경에 첫번으로 '회개'란 말이 나옵니다. 그렇게 어려운 고통을 당할 때 회개한다는 말 없었습니다. 이제 다시 회복하여 은총을 입을 때 비로소 '회개'라고 하는 말을 하게 됩니다. 다시 말하면 채찍을 맞으면서 회개한 게 아니고 사랑을 느끼면서 회개한 것입니다. 저주를 느끼면서 회개한 것이 아니고 은혜 중에서 회개한 것입니다. 진노 앞에 벌벌 떨면서 회개한 것이 아니고 하나님의 놀라운 축복과 그 은혜의 경륜을 생각하며 이제서 하나님 앞에서 회개하게 됩니다. 은총 중에 회개합니다. 욥기 23장에 보면 그가 말합니다. '나의 운명은 당신만이 아십니다.' 오직 그가 아신다고 말합니다. 완전히 손을 들었습니다.

노먼 빈센트 필(Norman Vincent Peale)이라고 하는 유명한 저술가의 「믿는 만큼 이루어진다」라고 하는 세계적인 명저가 있습니다. 그 책에서 그는 이렇게 말하고 있습니다. 인격의 성숙을 위하여 혹은 그 영혼의 순수함을 위하여 하나님의 사람으로 보다 더 성숙하기 위해서는 3단계를 거쳐야 한다. '첫째는, 겸손이다. 낮아지는 마음이다.' 우리는 고난당할 때마다 낮아집니다. 계속적으로 낮아져야 합니다. 여러분, 얼마나 낮아져 봤습니까? 아, 끝까지 낮아져야 됩니다. 머리가 땅에 닿을 만큼 낮아져야 됩니다. 재가 될 만큼 낮아져야 됩니다. 바로 그것을 위하여 고난은 있는 거니까요. 낮아지라고. 좀 더 낮아지라고. 그 낮아진다는 것, 마음을 비운다는 것이 고난이 주는 가장 중요한, 성숙으로 향하는 지름길입니다.

'둘째는, 최선을 다하는 것이다.' 어떤 고난 속에서도 불가능 속에서도 가능성을 찾고, 불가능한 것에 원망하지 않고 가능한 길을 택합니다. 그리고 가능에 대해서 감사합니다. 최선의 길을 살아가는 것입니다. 할 수 있는 일을 하는 것입니다. 오늘, 지금이라도 할 수 있는 일을 하는 것입니다. 아주 중요한 말입니다. '셋째는, 모든 노력을 다 기울인 다음에는 조용히 하나님의 섭리를 기다리는 것이다.' 이 기다림이 믿음입니다. 이것이 어떻게 되는가? 결과가 어떻게 될 것인가? 절대 절망하지 말고 인간적인 계산 하지 말고 하나님의 은총적 섭리를 기다리는 것입니다. 그에게 모든것을 맡기고 기다립니다. '이러할 때 성숙한 인간으로 나타나게 된다. 높은 수준의 신앙이 될 것이다'라고 말합니다. 그렇습니다. 이제 하나님의 은총으로 그 은총 속에서 다시 자신을 돌아보게 될 때 수난과 시련이 저주가 아니었음을 깨닫게 됩니다. 저주와 심판, 진노라고 느꼈던 것을 회개하는 것입니다.

여러분이 만일 감옥에 갇혔다고 합시다. '내가 왜 감옥에 있어야 하지? 내가 왜 이런 시련을 겪어야 하지?' 저는 저의 아버지가 내 앞에서 총살당하는 것을 봤습니다. 강제노동수용소에 끌려가서 7개월 동안 무지한 고생을 했습니다. 그러나 그 때에 '이것이 저주입니까? 하나님은 왜 내 죄를 심판하십니까? 왜 나를 벌하십니까?' 그렇게 생각하지 않았습니다. 차라리 강제노동수용소에 들어가 있으니까 편안했습니다. 집에 있을 때, 교회 왔다갔다 할 때, 이거 언제 체포당할지 또 어떤 일이 생길지 알 수가 없어요. 불안해요. 하룻밤도 편안하질 않아요. 그런데 아예 광산에 끌려가서 떡 누워 보니까 편안합니다. 왜요? 여기서 죽으면 천당은 직행이니까요. 아무 걱정 없습니다. 정말 자유함을 느꼈어요. 마음으로서는 이렇게 편할 수가 없어요.

여러분, 잊지 말아야 합니다. 우리가 당하는 시련, 그것은 저주가 아닙니다. 그 속에 하나님의 자비하심이 있고, 하나님의 어루만지시는 손길이 있고, 이것이 사랑임을 깨닫게 될 때 혹시라도 저주받는 것처럼 심판받는 것처럼 낙심했던 것을 회개해야지요. 바로 그것을 회개하는 것입니다. 욥은 욥기에서 수없이 질문을 했습니다. '왜 이렇습니까? 왜 이래야만 합니까? 왜 하필 내가 고난당해야 합니까? 하나님이여, 왜 그렇습니까? 왜 그렇습니까? 왜 그렇습니까?' 한없이 물었습니다. 어찌 생각하면 무모하기도 하고 뜻없는, 아무 의미없는 고난을 당하는 것같아요. 버려진 것같아요. 하나님께서 내게 전혀 관심도 없으신 것같아요. 그러나 이제서 보니 아니었어요. 그 속에 목적이 있었어요. 뜻없는 사건이 하나도 없었어요. 하나님의 하시는 신비로운 의미, 신비로운 경륜이 그 속에 있었어요. 이제서 깨닫고 보니 부끄러워요. '하나님, 회개합니다.' 진정한 회개입니다. 시련을 통해 세상으로부터 멀리 나를 옮기셨고 하나님께 가까이 가게 하셨어요. 그래서 그는 말합니다. '전에는 귀로 듣기만 하더니 이제는 보나이다.' 시련을 통해 하나님께 가까이 갔어요. 내가 버리지 못하던 것을 버리게 하셨어요. 끊지 못하던 것을 끊게 하셨어요. 게으르던 사람 부지런하게도 하십니다. 영영 과거로 맴돌던 사람을 미래로 잡아끌어서 나를 여기까지 인도하셨어요. '오, 하나님, 그동안 하나님 원망한 것, 마치 저주받은 자인 것처럼 착각한 것, 불신앙적으로 생각하고 말한 것 자복합니다. 잘못했습니다.' 이렇게 회개하고 있습니다.

　우스운 얘기입니다만 제가 소망교회에서 목회할 때, 참 지지리도 공부를 못해서 대학 예비고사를 보는데 삼수를 하고도 떨어진 아이가 있었어요. 난 그 아이의 어머니 만났을 때마다 하도 여러 번 떨어지니까 '시험에 어떻게 되었습니까?'라고 물어보지도 못했어요. 민망해서. 그랬더니 본인이 말해요. "또 떨어졌어요." 그래서 아, 그러냐고. 아, 그거 또 떨어졌다고 하는 그 얼굴이 절대 어둡질 않아요. 그래서 마음에 이상한 감동이 와서 "그 아이가 공부를 잘 못하는가 본데 나한테 보내세요." 말했습니다. 왔어요. "너 공부 재미없지?" "재미없어요. 우리 어머니한테 얘기해서 대학 포기하라고 좀 말해 주세요." "야, 그런데 이거 잊지 마라. 공부에 두 가지 조건이 있다. 하나는 재미가 있어야 되고 또하나는 기초가 있어야 된다. 너는 공부에 재미가 없어. 그러니 안될 터. 또하나는 중학교 1, 2학년을 잘해야 되는데 너는 고3만 공부했으니 되겠느냐? 기초 없는 고3, 아무리 해봐야 소용없어. 집어치워라." "아이구, 목사님 감사합니다." "그래 내가 너를 중국에 보내주마. 중국 베이징대학에 가. 2년 풀코스다. 가서 중국말이나 열심히 배워라." 보내줬어요. 그 때 뭐 돈 한 달에 100불이면 될 때였습니다. 갔어요. 아, 겨울방학에도 안 돌아왔어요. 그 열악한 환경에서도 절대 여름에도 안돌아오고 2년 동안을 아주 공부하더라고요.

  2년 후에 돌아왔어요. 내 방에 들어왔을 때, "너 중국말 좀 배웠냐?" "예, 좀 합니다." 그래 내가 중국에다가 전화를 걸어서 중국 사람한테 한번 중국말로 하라고 그랬어요. 그랬더니 전화를 거는데 '샹샹샹샹샹' 하는데 잘하더라고요. 나 못알아듣지만 잘하더라고요. 그래서 "야, 됐다. 너 그거 큰 거 하나 얻었다." 아, 마침 그 때 아버지의 사업이 쩐따오로 가게 됐어요. 회사가 옮겨 가는데 얘가 전무가 돼 가지고 아, 이걸 하게 되는데 사업을 얼마나 잘하겠어요? 어머님 말대로 하면 사업도 잘하고 3년 떨어지더니 겸손하기도 하고 아, 사람이 착해졌어요. 그래, 얘가 또 장가도 잘 가고요. 아주 얼마나 잘됐는지 그 어머니 말을 들어 볼까요? 그대로 말씀드립니다. "얘가 서울대학교 나온들 오늘처럼 쓰일 수 있겠습니까?" 여러분, 이래도 원망하겠습니까? 이래도 하나님께서 잘못하시는 겁니까? 하나님께서 어디 계십니까? 나를 버리셨습니까? 그만하세요. 그런 일 없어요. 나의 나되게 하심. 하나님의 사람 되게 하기 위해서 아니, 나로 성숙하게 하기 위해서 이런 모든 일은 있어야 했어요. 있어야 할 일이 있을 뿐입니다. 그것을 믿어야 돼요. 그리고 최선을 다하고 또 겸손해야 돼요.

베드로는 누가복음 5장에 보면 갈릴리 바다에서 물고기 잡다가 한 마리도 못잡았어요. 지금 그물을 씻어서 말리고 있는데 예수님 떡 오셔서 "깊은 데 가서 그물을 던져라" 하십니다. 이건 말도 안되는 것입니다. 대낮에 무슨 그물을 던져요? 아, 또 그물 다 씻어서 지금 걸어 놨는데 이제 또 가서 뭘 다시 한다는 거 맘에 안들거든요. 게다가 더 우스운 것은 목수가 어부 보고 이래라 저래라, 이건 말도 안되는 것이지요. 그러나 베드로가 그때 아주 묘한 말을 해요. "그저 말씀하시니 그물을 내리리이다." 한 마리도 못잡았는데 말씀하시니 그물을 내리겠다 하고, 그물을 내렸어요. 가득 잡았어요. 깜짝 놀랐어요. 그리고 베드로가 예수님 앞에 가서 무릎을 꿇고 "나는 죄인이로소이다. 나를 떠나소서." 그럽니다. 지금 무슨 죄를 지었다는 것입니까? 뭐 일반적인 죄가 아니라고 생각합니다. 그랬던 것같아요. 깊은 데 가서 그물을 던져라, 그러실 때 속으로 생각하기를 '한 마리도 못잡을 건 뻔한데, (빈 그물을 떡 들고) 보라구요. 이렇다니까요.' 그러려고 했던 것입니다. 그런데 이렇게 많이 잡고 보니까 자기 죄가 확 드러나고 말아요. 불신앙이 노출됐어요. 그래 예수님 앞에 가서 '나는 죄인이로소이다.' 이 회개는 참 아름다운 회개입니다.

미처 몰랐던 것을 회개하고, 미처 감사하지 못했던 것을 회개하고, 이것이 사랑인 줄을 몰랐던 것을 회개하고, 그 능력과 지혜를 부정했던 모든 일들을 부끄러운 마음으로 죄송스러운 마음으로 회개하는 것입니다. 그걸 모르고 산 것 회개해야지요. 이 참된 회개 위에 더 높은 은총의 세계가 있는 것입니다. △

받은 줄로 믿으라

내가 진실로 너희에게 이르노니 누구든지 이 산더러 들리어 바다에 던지우라 하며 그 말하는 것이 이룰 줄 믿고 마음에 의심치 아니하면 그대로 되리라 그러므로 내가 너희에게 말하노니 무엇이든지 기도하고 구하는 것은 받은 줄로 믿으라 그리하면 너희에게 그대로 되리라 서서 기도할 때에 아무에게나 혐의가 있거든 용서하라 그리하여야 하늘에 계신 너희 아버지도 너희 허물을 사하여 주시리라 하셨더라
(마가복음 11 : 23 - 25)

받은 줄로 믿으라

　어느 날 우연히 텔레비전 프로에서 이런 우스갯소리를 들었습니다. 어떤 아버지가 어린아이를 앞에 놓고 "너는 장차 어떤 사람이 될래?"라고 물었습니다. 이 아들은 큰소리로 "대통령이 될 거예요" 그랬습니다. 그 때에 아버지가 물었습니다. "네가 대통령이 되면 네가 내게 무엇을 시켜줄래?" 아들은 말하기를 "탕수육이요" 그랬습니다. 웃는 얘기 같지만 뭔가를 우리에게 일깨워주고 있습니다.

　미국에서 1년에 500만 부의 책이 팔려서 유명해졌고 또 우리나라에서까지도 지난 2007년 올해의 책으로 선정된 베스트셀러 넘버원이 있습니다. 「The Secret」이라고 하는 책입니다. 그냥 한글로도 「시크릿」이라고 했습니다. secret—'비밀'이라는 말입니다. 혹은 '신비'라는 말도 되고, 또 '특별한 지혜'라는 말도 됩니다. 어쨌든 secret, 이것을 Law of attraction으로 정의하고 있습니다. 비밀이란 끌어당기는 어떤 비결입니다. 비밀은 끌어당기는 법칙이다, 이렇게 정의합니다. 이 책에서 3단계의 법칙을 말합니다. 첫째 단계는 '구하라'는 것입니다. 확실하게 구하라. 목적과 목표가 확실하게 구체적으로 구하라. 마치 무엇과 같은고 하니, 우리가 물건을 살 때 카탈로그를 자세히 보다가 그 물건을 선택해서 주문하는 것과 같이 그렇게 구하라는 것입니다. 주문하는 것과 같이 그렇게 구하라.

　주디스 라이트(Judith Wright)가 쓴 「단 하나의 결심」이라고 하는 책이 있습니다. 단 하나의 결심. 그 속에서 아브라함 링컨을 예로 듭니다. 아브라함 링컨이 23살 때 여러 사람이 물어 보았고, 자신이 대답했던 것입니다. '소원이 뭐냐?' 결코 대통령이 아니었습니다. 이 점을 잊지 마십시오. 그가 바라는 것은 대통령이 아니었습니다. 다만 존경받는 사람, 중심으로부터 존경받는 사람이 되고 싶었습니다. 마침내 대통령을 거쳐서 그는 온세계 사람들에게 존경받는 사람이 됐습니다. 한마디로 말하면 소원을 성취했습니다. 단 하나의 결심이 이루어졌습니다.

또 한 사람 예를 듭니다. 여러분도 잘 아시는 컴퓨터의 제왕이라고 하는 빌 게이츠(Bill Gates), 그는 세계적인 거부인데 그에게 젊은 사람이 물었습니다. "선생님은 젊었을 때부터 재벌이 되는 게 소원이었습니까? 돈 많이 버는 것이 소원이었습니까?" 했더니 "아니오. 나는 돈을 생각해 본 일이 없습니다. 컴퓨터를 만들어 보니까 너무나 좋아서 이 컴퓨터가 우리 온국민의 한 집에 하나씩, 모든 집에 하나씩 있기를 소원했습니다." 그는 재벌이 됐습니다.

여러분은 어떻게 생각하십니까? 「시크릿」책에서 말합니다. '그런고로 구하라. 확실하게 구하라. 구체적으로 구하라. 내가 구하는 것이 무엇인지 알고 구하라. 카탈로그에서 물건을 고르듯이 구하라.' 둘째 단계는 '믿으라'입니다. 카탈로그를 보고 물건을 주문했습니다. 주문했으면 이미 그 물건은 내것입니다. 아직도 물건은 내 손에 없습니다. 그러나 주문했으니까 이것은 내것입니다. 내 걸로 믿는 것입니다. 이 믿는 훈련이 필요하다는 것입니다. 구하고 믿었어요. 셋째 단계가 중요합니다. '받으라' 하는 것입니다. 받아들여라. 자, 구했고 믿었으면 미리 받은 느낌을 만끽하라 그것입니다. 벌써 느낌으로 만끽하는 것입니다. 그러고나서 오늘 본문 성경을 그 책에서 인용합니다. '무엇이든지 기도하고 구한 것은 받은 줄로 믿으라.' 이 책에서 말합니다. '2,000년 전에 예수님께서 하신 말씀을 내가 여기에 풀이하고 있는 것뿐이다.' 여러분, 어떻게 생각하십니까? 알아듣기 어려운 말씀 같습니다. 그러나 가장 실제적인 말씀입니다. 가장 확실한 말씀입니다. 받은 줄로 믿으라.

　예수님께서 말씀하셨습니다. 요새사람들은 예수님께서 말씀하셨다면 잘 안믿으려고 해요. 베스트셀러「시크릿」이란 책에서 말했다면 믿고, 빌 게이츠가 말했다면 믿으려 하는데 말입니다. 여러분, 야간 주행을 하십니까? 밤에 운전을 하시는 경우가 있을 텐데, 저도 지방에 갔다가 될 수만 있으면 새벽 일찍이 돌아옵니다. 왜냐하면 길이 한가하고 또 편하기 때문에 그리고 그렇게 하면 하루를 얻을 수가 있어서 5시 반에 떠납니다. 뭐 순천, 여수, 목포, 이런 데 갔다가 돌아올 때는 그렇게 합니다. 며칠 전에도 남원에서 돌아오는데 새벽 5시 반에 떠나서 왔습니다. 깜깜합니다. 자, 깜깜한데 운전을 합니다. 내가 볼 수 있는 시야는 50~100m뿐입니다. 그 이상은 아무 것도 안보입니다. 내 앞에 50~100m, 이거밖에 안보이지만 나는 달립니다. 달리면서 내 마음은 벌써 목적지에 가 있습니다. 저기에 도착한 다음에 누굴 만날 것이고 무엇을 할 것이라고 생각합니다. 심지어는 내가 이렇게 운전을 하면서 설교할 것을 생각하다가 특별한 생각이 나면, 그날 본문 제목 바꿔가지고 그 때에 생각난 것 가지고 설교합니다. 운전하면서, 어떤 때는 이런 생각도 해요. '이게 아마 그 교회의 사람들에게 꼭 필요한 말씀이라서 하나님께서 내게 지시하시는가 보다.' 뭐 그렇게 좀 건방지게 생각도 해요. 운전을 하면서 생각한 것으로 본문과 제목을 확 바꿔서 설교할 때가 있습니다.

　여러분, 나는 지금 여기서 운전을 하고 있습니다. 내 눈에는

100m 앞밖에 안보입니다. 그러나 내 마음은 벌써 저 목적지에 가 있습니다. 이미 가 있습니다. 확실합니다. 자, 간 줄로 믿으라. 목적지에 도달한 것으로 믿어요. 그래 누굴 만날 것이며, 가서 무슨 일을 할 것이며, 무슨 마음으로 대할 것인지. 마음은 다 거기에 가 있습니다. 그리로 향해서 가고 있는 것입니다. 받은 줄로 믿고 오늘을 살아가는 것입니다.

언어라고 하는 것은 참으로 그 기능이 다양할 뿐더러 위대하기도 합니다. 언어의 힘이 아주 엄청난 것입니다. 첫째는 information, 정보를 교환하는 것입니다. 내가 아는 것을 말로 전달합니다. 말하지 않으면 알 수가 없어요. 자, 말로 말하고, 말을 통해서 듣고, 정보를 교환하고, 경험을 교환하고, 지식을 교환합니다. 또하나는 감정과 정서의 표현으로 사용됩니다. 그래서 같은 말이지만 내가 어떻게 말하느냐, 어조가 높은지 낮은지, 눈빛과 음성의 인토네이션이 문제입니다. 그것을 언어에 담아서 정서로 표현합니다. 셋째, Directory function이라고 합니다. 지시하는 능력이 있습니다. 그 지시하는 능력을 통해서 나의 의지의 영역이 넓어집니다. 내 뜻은 여기에 있습니다만 내가 누구에게 지시를 합니다. 그가 이 말을 받아서 행동으로 옮길 때에 내 의지의 영역이 넓어집니다. 그래서 위대한 사람이 한마디 하면 수만 명이 듣습니다. 그 의지의 영역이 넓어지는 것이 아니겠습니까? 이렇게 말이라는 것은 참으로 위대합니다. 그 능력이 대단합니다. 또 그런가하면 기도도 저주도 전부 말입니다. 말로써 기도하고 말로써 저주하고 축복도 합니다.

모세가 결정적으로 실수한 것이 말의 실수였습니다. 확실하게 성경은 말씀합니다. '네가 말로 망령되이 행했다' 합니다. 가데스 바네아에 있을 때 이스라엘 백성이 하나님을 원망하는 것을 보고 견디다 못해서 자기가 백성들을 원망합니다. '이 패역한 놈들아. 우리가 너희를 위해 물을 내랴?' 고함을 지르고 반석을 두 번 치는 큰 실수를 합니다. 하나님께서 크게 책망하십니다. '너는 나를 믿지 아니하고 나의 거룩함을 드러내지 아니하고 나를 거역했다.' 모세가 가나안 땅에 못들어갑니다. 이 얼마나 큰 실수입니까? 그게 말입니다. 그 말이 불경건했고, 말이 불신앙적이고, 말이 반항적이었어요. 말로써 큰 실수를 했습니다.

　말이라는 건 지금 말을 했지만 그건 순간적인 것이고 사실은 오랫동안 쌓였던 것이 나오는 것입니다. 축적된 것입니다. 쌓였던 선이 나오고, 쌓였던 악이 나오고, 쌓였던 기분이 나오는 것입니다. 어떤 건 잠재의식 속에 나도 잊어버렸던 것이 불쑥 나옵니다. 그래서 의식과 무의식 속에서 말한다면 의식보다도 무의식이 진실하다는 거 아닙니까? 나도 모르게 오래 오래 가졌던 생각이 어떤 계기에 불쑥 나타나는데 이게 진실한 것입니다. 그게 진짜 말입니다. 그래서 말로써 심판받을 수밖에 없습니다. 더욱 말의 어려운 점은 한번 말한 것을 되돌릴 수가 없다는 것입니다. 글로 쓰는 건 지워버리면 되지만 말로 한 것은 벌써 말이 나가버렸어요. 회수하지를 못해요. 화살을 쏘아 버렸어요. 시위를 떠났어요. 다시 돌아오지를 않아요. 야고보서에 보면 불을 지르는 거와 같다고 했습니다. 불을 한번 질렀으면 불은 먼저 나가고 있어요. 나는 성냥개비를 하나 그은 것밖에 없는데 파급효과가 계속 나타나고 이걸 걷잡을 수가 없어요.

　참으로 말은 중요합니다. 그래서 말로 사람을 죽이기도 하고 살리기도 하고 말 한마디가 나라를 망치기도 하고 인격을 망치고 그러지 않습니까? 말이 중요합니다. 말이 운명을 결정합니다. 자, 오늘 본문 말씀 가운데 '구했으면……' 이게 기도입니다. 어떤 의미에서는 말입니다. '받은 줄로 믿으라.' 기도했어요. 구했어요. 말로 하나님 앞에 구했어요. 그러면 믿으라는 것입니다.

배경은 이렇습니다. 본문을 20절부터 읽어보면 무화과나무에 열매가 없는 걸 보시고 그 열매 없는 것 때문에 예수님께서 무화과나무를 저주하십니다. '이제부터 영원히 네게서 열매를 맺지 못하리라.' 제자들은 그 말을 듣고도 다 잊어버렸어요. '그 참 이상하다. 예수님이 그 나무를 왜 저주하실까? 나무는 자연인데. 과원지기를 심판한다면 몰라도 그 나무를 심판하는 거, 그거 좀 이상하다' 하면서도 그냥 흘렸어요. 잊어버렸어요. 다음날 아침에 같은 길을 지나오다 보니 이게 말랐어요. '선생님, 무화과나무가 말랐는데요?' 바로 이 계기로 말씀하시는 것입니다. '이 사람들아, 어제 내가 저주했으니까 말랐지.' 이걸 잊지 말아야 돼요. 그리고 하시는 말씀입니다. '받은 줄로 믿으라. 어젯저녁에 믿었어야지 이제 와서 믿느냐.' 아시겠습니까? 반대로 축복도 그렇습니다. 오늘 축복을 받았어요. 받았어요, 분명히. 받은 줄로 믿으세요. 얼마 후에 축복이 나타날 것입니다. 이걸 알아야 합니다.

제가 인천에서 목회할 때 그 때는 심방을 참 많이 할 때니까, 특별한 경험을 많이 했습니다. 어느 여전도사님의 외아들입니다. 여전도사님은 한평생 그 아들 하나 데리고 교회에서 일하셨는데 이 아들이 예수를 안믿어요. 아주 술망나니입니다. 또 이상하게 술 먹고 집에 들어와서 마누라에게 발길질을 하는데, 이거 안하는 날이 이상한 것입니다. 매일같이 그 짓을 하니, 아이들 셋 데리고 이 부인이 살기가 어려워요. '이걸 어떡하면 좋으냐.' 부인 집사님은 "내 남편 예수 믿게 해주세요. 내가 어떤 희생을 치르더라도 좋으니 내 남편 예수 믿게 해주세요. 전도사의 아들입니다. 제 남편 예수믿게 해주세요. 내가 어떤 고생이라도 좋습니다. 그저 내 남편 회개하고 돌아와서 어머니를 이어서 교회일 하는 전도사 되게 해주세요." 기도했어요. 아, 이게 이루어졌습니다. 어떻게요? 그 부인 집사님이 자궁암에 걸렸어요. 중앙의료원에 와서 수술을 받았는데 거기 누워 있어요. 내가 방문했더니 마침 남편이 왔어요. 남편이 아내 앞에 서서 "죽지 마라. 너 죽으면 나 지옥 간다" 해요. 저도 한 짓이 있으니까. "죽지 마라. 지금 죽으면 난 지옥 간다." 그러고서 붙들고 회개하더라고요. 그래서 결국은 그 때 회개함으로 해서 그 남편이 목사가 됐습니다.

여러분 생각해 보세요. 이루어졌습니다. 이루어졌는데 부인은 이 어려운 고통을 치러야 했어요. 이 과정을 통해서 이루어졌어요. '받은 줄로 믿으라.' 아시겠습니까? 문제는 기도의 진실성입니다. 얼마나 내가 진실하냐. 하나님 앞에서 사실로 책임 있는 소원, 구하고 믿고 느끼고 행동하고 기다려야지요.

쿠르트 호크(Kurt Hock)라고 하는 사업가이자 저술가가 쓴 「나이들지 않으면 알 수 없는 것들」이라고 하는 베스트셀러가 있습니다. 그 책에서 대단히 귀중한 진리를 우리에게 말해줍니다. '인생에서 중요한 것은 속도나 속력이 아니라 끈기다.' 여러분, 우리는 늘 마술적인 것을 원해요. 내 앞에서 번쩍하고 뭔가 달라지기를 바라는 것 말입니다. 하나님께서는 그렇게 조급하시질 않습니다. 하나님께서 이루어주시는 프로세스가 있어요. 거기에 하나님의 지혜가 있어요. 하나님만의 방법이 있어요. 그러나 꼭 이루어집니다. 이걸 잊지 말아야 합니다. 거기에 믿음을 가지고 느끼면서 기다려야 됩니다. '기다리는 끈기, 그리고 세상에 있는 것을 그대로 긍정적으로 바라보는 시각을 가져야 한다.' 눈이 왔어요. 순결을 생각합니다. 비가 옵니까? 수확을 생각합니다. 떨어지는 낙엽이 있습니까? 내년에 소생할 때를 생각합니다. '사실을 그대로 받아들이라.' 그런 긍정하는 자세가 있어야 합니다. '받을 줄로 믿으라. 구하고 믿고 행동하고 받은 줄로 믿으라. 내일을 오늘로 믿고 기다리라.'

저는 어느 목사님의 딸을 압니다. 아들 둘 딸 셋인데 목사님은 간절하게 이 다섯 중에 누구 하나라도 목사가 되길 바라고 있었어요. 그렇게 위해서 기도하는데 그거 안이루어지더라고요. 뭐 교회도 잘 안나옵니다. 그런데 그 막내딸 하나가 결심을 합니다. '내가 목사가 됐으면 좋겠는데 이제 어떻게 할 수 있겠는가?' 그래서 대학 입학할 때부터 나하고 얘길 하면서 "아버지 소원을 이루어드리긴 해야겠는데, 저는 아무래도 목사가 되기는 어렵고, 목사 부인 되렵니다." 아, 그리고 이화여자대학교에서 공부하면서 계속 목사 부인 공부를 하는 것입니다. 그래서 여러 교회를 다니면서 주보를 모으고 교회에 대해서 연구를 하고, 신문이나 잡지를 보다가 설교에 도움될 것을 다 스크랩해서 모아 놓고…… 내가 감동 받았어요, 아주. 그렇게 열심히 하더니 대학 졸업반 때 농촌 봉사대 나갔다가 아주 좋은 남자를 만났어요. 그 남자를 목사 만들었어요. 지금 서울 안에 있습니다. 감리교 목사인데 아주 훌륭한 목사입니다. 내가 알아요. 그 목사보다 부인이 더 나아요.

'받은 줄로 믿으라.' 벌써 그는 믿고 있었어요. 여러분, 죄송합니다만 이런 경험 있습니까? 내가 기도했거든요. 나는 잊어버렸어요.

기도한 것을 잊어버렸어요. 얼마 있다 보니까 응답됐어요. 난 이런 거 볼 때마다 깜짝 놀랍니다. 어떻게 하나님께서는 나도 기억하지 않는 걸 기억하셨다가 딱 들어주시는지. 가만히 생각해 보면 벌써 내가 그때 기도했거든요. 그걸 오늘 들어주시는데 나는 그 동안에 잊어버리고 있었어요. 이것이 신앙입니다. 깊이 생각해야 됩니다. 야고보는 말씀합니다. '얻지 못함은 구하지 아니함이요, 구하여도 얻지 못함은 정욕으로 쓰려고 잘못 구함이니라.' 기도하면 이루어집니다.

 받은 줄로 믿으라. 사도 바울은 받은 줄로 믿었습니다. 로마를 복음화해야겠다는 선교 일념으로 기도했습니다. 그런데 그것이 이루어지는 과정을 보면 로마 원형극장 가서 수만 명을 모아놓고 연설을 하고 전도 강연을 한 게 아니고 로마 감옥으로 들어갔습니다. 하나님께서는 감옥에 처넣으셨어요. 그리고 친위대 사람들을 만나서 조용조용히 복음을 전해서 대로마 제국이 뒤집힙니다. 하나님의 방법이 그거였어요. 그렇기 때문에 그는 이 귀한 신비를 깨닫고 하나님께서 반드시 들어주신다, 아니, 들어주시는 과정 속에 내가 있다고 해서 빌립보서 1장 12절에서 말합니다. '나의 당한 일이 복음의 진보가 된 것을 너희가 알기를 바라노라.' 전도 일념, 오직 하나님의 뜻이 이루어지기를—선교가 이루어졌어요. 사도 바울은 받은 줄로 믿었기 때문에 불평이 없었어요. 그런고로 원망이 없었어요. 감옥에서 매를 맞아도 그는 찬송할 수 있었어요. 이미 받은 줄로 믿고 있었기 때문입니다. 여러분, 오늘 나의 생이 어디까지 왔습니까? 집중적으로 구하고 믿고 즐기고 기다리고 행동할 것입니다. '구한 것은 받은 줄로 믿으라.' △

곽선희목사 설교집·강해집·기타

〈설교집〉

08권 물가에 심기운 나무
09권 최종승리의 비결
10권 종말론적 윤리
11권 참회의 은총
12권 궁극적 관심
13권 한 나그네의 윤리
14권 모세의 고민
15권 두 예배자의 관심
16권 이 산지를 내게
17권 자유의 종
18권 하나님의 얼굴
19권 환상에 끌려간 사람
20권 복받은 사람의 여정
21권 좁은문의 신비
22권 내게 말씀을 주소서
23권 약속의 땅을 바라보며
24권 결단이 있는 자의 행로
25권 이 세대에 부한 자
26권 행복한 사람의 정체의식
27권 미련한 자의 지혜
28권 홀로 남은 자의 고민
29권 자기결단의 허실
30권 자기십자가의 의미
31권 자기승리의 비결
32권 자유인의 행로
33권 너는 저를 사랑하라
34권 주도적 신앙의 본질
35권 행복을 잃어버린 부자
36권 지식을 버린 자의 미로
37권 신앙인의 신앙
38권 예수께 잡힌바된 사람
39권 군중 속에 버려진 자
40권 한 수난자가 부르는 찬송
41권 복낙원 인간상
42권 내가 아는 이 사람
43권 한 수난자의 기쁨
44권 스스로 종이 된 자유인
45권 내게 주신 경륜
46권 자유인의 간증
47권 한 신앙인의 신앙간증

〈강해집〉

(빌립보서 강해) 희락의 복음
(갈라디아서 강해) 은혜의 복음
(고린도전서 사랑장 강해) 진정한 사랑의 의미
(예수님의 이적 강해) 이적으로 계시된 말씀
(사도신경 강해) 사도들의 신앙고백
(야고보서 강해) 참믿음 참경건
(예수님의 잠언 강해) 예수의 잠언
(사도행전 강해)(상) 교회의 권세
(사도행전 강해)(하) 교회의 권세
(로마서 강해) 믿음에서 믿음으로
(고린도전서 강해) 복음의 능력
(고린도후서 강해) 생명에로의 길
(예수님의 비유강해)(상) 하나님의 나라/(중) 이 세대를 보라/(하) 생명에로의 초대
(에베소서 강해) 내게 주신 은혜의 선물
(골로새서 강해) 위엣것을 찾으라
(데살로니가서 강해) 사도의 정체의식
(디모데서 강해) 네 직무를 다하라

〈기타〉
행복한 가정/참회의 기도/영성신학/종말론의 신학적 이해/생명의 길